教育部高等学校旅游管理类专业教学指导委员会规划教材

旅游经济学

LÜYOU JINGJIXUE （第 2 版）

◎主　编　程瑞芳

◎副主编　孙振杰

◎参　编　葛雪梅　庞笑笑　吴　英

重庆大学出版社

内容提要

本书在充分吸收和借鉴旅游学科研究成果的基础上,以经济学、管理学为支撑学科,注重旅游经济理论体系构建与旅游产业发展实践相结合,遵循"旅游市场要素—旅游产业发展—旅游经济运行"这一主线,按照旅游经济的微观层面(旅游产品生产与消费)、中观层面(旅游产业融合与投融资)和宏观层面(旅游经济管理与政策)这一逻辑顺序,形成了旅游经济学的理论构架和内容体系。

全书内容共10章,包括旅游经济学导论、旅游产品、旅游需求与供给、旅游产品价格、旅游消费、旅游产业融合与新业态、旅游项目投融资、旅游收入与经济效益、旅游经济发展战略及模式和旅游产业政策,各章明确学习目标,设置课前案例导入和课后案例分析,注重学科知识的系统性和实践创新性。

本书适合作为高等院校旅游管理类专业及相关专业课程教材,也可供其他专业学生选用,还可作为旅游从业人员培训教材使用。同时,对从事旅游经济研究、旅游行业管理、旅游产业经营、旅游市场营销、旅游经济分析、公共文化服务、文化产业发展等方面的人员,具有学习参考价值。

图书在版编目(CIP)数据

旅游经济学 / 程瑞芳主编. -- 2 版. -- 重庆:重庆大学出版社,2024.6. --(教育部高等学校旅游管理类专业教学指导委员会规划教材). -- ISBN 978-7-5689-4541-7

Ⅰ. F590

中国国家版本馆 CIP 数据核字第 2024T1K191 号

教育部高等学校旅游管理类专业教学指导委员会规划教材

旅游经济学
(第 2 版)

主编 程瑞芳

策划编辑:马 宁 尚东亮

责任编辑:尚东亮 版式设计:尚东亮
责任校对:谢 芳 责任印制:张 策

*

重庆大学出版社出版发行
出版人:陈晓阳
社址:重庆市沙坪坝区大学城西路 21 号
邮编:401331
电话:(023) 88617190 88617185(中小学)
传真:(023) 88617186 88617166
网址:http://www.cqup.com.cn
邮箱:fxk@ cqup.com.cn(营销中心)
全国新华书店经销
重庆新荟雅科技有限公司印刷

*

开本:787mm×1092mm 1/16 印张:15.75 字数:376 千
2018 年 7 月第 1 版 2024 年 6 月第 2 版 2024 年 6 月第 5 次印刷
印数:10 001—13 000
ISBN 978-7-5689-4541-7 定价:49.00 元

总序

一、出版背景

教材出版肩负着吸纳时代精神、传承知识体系、展望发展趋势的重任。本套旅游教材出版依托当今发展的时代背景。

一是落实立德树人这一根本任务，着力培养德智体美劳全面发展的中国特色社会主义事业合格建设者和可靠接班人。以习近平新时代中国特色社会主义思想为指导，以理想信念教育为核心，以社会主义核心价值观为引领，以全面提高学生综合能力为关键，努力提升教材思想性、科学性、时代性，让教材体现国家意志。

二是世界旅游产业发展强劲。旅游业已经发展成为全球经济中产业规模最大、发展势头最强劲的产业，其产业的关联带动作用受到全球众多国家或地区的高度重视，促使众多国家或地区将旅游业作为当地经济的支柱产业、先导产业、龙头产业，展示出充满活力的发展前景。

三是我国旅游教育日趋成熟。2012年教育部将旅游管理类本科专业列为独立一级专业，下设旅游管理、酒店管理、会展经济与管理、旅游管理与服务教育4个二级专业。2023年年底，全国开设旅游管理类本科专业的院校有600余所。根据《教育部关于公布普通高等学校本科专业备案和审批结果的通知》进行汇总，2004年至今，全国本科院校新开设旅游管理专业点215个，酒店管理专业点281个，会展经济与管理专业点147个，旅游管理与服务教育专业点51个。旅游管理类教育的蓬勃发展，对旅游教材提出了新要求。

四是创新创业成为时代的主旋律。创新创业成为当今社会经济发展的新动力，以思想观念更新、制度体制优化、技术方法创新、管理模式变革、资源重组整合、内外兼收并蓄等为特征的时代发展，需要旅游教材不断体现社会经济发展的轨迹，不断吸纳时代进步的智慧精华。

二、知识体系

本套旅游教材作为教育部高等学校旅游管理类专业教学指导委员会的规划教材，体现并反映了本届"教指委"的责任和使命。

一是反映旅游管理知识体系渐趋独立的趋势。经过近30年的发展积累，旅游管理学科在依托地理学、经济学、管理学、历史学、文化学等学科发展基础上，其知识的宽度与厚度在不断增加，旅游管理知识逐渐摆脱早期依附其他学科而不断显示其知识体系成长的独立性。

二是构筑旅游管理核心知识体系。旅游活动无论作为空间上的运行体系，还是经济上的产业体系，抑或是社会生活的组成部分，其本质都是旅游者、旅游目的地、旅游接待业三者的交互活动，旅游知识体系应该而且必须反映这种活动的性质与特征，这是建立旅游知识体系的根基。

三是构建旅游管理类专业核心课程。作为高等院校的一个专业类别，旅游管理类专业需要有自身的核心课程，以旅游学概论、旅游目的地管理、旅游消费者行为、旅游接待业作为旅游管理大类专业核心课程，旅游管理、酒店管理、会展经济与管理、旅游管理与服务教育4个专业再确立3门核心课程，由此构成旅游管理类"4+3"的核心课程体系。确定专业核心课程，既是其他管理类专业成功且可行的做法，也是旅游管理类专业走向成熟的标志。

三、教材特点

本套教材由教育部高等学校旅游管理类专业教学指导委员会组织策划和编写出版，自2015年启动至今历时9年，汇聚了全国一批知名旅游院校的专家教授。本套教材体现出以下特点：

一是准确反映国家教学质量标准的要求。《旅游管理类本科专业教学质量国家标准》既是旅游管理类本科专业的设置标准，也是旅游管理类本科专业的建设标准，还是旅游管理类本科专业的评估标准。其重点内容是确立了旅游管理类专业"4+3"核心课程体系。"4"即旅游学概论、旅游目的地管理、旅游消费者行为、旅游接待业；"3"即旅游管理专业（旅游经济学、旅游规划与开发、旅游法）、酒店管理专业（酒店管理概论、酒店运营管理、酒店客户管理）、会展经济与管理专业（会展概论、会展策划与管理、会展营销）的核心课程。

二是汇聚全国知名旅游院校的专家教授。本套教材作者由"教指委"近20名委员牵头，全国旅游教育界知名专家和教授，以及旅游业界专业人士合力编写。作者队伍专业背景深厚，教学经验丰富，研究成果丰硕，教材编写质量可靠，通过邀请优秀知名专家和教授担纲编写，以保证教材的水平和质量。

三是"互联网+"的技术支撑。本套教材依托"互联网+"，采用线上线下两个层面，在内容中广泛应用二维码技术关联扩展教学资源，如导入知识拓展、听力音频、视频、案例等内容，以弥补教材固化的缺陷。同时，也启动了将各门课程搬到数字资源教学平台的工作，实现网上备课与教学、在线即测即评，以及配套老师上课所需的教学计划书、教学PPT、案例、试题、实训实践题，以及教学串讲视频等，以增强教材的生动性和立体性。

本套教材在组织策划和编写出版过程中，得到了教育部高等学校旅游管理类专业教学指导委员会各位委员、业内专家、业界精英以及重庆大学出版社的广泛支持与积极参与，在此一并表示衷心的感谢！希望本套教材能够满足旅游管理教育发展新形势下的新要求，为中国旅游教育及教材建设开拓创新贡献力量。

教育部高等学校旅游管理类专业教学指导委员会
2024年1月

前言

（第2版）

《旅游经济学》自2018年出版以来，作为高等院校旅游管理类专业教材，已在全国30多所高校中使用，教师和读者对本教材给予了肯定性评价，也提出了一些好的修改意见和建议，反映出广大师生和读者对本教材的关切。随着新一轮科技革命和产业变革的不断深化，旅游产业实践和旅游学科研究取得长足发展，为更好地适应旅游经济高质量发展和高素质旅游人才培养需要，特进行《旅游经济学》教材第2版修订。

此次修订，坚持以习近平新时代中国特色社会主义思想为指导，面向新时代中国式现代化建设和经济高质量发展新要求，坚持正确的政治方向，落实立德树人根本任务，把党的二十大精神和新时代十年的伟大变革融入旅游经济学教学内容体系，吸纳旅游产业创新发展实践成果，更新旅游经济学知识体系，全面提高旅游经济学教材内容的理论性和科学性，为全面提高旅游经济学课程教学质量、培养高素质应用型旅游人才提供精品教材支撑。

修订内容主要体现在4个方面：

(1)注重新知识的创造和新技术的应用。结合旅游学科新发展和旅游产业新实践，以绿色发展、文旅融合、新技术应用等为重点，补充旅游多元价值功能、数字经济、旅游新业态、新产品等内容，丰富旅游经济学知识体系和教学内容，反映旅游经济高质量发展和人与自然和谐共生。

(2)注重课程思政育人。结合旅游资源多样性、旅游活动体验性、旅游经济综合性的特点，以社会主义核心价值观、中华文明传承、生态文明思想等为主题，深入挖掘专业知识中内涵的思政元素，寓价值观引导于知识传授和能力培养之中，各章的学习目标、内容体系及思考题充分体现了知识学习、价值塑造和能力培养的有机结合。

(3)注重实践教学和应用能力培养。紧紧围绕国家战略和区域经济发展，对各章的课前导入案例和课后案例分析进行了全部更新，将宏观政策、产业政策以及文旅产业最新发展实践，以教学案例的形式融入教材内容体系，增强教学内容的实践性和创新性。

(4)注重学习资料的拓展。结合我国旅游经济发展实际，整理了部分与旅游产业发展密切相关的制度和文件资料，作为各章的拓展阅读，并充分运用数字技术手段，以扫描二维码方式获取,能够使读者更有效的了解中国旅游发展相关政策及成就。

本教材由国家级一流本科课程"旅游经济学"河北经贸大学教学团队编写与修订。全书内容共10章,具体编写分工如下:程瑞芳教授编写第1,10章;孙振杰教授编写第5,7章;葛雪梅副教授编写第3,4章;庞笑笑博士编写第2,8,9章;吴英博士编写第6章。全书的修订统稿工作由程瑞芳教授负责。

本书在修订过程中参考了部分已出版的教材,借鉴了部分相关著作、论文等文献,得到了河北经贸大学教材建设项目、旅游管理国家一流本科专业建设点、河北省高校人文社科重点研究基地长城文化经济带绿色发展研究中心的支持,得到重庆大学出版社编辑的热心支持与帮助,在此一并表示感谢!

由于编者学术水平和实践经验有限,书中难免有不足或不当之处,恳请读者予以批评指正!

程瑞芳

2023 年 12 月 18 日

前言

（第1版）

在我国，旅游业已发展成为国民经济战略性支柱产业，旅游成为人民群众日常生活的重要组成部分，旅游需求的品质化和中高端化趋势日益明显。云计算、物联网、大数据、人工智能等现代信息技术在旅游业的应用更加广泛，旅游产业体系的现代化成为必然趋势。各国各地区普遍将发展旅游业作为参与国际市场分工、提升国际竞争力的重要手段，推动旅游市场全球化、旅游竞争国际化快速发展。

为了适应现代旅游业发展和旅游管理人才培养教学的需要，我们在教育部高等学校旅游管理类专业教学指导委员会的组织、规划和重庆大学出版社的支持下，编写了《旅游经济学》一书。本书以经济学、产业经济学、管理学、旅游学为支撑学科，注重旅游经济理论体系构建与旅游产业发展实践相结合，遵循"旅游市场—旅游产业—旅游经济运行"这一主线，按照旅游经济的微观层面（旅游产品生产与消费）、中观层面（旅游产业融合与投资）和宏观层面（旅游经济管理与政策）这一顺序形成理论构架和内容体系。

本书内容共10章，由河北经贸大学旅游经济学课程教学团队编写。参加编写的人员及其负责编写的章节如下：程瑞芳教授，第1,6,10章；葛雪梅副教授，第2,3,4章；孙振杰副教授，第5,7章；庞笑笑博士，第8,9章。全书的编写统稿工作由国务院政府特殊津贴专家、河北省教学名师程瑞芳负责。

本书在写作过程中，参考了已出版的教材，借鉴了部分相关专著、论文等文献，得到了河北省旅游管理专业综合改革试点项目支持，在此一并表示感谢！

旅游经济学是一门发展中的新兴学科，有许多理论和实践问题尚在探索之中，加之作者学术水平和实践经验有限，书中不足或不当之处在所难免，恳请读者予以批评指正！

程瑞芳

2018年2月

目 录

第1章　旅游经济学导论 ·· 1
　1.1　旅游经济的基本概念 ·· 1
　1.2　旅游经济研究的产生与发展 ·· 9
　1.3　旅游经济学的研究对象与理论体系 ································· 14
　1.4　旅游经济学的研究方法与意义 ····································· 18
　本章小结 ·· 21
　思考题 ·· 22

第2章　旅游产品 ··· 23
　2.1　旅游产品概述 ·· 24
　2.2　旅游产品结构 ·· 31
　2.3　旅游产品生命周期 ·· 35
　2.4　旅游产品开发 ·· 39
　本章小结 ·· 46
　思考题 ·· 47

第3章　旅游需求与供给 ··· 49
　3.1　旅游需求 ·· 50
　3.2　旅游供给 ·· 60
　3.3　旅游供求弹性 ·· 66
　3.4　旅游供求关系 ·· 70
　本章小结 ·· 75
　思考题 ·· 76

第4章　旅游产品价格 ··· 78
　4.1　旅游产品价格概述 ·· 79

4.2 旅游市场与价格 ··· 85
4.3 旅游产品价格的制定 ··· 87
4.4 旅游产品价格的监管 ··· 99
本章小结 ··· 103
思考题 ··· 104

第5章 旅游消费 ··· 106
5.1 旅游消费概述 ··· 107
5.2 旅游消费结构 ··· 110
5.3 旅游消费效果 ··· 114
5.4 旅游消费转型升级 ·· 118
本章小结 ··· 121
思考题 ··· 122

第6章 旅游产业融合与新业态 ································· 125
6.1 产业关联 ··· 126
6.2 产业融合 ··· 136
6.3 旅游产业关联与融合发展 ····································· 141
6.4 旅游新业态 ··· 146
本章小结 ··· 151
思考题 ··· 152

第7章 旅游项目投融资 ··· 155
7.1 旅游投融资概述 ··· 156
7.2 旅游融资渠道 ··· 162
7.3 旅游投资决策 ··· 167
7.4 旅游投资项目评价 ·· 174
本章小结 ··· 178
思考题 ··· 179

第8章 旅游收入与经济效益 ····································· 181
8.1 旅游收入与分配 ··· 182
8.2 旅游乘数效应 ··· 191
8.3 旅游经济效益 ··· 193
本章小结 ··· 201
思考题 ··· 202

第9章 旅游经济发展战略及模式 ································· 204

  9.1 旅游经济发展战略 ································· 205

  9.2 旅游经济发展模式 ································· 209

  9.3 旅游经济可持续发展 ································· 212

  本章小结 ································· 215

  思考题 ································· 215

第10章 旅游产业政策 ································· 217

  10.1 产业政策的含义与作用 ································· 218

  10.2 产业政策的目标与手段 ································· 222

  10.3 产业政策的类型和内容 ································· 223

  10.4 旅游产业政策概述 ································· 229

  本章小结 ································· 234

  思考题 ································· 235

附录 ································· 237

参考文献 ································· 238

第1章
旅游经济学导论

【学习目标】

- 掌握旅游经济的基本概念;
- 了解旅游经济研究的发展过程;
- 熟悉旅游经济学的研究对象、学科领域及研究方法;
- 提高对旅游价值功能的认识,理解发展旅游经济的意义和作用。

1.1 旅游经济的基本概念

旅游活动已成为当今世界非常重要的活动,不论是旅游者的活动还是旅游产业的活动,都吸引了人们越来越多的关注,受到各国各地政府部门的高度重视。旅游活动既是一种社会现象,也是一种经济活动,表现出经济、社会、文化、生态、健康等多个层面的属性与影响。为了便于研究旅游活动中产生的各种经济现象和经济关系,首先界定4个基本概念:旅游活动、旅游产业、旅游经济和旅游经济关系。

1.1.1 旅游活动

1)旅游活动的含义

旅游是一项活动,对旅游活动这一概念的理解和把握,是研究旅游经济问题的逻辑起点。

联合国旅游组织是联合国系统政府间的国际组织,其宗旨是促进和发展旅游事业,使之有利于经济发展、国际相互了解、和平与繁荣。其主要负责收集和分析旅游数据,定期向成员国提供统计资料、研究报告,制定国际性旅游公约、宣言、规则、范本,研究全球旅游政策。

1991年,联合国世界旅游组织在加拿大渥太华召开了旅游统计工作国际会议,对旅游统计的口径作了修正和拓宽,就旅游活动、旅行者、旅游者的定义提出了一些重要的建议。1993年,联合国统计委员会采纳了联合国世界旅游组织提交的关于规范旅游统计的各项建议。

联合国世界旅游组织正式采用的旅游的定义是："旅游活动是由人们前往外地的旅行及在该地的逗留活动所组成，是人们出于休闲、商务或其他目的，离开自己的惯常环境，前往某地旅行，并在该地连续停留不超过一年的访问活动。"旅行者的定义是："任何在两个或多个国家之间或是在其惯常居住国境内的两地或多地之间开展旅游活动的人员。"①在旅游统计中，对所有各类旅行者都统称为游客。游客这一术语是整个旅游统计系统的基础概念。

在我国国家统计局印发的《国家旅游及相关产业统计分类(2018)》中，游客是指以游览观光、休闲娱乐、探亲访友、文化体育、健康医疗、短期教育(培训)、宗教朝拜，或以公务、商务等为目的，前往惯常环境以外，出行持续时间不足一年的出行者；旅游是指游客的活动，即游客的出行、住宿、餐饮、游览、购物、娱乐等活动。

按照游客的不同，可将旅游活动分为4种类型：

①国际旅游，包括入境旅游和出境旅游。

- 入境旅游是指非该国居民来访该国的旅游活动。
- 出境旅游是指某一国居民前往另一国访问的旅游活动。

②境内旅游，是指该国居民以及非该国居民在该国境内开展的旅游活动。

③国内旅游，是指一个国家的居民在本国境内开展的旅游活动。

④国民旅游，是指该国居民的国内旅游和出境旅游的合称。

2) 旅游活动的主要影响因素

旅游活动是一种复杂的综合现象，涉及游客的旅游需求、旅游消费体验、旅游产品、旅游服务等各种支持性条件与手段。从旅游活动的过程来看，影响旅游活动的主要因素有以下4个方面：

(1) 旅游者

旅游者是旅游活动的主体，其追求的是旅游活动带来的各种各样的身心体验和满足。这在很大程度上决定了旅游者的出游动机和对旅游目的地以及参与活动的选择。

(2) 旅游产品和旅游服务提供者

旅游产品和旅游服务提供者，指的是向旅游市场直接或间接提供旅游产品或旅游服务的企业或相关部门，是旅游产品或旅游服务的供给商，将旅游活动看成一种市场机会，通过为旅游市场提供商品和服务实现盈利。它们构成旅游经营部门，承担着向游客交付高品质旅游体验的责任。

(3) 旅游地政府

各国各地区政府部门都普遍地认识到旅游是发展经济的一种重要手段，能够促进接待地经济和社会发展，能够带来广泛的经济效益和社会效益，特别是在促进就业和增加收入方

---

① 格德纳，里奇.旅游学[M].李天元，等，译.12版.北京:中国人民大学出版社,2014:6.

面作用突出。当然,旅游也会给旅游地带来环境、社会和文化等方面的影响。因此,在旅游政策、旅游开发、旅游市场推广与营销、文化与环境保护等方面,政府起着重要的作用。

(4)旅游地社区(居民)

旅游地社区(居民)通常将旅游看成一种文化交流或促进就业的因素,看重的是游客与他们之间的互动所产生的影响。这种影响可能是有利的,如旅游带来的外部文化与信息的进入,就业机会与收入增加等;也可能是不利的,如旅游带来的对当地原有的社会生活秩序、民俗习惯、地域文化的冲击与影响。旅游地社区(居民)是否拥有热情的好客精神是影响游客体验感知价值的重要因素。

1.1.2　旅游产业

在产业经济学中,产业是指具有某种同类属性的企业经济活动的集合。它既不是某一企业的某种经济活动或所有经济活动,也不是部分企业的某些经济活动或所有经济活动,而是指具有某种同一属性的企业经济活动的总和,是一个多层次的经济系统。结合旅游活动的特点,将旅游产业界定为:旅游产业是指为开展旅游活动提供旅游产品和旅游服务,以及相关配套产品与服务的同类属性企业经济活动的集合。旅游产业是一个综合性很强的产业,包括开展旅游活动所涉及的食、住、行、游、购、娱等多个产业部门及相关产业。

我国国家统计局公布的《国家旅游及相关产业统计分类(2018)》,将旅游产业分为旅游业和旅游相关产业两大部分。旅游业是指直接为游客提供出行、住宿、餐饮、游览、购物、娱乐等服务活动的集合;旅游相关产业是指为游客出行提供旅游辅助服务和政府旅游管理服务等活动的集合。本分类将旅游及相关产业划分为三层,第一层为大类,共 9 个大类,分别是旅游业包括的旅游出行、旅游住宿、旅游餐饮、旅游游览、旅游购物、旅游娱乐、旅游综合服务 7 个大类,旅游相关产业包括的旅游辅助服务、政府旅游管理服务 2 个大类;第二层为中类,共 27 个中类;第三层为小类,共 65 个小类(详见拓展阅读)。

产业是一种社会分工现象,它随着社会分工的产生而产生,随着社会分工的发展而发展。按照恩格斯的观点:第一次社会大分工发生在原始社会的新石器时代,畜牧业从农业中分离出来;第二次社会大分工发生在原始社会末期至奴隶社会初期,手工业从农业中分离出来;第三次社会大分工发生在奴隶社会初期,商业逐渐从农业、手工业中分离出来,出现了专门从事商品买卖的商人。人类历史上的三次社会大分工,实际上已经形成了农业、畜牧业、手工业和商业等产业部门。

18 世纪 60 年代,爆发于英国的第一次产业革命,是从纺织业的机械化开始,以蒸汽机的广泛应用为标志,开创了以机器代替手工工具的时代。从此,大机器工业逐步取代了农业,成为社会经济发展的主导力量。19 世纪末 20 世纪初爆发的第二次产业革命,是从重工业的变革开始,以电力的应用为标志,不仅传统的钢铁工业、机械加工业发生了根本性变化,而且兴起了电气、化工、汽车、石油等一系列工业部门,工业的主导地位进一步得到巩固,产业结构发生巨大变化,农业所占的比重继续下降,服务业开始发展。

社会分工进一步向深度发展,表现为新兴产业部门不断出现和产业分工越来越细。进一步分工,可将农业分为种植业、畜牧业、林业和渔业等;工业分为冶金、机械、电子、石油、化工、汽车、食品、纺织等;服务业分为交通运输、通信、仓储、贸易、金融、保险、旅游、餐饮、文化、传媒等。

旅游产业的形成是与社会生产力发展水平相适应的社会分工形式的表现,是随着物质生产的发展和居民生活需求的扩大而逐步从商业、交通运输业、住宿餐饮业等服务业中派生出来的,其形式虽然仍属于服务业,但其经济活动的内容和范围已经超出服务业的范畴,涉及农业、工业、文化、社会管理等经济社会各领域。随着现代旅游业的快速发展,旅游业具有较为集中的旅游需求和供给,以及独立的分工领域,形成了相应的产品体系和市场结构,并且日益成为国民经济的重要组成部分。

在我国,2009 年国务院印发的《关于加快发展旅游业的意见》中提出,要把旅游业发展成为国民经济的战略性支柱产业和人民群众更加满意的现代服务业,明确了新时期我国旅游产业发展的战略定位。2013 年,国务院办公厅印发的《国民旅游休闲纲要(2013—2020年)》中提出,到 2020 年,城乡居民旅游休闲消费水平大幅增长,健康、文明、环保的旅游休闲理念成为全社会的共识,国民旅游休闲质量显著提高,与小康社会相适应的现代国民旅游休闲体系基本建成。这标志着我国旅游业的发展已融入产业结构、发展方式、商业模式、消费需求、社会调控、生活质量等经济社会的方方面面,进入了国民旅游休闲发展新阶段。

2014 年,国务院印发的《关于促进旅游业改革发展的若干意见》中提出,旅游业是现代服务业的重要组成部分,加快旅游业改革发展,是适应人民群众消费升级和产业结构调整的必然要求,对于扩就业、增收入,推动中西部发展和贫困地区脱贫致富,促进经济平稳增长和生态环境改善意义重大,对于提高人民生活质量、培育和践行社会主义核心价值观也具有重要作用,并强调了旅游产业的经济功能、社会功能和生态功能。"十二五"期间①,旅游业全面融入国家战略体系,走向国民经济建设的前沿,成为国民经济战略性支柱产业。2015 年,我国旅游业对国民经济的综合贡献度达到 10.8%,国内旅游、入境旅游、出境旅游全面繁荣发展,成为世界第一大出境旅游客源国,旅游业成为社会投资热点和综合性大产业,实现了改革开放以来从旅游短缺型国家到旅游大国的历史性跨越。

2016 年,国务院印发的《"十三五"旅游业发展规划》中指出,"十三五"期间②,我国旅游业呈现出消费大众化、需求品质化、竞争国际化、发展全域化、产业现代化的发展趋势,明确提出,以创新推动旅游业转型升级,把人民群众满意作为旅游业发展的根本目的,牢固树立"绿水青山就是金山银山"的理念,形成人与自然和谐发展的现代旅游业新格局,使旅游业成为提升人民群众品质生活的幸福产业,努力建成全面小康型旅游大国。"十三五"时期,我国文化和旅游行业坚持稳中求进工作总基调,贯彻落实新发展理念,坚持文化和旅游融合发展,加快推进旅游业供给侧结构性改革,繁荣发展大众旅游,创新推动全域旅游,着力推动旅游业高质量发展,积极推进旅游业进一步融入国家战略体系。旅游业与其他产业跨界融合、协同发展,产业规模持续扩大,新业态不断涌现,旅游业对经济平稳健康发展的综合带动作用更加凸显,旅游业作为国民经济战略性支柱产业的地位更为巩固,成为促进经济结构优化的重要推动力;人民群众通过旅游饱览祖国秀美山河、感受灿烂文化魅力,科学合理推动生

---

① "十二五"是指我国国民经济和社会发展第十二个五年计划,计划期为 2011—2015 年。
② "十三五"是指我国国民经济和社会发展第十三个五年计划,计划期为 2016—2020 年。

态产品价值实现,有力提升了获得感、幸福感、安全感,旅游成为小康社会人民美好生活的刚性需求,成为践行"绿水青山就是金山银山"理念的重要领域;文化和旅游深度融合、相互促进,红色旅游、乡村旅游、旅游演艺、文化遗产旅游等蓬勃发展,旅游在传播中华优秀传统文化、革命文化和社会主义先进文化方面发挥了更大作用,旅游在讲好中国故事、展示"美丽中国"形象、促进人文交流方面发挥着重要作用,旅游成为传承弘扬中华文化的重要载体,成为加强对外交流合作和提升国家文化软实力的重要渠道。

2021年,国务院印发的《"十四五"旅游业发展规划》中指出,"十四五"时期①,要以习近平新时代中国特色社会主义思想为指导,坚持稳中求进工作总基调,以推动旅游业高质量发展为主题,以深化旅游业供给侧结构性改革为主线,注重需求侧管理,以改革创新为根本动力,以满足人民日益增长的美好生活需要为根本目的,坚持系统观念,统筹发展和安全、统筹保护和利用,立足构建新发展格局,创新提升国内旅游,有序促进入境旅游、稳步发展出境旅游,着力推动文化和旅游深度融合,着力完善现代旅游业体系,加快旅游强国建设,努力实现旅游业更高质量、更有效率、更加公平、更可持续、更为安全的发展。明确"以文塑旅、以旅彰文,系统观念、筑牢防线,旅游为民、旅游带动,创新驱动、优质发展,生态优先、科学利用"的原则。提出七项重点任务:一是坚持创新驱动发展,深化"互联网+旅游",推进智慧旅游发展;二是优化旅游空间布局,促进城乡、区域协调发展,建设一批旅游城市和特色旅游目的地;三是构建科学保护利用体系,保护传承好人文资源,保护利用好自然资源;四是完善旅游产品供给体系,激发旅游市场主体活力,推动"旅游+"和"+旅游",形成多产业融合发展新局面;五是拓展大众旅游消费体系,提升旅游消费服务,更好满足人民群众多层次、多样化需求;六是建立现代旅游治理体系,加强旅游信用体系建设,推进文明旅游;七是完善旅游开放合作体系,加强政策储备,持续推进旅游交流合作。到2025年,旅游业发展水平不断提升,现代旅游业体系更加健全,旅游有效供给、优质供给、弹性供给更为丰富,大众旅游消费需求得到更好满足。国内旅游蓬勃发展,出入境旅游有序推进,旅游业国际影响力、竞争力明显增强,旅游强国建设取得重大进展。文化和旅游深度融合,建设一批富有文化底蕴的世界级旅游景区和度假区,打造一批文化特色鲜明的国家级旅游休闲城市和街区,红色旅游、乡村旅游等加快发展。旅游创新能力显著提升,旅游无障碍环境建设和服务进一步加强,智慧旅游特征明显,产业链现代化水平明显提高,市场主体活力显著增强,旅游业在服务国家经济社会发展、满足人民文化需求、增强人民精神力量、促进社会文明程度提升等方面作用更加凸显。展望2035年,基本建成世界旅游强国,为建成文化强国贡献重要力量,为基本实现社会主义现代化作出积极贡献。

1.1.3 旅游经济

1)旅游经济的含义

旅游经济是在旅游活动有了一定的发展,并具备了一定物质条件的前提下才产生的一种社会经济活动。旅游活动发展成为旅游经济活动,并成为整个社会经济活动的一个重要

---

① "十四五"是指我国国民经济和社会发展第十四个五年计划,计划期为2021—2025年。

组成部分,是近代商品生产和商品交换长期发展的结果。从经济学角度考察,旅游经济就是旅游需求和旅游供给之间的经济联系以及由这种联系引起并采用商品交换形式所形成的,旅游者、旅游产品和旅游服务提供者、旅游地政府、旅游地社区(居民)等利益相关者之间的经济联系和经济关系的总和。简而言之,旅游经济就是随着旅游活动的开展而产生的各种经济现象和经济关系的总和。

旅游活动发展成为旅游经济活动的前提条件是旅游活动商品化和旅游活动社会化。

旅游活动商品化是指采用商品交换的方式来组织旅游活动,即旅游者的旅行过程以及与其相关的各种活动是通过一系列商品交换关系的完成实现的。在旅游市场上,旅游企业或旅游相关企业直接或间接地向旅游者提供旅游产品和旅游服务或相关产品及服务,通过满足市场需求以获得经济利益;旅游者在旅游活动过程中为满足食、住、行、游、购、娱等旅游需求或获得某种旅游体验,须以一定的价格向旅游企业或相关企业购买旅游产品或服务。旅游者与旅游产品或旅游服务提供者之间发生市场交换关系。

旅游活动社会化以分工与协作为基本特征,具体表现为旅游生产要素和劳动力要素集中在旅游企业及相关部门中进行有组织的规模化生产。旅游活动的专业化分工不断发展,旅游产品和服务提供者之间的分工更为细化,协作更加密切,旅游产品和服务的市场化以及市场机制的调节作用,使旅游活动过程各个环节形成一个不可分割的整体。在社会分工体系中,不仅出现了专门为游客提供旅游产品的生产商,还出现了专门从事旅游服务活动的旅游服务组织,并形成了与之相适应的商业模式和社会环境。不仅旅游者与旅游产品和旅游服务提供者或经营机构之间有经济关系,旅游活动的各环节之间、各旅游企业之间、旅游企业与相关部门之间也有经济关系,而且旅游者、旅游企业、旅游地政府、旅游地社区(居民)等旅游活动利益相关者之间也有着密切的利益关系和经济关系。正是由于旅游活动中存在着各种交错复杂的经济关系,旅游活动才得以发展成为旅游经济活动。

2)旅游经济的主要特征

现代旅游经济作为社会经济的重要组成部分,具有以下3个主要特征:

(1)旅游经济是一种商品化的旅游活动

在自然经济条件下,旅游活动主要表现为旅行者依靠自己的力量而满足自我需要的活动,不涉及旅游产品的生产与交换。而现代旅游经济是建立在商品经济基础之上的,以旅游产品的生产和交换为主要特征的旅游活动,必然要产生旅游经济活动中的供求关系和旅游产品的市场交换。一方面,随着现代社会经济的发展,特别是交通运输业的发展和人们闲暇时间的增多,既有旅游消费需求又有旅游消费能力的大众旅游活动的普及,产生了巨大的旅游市场需求。旅游需求的规模数量、消费水平、旅游目的、游览内容、出行方式等对旅游经济的发展规模和水平具有决定性的影响和作用。另一方面,旅游经济活动的市场供给主体——旅游企业,为旅游者提供各种旅游产品和服务,通过满足旅游市场需求获得利润。旅游企业既是旅游产品的生产者,又是旅游产品的经营者,是促进旅游产品价值得以实现并产生旅游经济效益的市场主体和重要基础。

（2）旅游经济是一种具有消费属性的旅游活动

经济活动可分为两个基本领域：生产领域和消费领域。生产领域的生产活动表现为要把投入的生产要素转换成产出，向顾客提供有价值的产品或服务，满足市场需要并获得利润；消费领域的消费活动是出于维持个体生存、保障劳动能力的再生产以及实现个人和社会发展等目的而对物质生活资料和精神生活资料的消费，即人们通过消费产品或服务满足自身欲望的一种经济行为。在旅游活动中，从供给角度看，旅游企业向市场提供旅游产品和旅游服务，其目的是满足旅游市场需求；从需求角度看，旅游者在旅游过程中需要购买并消费各种旅游产品和旅游服务，以满足其游览观光、休闲娱乐、探亲访友、文化体育、健康医疗、教育学习，或因公务、商务等目的的需求欲望。由此可知，旅游活动是一个消费的过程，由旅游活动而产生的旅游经济具有显著的消费属性特征。

（3）旅游经济是一种综合性服务经济

旅游活动虽然不是以经济活动为目的，但其整个活动过程是以经济活动为基础的，涉及交通、住宿、餐饮、购物、文化娱乐、金融保险、通信、医疗、教育等各种经济关系和综合服务。这些经济关系和综合服务构成现代旅游活动得以开展的支持体系，具体可分为 4 个层次：①公共政策支持体系，包括政策、法规等，如旅游法、公民休假制度等；②基础设施支持体系，包括交通、通信、信息等；③旅游业经营系统，包括旅行社、酒店、旅游景区等；④旅游管理及环境系统，包括旅游行政管理、旅游行业管理、市场秩序、消费环境等。从旅游活动的支持系统来看，旅游经济是一种由多行业、多部门分工与协作而形成的综合性服务经济。

1.1.4　旅游经济关系

随着旅游活动的大众化、全球化发展，旅游经济活动的社会化分工越来越深入，专业化协作越来越密切，每一个经济主体都在利益最大化原则下理性地选择具有比较优势的核心业务，旅游经济现象和经济关系更加多样化和复杂化。旅游者为了满足自己的旅游需求，须以一定的价格向市场购买旅游产品和服务；旅游经营者为了自身的利用和发展，须投入一定的成本向市场提供旅游产品和服务；旅游产品的开发需要投入一定的旅游资源，而旅游资源又依托于旅游地的自然资源和人文环境；旅游产品的消费是一个旅游体验过程，需要旅游者前往旅游地才能得以实现。因此，旅游者、旅游经营者和旅游地三者构成了旅游经济活动的三大要素，旅游产品成为旅游者、旅游经营者和旅游地三大要素之间的连接纽带，旅游供求关系的矛盾运动和旅游产品的交换关系构成旅游经济的运行过程。

旅游经济关系主要体现在以下 6 个方面：
①旅游者和旅游经营者之间的经济关系。
②旅游者和旅游地之间的经济关系，包括与旅游地社区（居民）之间的经济关系和旅游地政府之间的经济关系。
③旅游者和旅游者之间的经济关系。
④旅游经营者和旅游地之间的经济关系，包括与旅游地社区（居民）之间的经济关系和旅游地政府之间的经济关系。

⑤旅游经营者与旅游经营者之间的经济关系。

⑥旅游地与旅游地之间的经济关系。

1.1.5　数字经济赋能旅游新发展

进入 21 世纪以来,互联网、大数据、云计算、人工智能、区块链等新一代数字技术加速创新,日益融入经济社会发展各领域全过程,正在成为重组全球要素资源、重塑全球经济结构、改变全球竞争格局的关键力量。世界各国高度重视发展数字经济,竞相制定数字经济发展战略、出台鼓励政策。美国是世界上对数字经济布局最早、技术积淀最多的国家。早在 1993 年,美国就启动了对 21 世纪科技与经济发展影响深远的"信息高速公路"建设,使美国最早成为网络上的国家,催生了一大批互联网时代的科技创新企业,确立了美国在信息和互联网产业的国家竞争优势。欧盟在数字经济建设方面显得相对落后,但近年来发展迅速,出台了一系列加快数字经济发展的政策规划。2021 年 3 月,欧盟委员会正式发布《2030 数字罗盘:欧洲数字十年之路》计划,启动了迈向全球数字经济战略制高点的十年建设任务。日本、韩国、新加坡、以色列等亚洲国家也高度重视数字经济,通过制定规划和发布指南等方式,出台了一系列政策,鼓励支持数字经济发展。

我国高度重视发展数据经济,相继出台了《网络强国战略实施纲要》《数字经济发展战略纲要》《"十四五"数字经济发展规划》,从国家层面部署推动数字经济发展,推进数字产业化和产业数字化,推动数字经济和实体经济深度融合,打造具有国际竞争力的数字产业集群。根据 2021 年全球数字经济大会的数据,我国数字经济规模已连续多年位居世界第二。

发展数字经济意义重大,是把握新一轮科技革命和产业变革新机遇的战略选择。作为继农业经济、工业经济之后的主要经济形态,数字经济是以数据资源为关键要素,以现代信息网络为主要载体,以信息通信技术融合应用、全要素数字化转型为重要推动力,促进公平与效率更加统一的新经济形态。在这个日益数字化的时代,发展数字经济是把握机遇、赢得未来的战略选择。数据已成为重要生产力和关键生产要素,深入渗透到生产、分配、交换、消费的各个环节,引领劳动、资本、土地、技术、管理等要素网络化共享、集约化整合、协作化开发和高效化利用,大大提高经济社会各领域资源配置效率。数字生产力迅速发展,引领生产主体、生产对象、生产工具和生产方式变革调整,驱动实体经济体系重构、范式迁移,提升供给质量和供给效率,实现高水平供需动态平衡,大大提升经济发展整体效能。新一代信息技术创新活跃,大数据、物联网、人工智能等数字经济核心产业创新能力强、成长潜力大、综合效益好,推动经济发展动力从主要依靠资源和低成本劳动力等要素投入转向创新驱动。数字技术正在颠覆传统经济运行模式,5G、人工智能、区块链等新技术赋能各行各业,推动传统产业转型升级,催生新产业新业态新商业模式。在旅游领域,数字技术的广泛应用,推动旅游经济数字化发展,深化文旅融合,创新旅游产品与服务,催生旅游新产品新业态,引领旅游产业高端化、智能化发展。数字经济具有高创新性、强渗透性、广覆盖性,数字经济健康发展,有利于推动构建新发展格局,有利于推动建设现代化经济体系,有利于推动构筑国家竞争新优势。

1.2　旅游经济研究的产生与发展

关于旅游经济的研究,随着旅游活动的产生和发展而逐渐开展并不断深化。

1.2.1　国外旅游经济研究的发展过程

国外旅游经济研究的演进与发展过程可大致分为以下 4 个阶段:

1) 第一阶段:旅游经济研究的萌芽期(19 世纪后半期至 20 世纪 20 年代)

19 世纪后半叶,开始于欧洲的产业革命给社会经济带来的巨大变化,也为旅游经济活动的产生与发展创造了必要条件。随着西方国家特别是欧洲旅游业的发展,人们开始关注旅游活动及旅游经济问题。意大利学者为早期的旅游经济研究做出了突出贡献。1899 年,意大利国家统计局局长鲍德奥(Bodio)发表了题为《关于在意大利的外国旅游者的流动及其花费》的论文,这是可见到的最早研究旅游经济活动的文献。这类研究一直延续到 20 世纪 20 年代,意大利的尼塞福罗(Niceforo)和贝尼尼(Benini)分别于 1923 年和 1926 年发表了论文《在意大利的外国人的移动》和《关于游客的移动计算方法的改良》。这些研究文献利用统计方法,对前来意大利旅游的人进行调查研究,从平衡国际外汇收支角度,评述了旅游对国家经济的影响及作用。通过上述文献可知,这一时期关于旅游经济问题的研究主要集中在旅游活动过程中一些现象的描述和计算方法的探讨,如游客人数、逗留时间、消费能力等,对旅游现象的认知目的在于了解旅游活动的运行规律以取得经济利益的需要,是学术界早期对旅游经济现象的认知过程,是旅游经济研究的萌芽期。

2) 第二阶段:旅游经济研究的起步期(20 世纪 20 年代末至第二次世界大战结束)

第一次世界大战结束后,随着欧洲经济的逐步恢复,越来越多的人从北美来到欧洲旅游,日益增长的由北美游客带来大量美元的旅游活动成为欧洲战后经济恢复和走向复兴的重要财源,旅游活动被普遍视为一种具有重要经济意义的活动,这种认识在当时深刻地影响着学术界的思想。1927 年,罗马大学讲师马里奥蒂(A. Mariotti)出版了专著《旅游经济讲义》一书,首次从经济学角度对旅游现象作了系统的剖析和论证,通过对旅游活动的形态、结构和活动要素的研究,第一次提出了旅游活动是属于经济性质的一种社会现象的观点。1928 年,马里奥蒂出版了该书的续编,并在 1940 年出版了修订本,最终完成了该书的理论体系。这一时期,从经济角度研究旅游现象的学者还有许多。1933 年,英国爱丁堡大学的政治经济学教授欧吉尔维出版著作《旅游活动:一门经济学科》,该书阐述了旅游需求和旅游消费的理论。德国柏林大学教授格留克曼(G. Glucksmann)发表了多篇论文,阐述了关于旅游研究的观点,并于 1935 年出版了《旅游总论》,该书系统论证了旅游活动的发生、基础、性质和社会影响。他认为,研究旅游现象是研究旅游活动的基础、发生的原因、运行的手段及其对社会的影响等问题,是一个范围非常广泛的领域,除从经济学角度考察外,还需要从多学科角度去研究旅游现象。在这一阶段的旅游经济研究中,国外学者普遍认识到发展旅游业可以带来巨大的经济收益,因此,重点探讨和研究了旅游经济的性质、地位和作用,从不同角度对旅游经济的有关内容进行了研究。这些研究成果推进了旅游经济学的形成,并为现代旅游经济的发展与研究奠定了基础。

3) 第三阶段:旅游经济研究的发展期(第二次世界大战结束至 20 世纪末)

第二次世界大战结束后,旅游被普遍看成一种恢复和发展经济的手段,能够促进接待地经济发展,包括旅游业界、政界和学术界都认为旅游是劳动密集型行业,可以为经济不发达国家和地区以及发达国家和地区带来显著的经济利益。在西方国家,随着农业和工业的迅速发展,服务业也迅速发展起来,特别是作为服务业的旅游业逐渐发展成为国民经济中的重要产业。旅游活动也由北美、西欧两个区域扩展到全世界,大众旅游成为时代潮流。为了适应旅游业快速发展的需要,欧美许多国家建立了各种类型的旅游经济管理学院,开设了旅游经济、旅游管理等学科课程,培养旅游业发展所需要的人才。同时,欧美一些专家、学者对有关旅游经济的理论及方法进行了更为全面和深入的研究,研究领域涉及国际旅游分工理论与差别化需求、旅游市场、旅游企业管理、区域经济发展与旅游、旅游资源开发、旅游投资、旅游经济政策、旅游国际合作、发展中国家旅游经济等诸多方面,并且在旅游活动的本质和规律性研究方面取得重大进展,发表和出版了一批具有较高研究水平的论文和著作。具有代表性的成果有:1955 年意大利特罗伊西的《旅游及旅游收入的经济理论》,1969 年美国迈克尔·彼德斯的《国际旅游业》,1974 年英国伯卡特的《旅游业的过去、现在和未来》,1975 年世界旅游组织出版的《国际旅游业对发展中国家经济发展的影响》,1976 年西班牙旅游研究院出版的《西班牙旅游经济投入—产出表》,1978 年南斯拉夫翁科维奇教授的《旅游经济学》,1980 年美国唐纳德·伦德伯格的《旅游业》,1984 年美国夏威夷大学朱卓任教授的《旅游业》,等等。这些成果,为促进现代旅游经济发展起到了指导性作用,为构建旅游经济学科体系奠定了坚实的基础。

值得注意的是,在旅游经济影响研究中,旅游收入乘数效应问题成为热点问题。利用旅游收入乘数原理分析计算旅游收入对促进接待地社会经济发展的效果,是开展这方面研究时普遍采用的方法。英国学者阿切尔(B. Archer)和沃恩(R. Vaughan)在这方面做了大量工作并取得了重要成果。他们先后分别在英国的格温尼德(Gwyneedd)和爱丁堡的洛辛安地区(Lothian region)对旅馆的收入作了调查,在理论和应用两个方面进行了研究,得出了十分相似的结果,验证了旅游乘数效应的实践意义。同时,他们还运用旅游经济乘数理论调查并研究了这两个地区不同类型住宿业的就业情况,在直接、间接和诱导 3 种就业乘数效应方面取得了可靠的数据,验证了乘数理论在旅游就业中的作用。旅游经济乘数理论成为旅游经济影响研究的有效的基础性分析工具。

与此同时,由于旅游业迅速发展而引起的非经济因素影响,也引起了学者和社会的关注。首先是在 20 世纪 60 年代末由社会学家和人类学家开始的旅游社会影响研究,后来又有环境和生态影响的研究。20 世纪 70—80 年代是旅游的非经济因素影响研究取得较大发展的时期。例如,一些学者关于"旅游人类学"概念的认同,也有学者提出与旅游有关的学科,如社会学、旅游人类学、旅游经济学、旅游环境学等综合成"旅游社会科学"的设想①。

4) 第四阶段:旅游经济研究的新发展(21 世纪以来)

21 世纪以来,在旅游经济研究方面,研究者更关注旅游市场问题,如旅游市场需求分析与预测、旅游目的地、旅游营销等。

在旅游市场需求分析与预测方面,研究的重点是旅游需求模型的构建和旅游需求的预测,Divisekera 构建了国际旅游业的需求模型,Kevin Greenidge 用 STM 方法预测了旅游需求。同时,也有部分研究成果是关于旅游需求的一般分析及对未来旅游需求各个指标的预测。

在旅游目的地研究方面,研究者的主要关注点集中在旅游目的地定位、旅游目的地映象、旅游目的地营销、旅游目的地管理、旅游目的地发展、旅游目的地与当地居民的关系等方面。20 世纪 90 年代以来,特别是进入 21 世纪后,随着全球化趋势的快速发展,旅游目的地之间的同质化加剧,国际旅游市场竞争日趋激烈,旅游目的地定位的重要性受到旅游管理实践者和学术界的格外关注。旅游目的地映象与旅游者或潜在旅游者的行为动机、旅游决策、服务质量的感受及满意程度等因素存在密切关系。根据麦克因尼斯(MacLnnis)的研究,映象影响贯穿了整个旅游消费经历。在旅游消费购买之前,代理消费可能已通过映象发生了,在旅游过程中或旅游消费结束后映象可让游客感到游有所值并增加满意度。在旅游目的地竞争日益激烈的情况下,如何提高旅游目的地的知名度,让游客了解旅游目的地,并吸引游客前来旅游,其关键是如何营销旅游目的地,培养旅游目的地游客偏好和游客忠诚。

旅游目的地市场营销理念在旅游中的应用主要基于旅游企业和旅游目的地两个层面。从整个旅游系统来看,旅游者的旅游活动主要发生于旅游目的地,与企业层面的市场营销研究相比,旅游目的地营销是一个相对较新的研究领域。由于旅游产品的综合性及旅游目的地自身的复杂性,旅游目的地营销涉及的内容非常庞杂,大致包括旅游目的地形象、旅游目的地营销组织、旅游目的地市场推广及现代信息技术在旅游目的地营销中的应用等内容。Bill Bramwell 研究了工业城市的旅游营销形象,Myriam Jansen Verbeke 从博物馆旅游者的角度研究了城市旅游营销②。旅游目的地营销组织是旅游目的地营销有效实施的保障。然而,与一般营销不同的是,旅游目的地的旅游基础设施及旅游产品通常是由当地政府和私人、部门(旅游企业)共同提供的,在一定程度上具有公共物品属性,由此决定了旅游目的地政府对旅游目的地营销负有责任。以国家级旅游目的地为例,几乎所有国家都在不同程度上参与旅游营销。Palmer A.,Chen H. M. 等提出组建旅游目的地营销联盟。旅游业是信息密集型产业,旅游目的地营销信息系统、旅游目的地在线营销、虚拟旅游社区、旅游电子商务、智慧旅游等信息技术在旅游业的应用及旅游新业态的出现,改变了传统旅游业的生产模式、学习模式、交流模式和商业模式。

---

① 戴斌.论国际旅游经济学的演进与发展[J].桂林旅游高等专科学校学报,1998,9(3):5-10.
② 张俐俐.旅游经济学原理与实务[M].北京:清华大学出版社,2009.

1.2.2　我国旅游经济研究的发展过程

我国对旅游经济的研究起步较晚,这不仅与我国旅游经济活动和旅游产业发展阶段相吻合,而且与我国旅游教育发展阶段也相吻合。

在中华人民共和国成立以前,我国没有旅游经济。1949—1978 年,我国计划经济时期,入境旅游作为一种外事活动而存在。1978 年,我国开始实行改革开放政策,1978 年和 1979 年,邓小平同志就发展我国旅游业发表了 5 次讲话,由此开启了我国旅游产业发展的新道路。

改革开放以后,我国对外开放了旅游市场,以入境旅游为特征的旅游活动和旅游经济在北京、广州、杭州、西安等主要旅游城市开始迅速发展。当时,国内关于旅游经济的研究仍是空白。在著名经济学家于光远的提议下,1979 年全国经济科学规划会议将旅游经济学列入国家经济科学研究重点项目序列。20 世纪 80 年代初,浙江大学、南开大学、西北大学、北京第二外国语学院等率先开设了旅游经济专业,这在客观上推动了我国旅游经济研究和旅游教育的发展。沈杰飞、吴志宏在《建立适合我国实际的旅游经济学科》一文中,对旅游经济学科的研究对象和研究内容展开了深入探讨,提出应建立旅游经济学科体系,以适应中国旅游业和旅游教育发展的需要。王立纲、刘世杰编写出版了《中国旅游经济学》,该书是国内第一部关于旅游经济研究的专著,提出了一些旅游经济的基本规范,对中国旅游发展道路、旅游业的基本性质及旅游资源开发等问题进行了有益的探索,初步构建了旅游经济研究体系。孙尚清主持的旅游经济发展战略研究项目,1987 年被列入国家"七五"社会科学发展规划重点课题。该项目的研究成果《中国旅游经济研究》于 1990 年出版,提出了旅游业需要适度超前发展的观点。这一观点成为后来支持我国旅游业发展的重要战略思想。在这一时期,为适应旅游经济高等教育发展的需要,一些高校在引进国外研究成果和对国外旅游情况进行介绍的基础上,编写出版了《旅游经济学》教材。当时,由于旅游经济活动发展不足,在很大程度上制约着教材的编写水平。尽管这一时期的教材不可避免地存在一些问题,但对促进我国旅游经济和旅游教育发展发挥了重要作用。

进入 20 世纪 90 年代,随着我国旅游产业体系的逐步形成以及国际旅游和国内旅游需求的日益增长,旅游经济学科的研究领域也开始逐步扩展,从最初以经济学和管理学为主逐步向多学科发展,涵盖了社会学、心理学、市场学、地理学、环境学、历史学、文化学等,旅游经济研究逐步转向战略研究、规划研究和深化研究,主要研究内容包括旅游发展战略、旅游产业定位、旅游规划、旅游供求规律、旅游消费、旅游企业管理、旅游经济效益等问题,形成了以多学科交叉、融合为特征的旅游经济研究体系。同时,随着旅游高等教育的发展,旅游经济科研队伍不断壮大,旅游经济研究成果显著增加。例如,魏小安、冯宗苏在《中国旅游业:产业政策与协调发展》一书中,从制定科学的旅游产业政策角度,研究了中国旅游经济的结构问题。迟景才的《改革开放 20 年旅游经济探索》,李江帆等的《旅游产业与旅游增加值的测算》,吴必虎的《区域旅游规划原理》,杜江的《旅行社管理》,周达人的《论旅游商品》,王大悟、魏小安的《新编旅游经济学》,罗明义的《旅游经济学》,林南枝、陶汉军的《旅游经济学》等成果的问世,为我国旅游经济的发展提供了重要的理论指导和政策参考。同时,也为旅游高等教育和旅游经济学科的发展提供了丰富的参考资料和重要的学术支撑。

进入 21 世纪后,全球旅游经济活动日益扩大,旅游产业的融合与扩展也日益深入,我国旅游产业规模不断扩大,旅游需求更加旺盛,对旅游经济的研究也更加趋向于多学科交叉融合,无论是在研究内容上,还是在研究方法上,都有了极大的改进与创新,旅游经济学科的研究体系更加系统化,旅游经济学科的理论体系也正在逐步形成。

在这一时期,国内关于旅游经济的研究,主要集中在旅游经济管理体制、旅游产业竞争力、旅游产业集群、旅游产业与区域经济、旅游产业融合、旅游信息化、旅游可持续发展等方面。贾生华、邬爱其认为,旅游业的产业属性和产业地位的变化在很大程度上是各种政策法规发生变化而导致的结果。从我国旅游业的成长阶段来看,相关政府部门的职能转变或职能范围的变化是一个共同的特点。在计划经济时期依靠政策法规等强制性行动来推动产业经济发展可能是最优选择,但随着中国特色社会主义市场经济体制的建立和逐步完善,市场机制在旅游产业中作为资源配置的基础性作用得到了重视和发挥,在一定意义上讲,我国旅游产业的成长发展过程是伴随着政府主导下旅游经济管理体制的演变而进行的。

旅游产业集群推动旅游产业结构优化升级的动力机制主要体现在技术创新、产业经营和产业发展环境等方面,特别是技术创新和技术进步使旅游产业发展呈现出集群化、融合化和虚拟化。杨勇利用空间基尼系数对中国旅游产业 1998—2006 年的聚集水平进行了测度,结果表明:旅游产业具有较强的聚集性,并且总体聚集性不断提高。

旅游产业是一个关联性很强的产业。2009 年,国务院颁布的《关于加快发展旅游业的意见》中提出要把旅游业发展成为国民经济的战略性支柱产业和人民群众更加满意的现代服务业,标志着我国的旅游业发展正式纳入国家战略体系。李江帆等,崔峰等,吴三忙等学者运用投入—产出分析法,开展对旅游产业关联及旅游产业关联的波及效应进行研究,认为旅游产业关联性强,波及效果明显,可以带动相关产业部门的发展,对促进国民经济增长有重要作用。

旅游产业融合是社会经济发展到一定阶段的产物,作为一种产业创新形式,为旅游业发展注入了生机和活力。旅游产业融合是一种跨界融合,表现为旅游业与其他服务业的融合、旅游业与第一产业和第二产业的融合两种类型。通过产业间的相互渗透与交叉,产业价值链不断被解构和重组,推动旅游产品创新,涌现出多样化的旅游新业态,如文化旅游、会展旅游、节事旅游、体育旅游、健康医疗旅游、研学旅游、工业旅游、农业旅游、乡村旅游等。旅游产业融合是在外部环境的影响下,由旅游需求的拉动力、旅游企业内在驱动力和技术创新推动力共同形成。旅游产业融合是产业创新的重要手段,延展了产业链条和产业功能,不仅在微观上改变了产业的市场结构和市场绩效,而且从宏观上有利于促进经济结构的优化升级。旅游产业融合是在产业系统中,不同产业要素之间相互竞争、协作与共同演进而形成的产业发展新形态,融合方式包括技术融合、企业融合、产品融合、市场融合、制度融合等。产业融合发展促使旅游业新型产业功能逐步显现,如游览观光、休闲、度假、教育、养老、健体、医疗、文化创意、商务、展览等多种功能,新型商业模式应运而生,如旅游电子商务、旅游服务网络平台、自驾游、自助游等,旅游业已逐步走向与其他产业相互渗透融合发展的阶段。

旅游信息化是通过对信息技术的应用来改变传统的旅游生产、分配和消费机制,以信息化的发展来优化旅游经济的运行,其表现形式主要是旅游网站、旅游信息平台、旅游网络预订系统、旅游数字化管理以及支持信息化的基础设施建设。旅游信息化的内容主要包括旅游企业信息化、旅游电子商务和旅游电子政务。2001年1月,国家旅游局在全国旅游工作会议上提出启动"金旅工程"建设,把旅游业的信息化建设推进了快车道。在智慧地球、智慧城市概念的提出和由理念到实践的影响下,智慧旅游应运而生。国家旅游局2014年把"美丽中国之旅——2014智慧旅游年"作为年度旅游发展主题,将我国旅游业发展引向了一个新的阶段。智慧旅游是旅游业和信息化基于新一代信息技术的深度融合发展,是大数据、云计算、物联网、人工智能等新技术在旅游业广泛应用而引发的旅游数字化变革,创新旅游产品与服务,催生旅游新业态、新模式、新需求,推动旅游消费转型升级。

文化与旅游具有天然的内在关联性和价值相容性。文化是人类的价值创造,是一个国家、一个民族的精神和灵魂,是国家发展和民族振兴的强大动力,天然具有吸引物属性。旅游是一种走出去的体验活动,是人类追求精神享受、满足对于外部世界好奇心的重要方式,其价值表现在旅游的经济功能、文化交流与传播功能、户外环境教育功能、调节身心健康与友谊增进等多方面。文化和旅游统一于人的全面发展和社会进步,文化为旅游提供内容,让旅游的内涵更加丰富、更富魅力;旅游为文化提供渠道,以旅游为载体和平台,促进文化的传播、传承与交流,推进文化走向市场,实现经济效益和社会效益。2018年中华人民共和国文化和旅游部的组建,文化和旅游由原来的部门分割走向一体化,文旅融合的理论研究和产业实践进入新阶段。

文化旅游作为一种旅游形式,它依赖于旅游目的地的文化遗产资源并将它们转化成可供旅游者消费的产品。该概念强调了文化旅游的主要基础构件是一个社区或民族的文化遗产,包括物质文化遗产和非物质文化遗产,这些文化遗产因内在的价值和意义而得到保护和传承。旅游是一项包含着体验和产品消费的活动,为促进文化旅游消费,必须将文化遗产资源转化为文化旅游产品,被游客较为轻松地认知、理解并产生兴趣,从而实现文化遗产作为旅游吸引物的外在价值。由此可见,文化旅游是一种文化和旅游融合发展的特定产业形式,文化是内涵,旅游是载体。目前,已形成若干特色鲜明的文化旅游模式,主要有文化遗产旅游、主题公园旅游、乡村文化旅游、演艺文化旅游、节事会展旅游、体育文化旅游、生态文化旅游等类型。

1.3 旅游经济学的研究对象与理论体系

学科的研究对象决定着学科的研究范式,对学科研究涉及的内容和学科研究方法起着重要的指导作用。

1.3.1　旅游经济学的研究对象与学科特点

1) 旅游经济学的研究对象

在现实生活中,人们经常会遇到如企业生产、个人消费、市场竞争等经济现象,涉及生产成本、企业利润、产品价格、市场需求、生产要素等经济变量,这些问题属于微观经济学研究范畴;如经济增长速度、经济周期波动、通货膨胀、社会就业、宏观调控等经济现象,涉及国内生产总值、经济增长率、国民收入、财政支出、总需求、总供给、货币发行量、失业率等经济变量,这些问题属于宏观经济学研究范畴;如产业发展、产业组织、产业结构、区域经济等经济现象,涉及市场结构、企业竞争、产业关联、产业结构调整、技术创新、产品创新等经济变量,这些问题属于产业经济学研究范畴。

旅游产业活动是一种复杂的经济社会现象,既具有提供旅游产品和旅游服务的经济功能,也具有文化传承、环境教育、社会调节的社会功能,同时还具有社区景观改善、自然环境保护的生态功能。旅游产业是一个具有较强外部性的产业,发展旅游产业应遵循经济效益、社会效益和生态效益相统一的原则。因此,旅游经济学是研究旅游产业活动现象及其经济关系和经济规律的学科。具体地讲,主要包括以下3个层面的问题:

①基于旅游市场微观层面的研究。主要包括旅游产品、旅游需求、旅游供给、旅游消费等旅游经济现象及其发展规律问题。

②基于旅游产业中观层面的研究。主要包括:旅游产业内部各部门、各企业之间相互作用的关系,旅游产业自身的发展演进规律,旅游产业与其他产业之间的关联互动关系,以及旅游产业的区域空间分布等旅游经济现象及其发展规律问题。

③基于旅游经济宏观层面的研究。主要包括旅游经济投融资、旅游经济收入与效益、旅游经济结构、旅游经济发展战略与发展模式等旅游经济现象及其发展规律问题。

2) 旅游经济学的学科特点

旅游经济学具有应用性和边缘性两大学科特点。

①旅游经济学是一门应用性学科。旅游经济学是以经济学的一般理论为指导,运用产业经济学的理论框架和研究方法,研究旅游市场和旅游产业的经济现象、经济关系及其经济规律的,是专门研究旅游市场和旅游产业特有的经济活动,并揭示其发展的条件、范围、表现形式及运动规律,从而指导旅游市场和旅游产业可持续发展,创造旅游经济效益,具有较强的应用性,属于应用经济学的范畴。

②旅游经济学是一门新兴的边缘学科。由于旅游活动是一种复杂的社会现象,在旅游活动基础上产生的旅游经济活动更具有综合性、交叉性的特点。因此,旅游经济学在研究旅游经济问题时,不仅要以经济学、管理学的理论为指导,还需借助多种学科的理论及研究成果来支持并丰富旅游经济学的研究内容。例如,运用心理学、地理学、资源学、统计学、市场学等学科理论和方法,综合考察和研究旅游消费行为、旅游经济地理、旅游资源开发、旅游统计分析、旅游市场营销等旅游经济现象和旅游经济问题,进一步加深对旅游经济内在规律及

其运行机制的认识,以更好地指导旅游市场和旅游产业的发展。与其他学科相比,旅游经济学是一门新兴的边缘性学科。

1.3.2 旅游经济学的学科领域

旅游活动是旅游经济学研究的逻辑起点,旅游产品是旅游经济学研究的核心要素。旅游产品是旅游经济三大构成要素旅游者、旅游经营者和旅游地的连接纽带,旅游经济运行是围绕旅游活动这一事件,以旅游产品的市场需求与市场供给这一关系为主线展开的。旅游经济活动涉及多行业、多领域。基于此,本书以经济学、旅游学和管理学的学科理论为理论基础,充分运用心理学、社会学、地理学、资源学、市场学、文化学等多学科知识,从旅游市场、旅游产业和旅游经济发展3个层面构建旅游经济学的理论框架和学科体系。其学科领域主要包括以下4部分内容:

①旅游市场理论。
- 旅游产品理论。
- 旅游供求理论。
- 旅游产品价格理论。
- 旅游消费理论。

②旅游产业理论。
- 旅游产业关联理论。
- 旅游产业融合理论。

③旅游经济发展理论。
- 旅游经济效益理论。
- 旅游经济发展理论。

④旅游产业政策。
- 旅游产业组织政策。
- 旅游产业结构政策。
- 旅游产业技术政策。
- 旅游产业区域政策。

1.3.3 旅游经济学的理论体系

国内旅游经济学研究,从20世纪80年代初期起步,至今走过了40余年的发展历程,出版了很多版本的旅游经济学教材。从现在高等院校使用的旅游经济学教材来看,教材的内容体系基本上沿袭了微观经济学的一般范式,研究内容主要包括旅游产品、旅游需求与供给、旅游价格、旅游消费、旅游投资、旅游收入与分配、旅游经济效益、旅游经济发展战略等。研究方式基本上是在经济学的概念框架下加上了"旅游"这一特定对象,再运用经济学的概念和一般原理对旅游现象进行具体化解释。以经济学基本理论为指导,运用多学科交叉思维方式,深入研究旅游经济活动及其发展规律的旅游经济学的学科体系有待进一步研究与探索。

本书在学习借鉴国内外旅游经济学研究成果的基础上,通过构建旅游经济学的学科领域,试图探讨性地提出旅游经济学的学科体系框架(图1.1)。

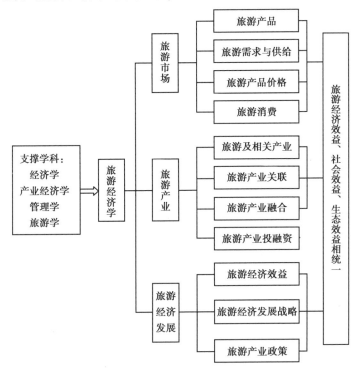

图1.1　旅游经济学的学科体系框架

旅游经济学的学科体系由以下3个层次构成:

①阐述旅游经济学的支撑学科。旅游经济学是融合了旅游学、经济学、产业经济学、管理学等多学科基本理论的应用性学科。旅游学主要研究旅游活动的各要素及各要素之间的相互关系,以揭示旅游活动的内在性质、特点及发展趋势;经济学主要研究市场资源的有效配置问题,以实现经济利益最大化,其解决方式是市场供求规律和价格调节机制;产业经济学主要研究产业内部的市场关系、市场行为及产业间的结构,以促进产业发展和产业结构优化,其解决方式是发挥市场机制作用和政府实施产业政策引导;管理学则主要研究如何提高组织效率,将组织内部的有限资源进行有效配置,以实现组织的既定目标,其解决方式是组织管理和战略指导。

在现实的经济生活中,旅游作为一种社会现象已成为一种现代的生活方式,在全球范围内普遍存在。旅游经济活动的各种要素和资源在市场机制的作用下相互竞争与合作形成社会化分工与协作体系,创造着旅游经济效益、社会效益和生态效益。在旅游经济实践活动中,对旅游经济的管理,通常表现为旅游企业管理、旅游市场管理、旅游产业管理等,旅游经济学研究的目的也正是要寻找管理旅游企业、旅游市场和旅游产业的方法与途径,以促进旅游经济的发展与进步。因此,旅游学、经济学、产业经济学、管理学等学科理论成为支撑旅游经济学学科体系的理论基础。

②阐述旅游经济学的学科领域和研究的主要内容。旅游经济学的核心是研究旅游相关

资源的优化配置问题。旅游业需要的许多资源可能是公共资源，甚至是自由资源，如国家的高速公路网、铁路、通信、城市交通、国家公园、海滩、气候等。旅游业也要使用到其他生产者同样适用的各种稀缺资源，如劳动、土地、资本等。旅游业通常是在利用自由资源和公共资源的基础上，再利用必要的自然资源、人文资源、产业资源、技术资源等，进行旅游产品开发和市场经营活动。因此，旅游经济学研究不仅要考虑旅游资源使用的机会成本，还要分析旅游市场的供求规律、旅游者的消费行为与决策、旅游企业的市场行为、旅游产业的组织与结构、旅游经济影响以及旅游经济管理政策等内容，由此构成旅游经济学的学科领域和研究的主要内容，见表1.1。

表1.1 旅游经济学的学科领域和研究的主要内容

支撑学科	学科领域	研究的主要内容	发展目标
旅游学 经济学 产业经济学 管理学	旅游市场	旅游产品 旅游需求与供给 旅游产品价格 旅游消费	经济效益、社会效益、生态效益相统一
	旅游产业	旅游及相关产业 旅游产业关联与融合 旅游产业新业态 旅游产业投融资	
	旅游经济发展	旅游经济效益与评价 旅游经济发展战略与发展模式 旅游产业政策	

③阐述旅游经济发展的目标。旅游活动既是一种经济活动，也是一种社会活动，具有经济、社会、教育、文化、生态等多元价值功能，实现旅游经济发展经济效益、社会效益、生态效益相统一。

1.4 旅游经济学的研究方法与意义

从旅游经济学的学科体系框架构建，我们已经知道旅游经济学的学科支撑涉及旅游学、经济学、管理学等多个学科。学科领域包含旅游市场、旅游产业、旅游经济发展3个层面。旅游经济学研究的主要内容有：旅游产品、旅游需求与供给、旅游消费等旅游市场微观层面的问题，旅游及相关产业、旅游产业关联与融合、旅游产业投融资等中观层面的旅游产业发展问题，以及旅游经济效益、旅游经济发展战略与模式、旅游产业政策等宏观层面的旅游经济发展问题。这些研究内容相互联系、相互影响、相互作用，形成一个开放的、复杂的、综合的旅游经济系统。

1.4.1　旅游经济学的研究方法

1) 系统分析方法

任何系统都是要素的总和,是由若干要素以一定的结构形式联结而构成的具有某种功能的有机整体。整体性、关联性、结构性、平衡性、时序性等是所有系统共同的基本特征,这些既是系统论的基本思想观点,也是系统分析方法的基本原则。旅游经济是一个开放的、复杂的、综合的系统,因此,旅游经济学的研究方法首先应着眼于系统分析的角度,既要研究组成旅游经济系统的各个要素及其相互之间的关系,也要研究这些要素是以什么样的方式联结成为一个有机整体并实现其功能的。系统论观点是旅游经济学研究方法论的基本观点之一。首先,强调整体的观点,研究旅游经济要注重以旅游市场和旅游产业整体优化为导向;其次,强调动态平衡的观点,研究旅游经济要注重旅游市场和旅游产业的动态过程,协调旅游活动各要素及旅游产业各部门间的平衡发展,实现旅游经济发展过程中的整体优化;最后,强调环境适应性观点,旅游经济研究不能局限于旅游本身或一个国家、一个区域,应树立旅游观念,站在一个国家或一个区域社会经济发展战略的高度,将旅游放在整个国际经济大环境中加以研究。

2) 唯物辩证方法

唯物辩证方法是人们研究任何事物、任何系统的根本方法论,研究旅游经济学也不例外。唯物辩证法告诉人们事物是运动的,事物是普遍联系的,事物是发展的。旅游活动、旅游产业是运动发展的,因此,研究旅游经济要从发展的角度来分析问题。在研究旅游经济过程中,既要根据唯物辩证法实事求是的观点尊重旅游活动的规律,又要承认在一定时期内不同国家或不同区域的旅游产业及其结构是存在差异的,要以发展的观点来看待这一问题,努力探究推进旅游产业发展和优化产业结构的途径,促进本国或本地区经济的增长和发展。旅游产业是一个综合性的产业,涉及旅游活动的食、住、行、游、购、娱等要素,包括餐饮住宿业、交通运输业、商贸流通、文化娱乐等多个行业,各行业部门之间、各产业之间都是有普遍联系的。在旅游经济研究中要深入研究各行业部门之间、各产业之间的关联情况,促进各产业之间、产业内部各部门之间平衡协调发展。

3) 可持续发展方法

旅游产业成为国民经济的战略性支柱产业,意味着能与其他几乎所有产业进行关联与融合,是现代产业转型发展、创新发展、全面发展的催化剂与融合剂,是促进经济社会发展的方向性产业载体,是推进社会和谐、环境友好的工具手段。旅游资源也称环境资源,包括自然资源、人文资源和社会资源。旅游资源开发力度越大,环境破坏性力量就越强。这就要求在旅游的利用、开发中,树立可持续发展的理念,敬畏自然,珍视资源,尊重文化,保护文物,依托自然环境系统以及与之共生的人文环境系统,追求人与自然和谐、环境保护、文化传承,推动旅游产业健康可持续发展。

4）案例研究方法

案例研究是运用产业实践中实际发生的典型经济案例,通过剖析案例的内在结构以及对案例进行定性定量相结合的分析,可以用来解释某一经济现象或说明某一经济规律。案例研究还能揭示出普遍经济规律在不同的经济条件与经济环境下所表现出的不同形式。案例研究是产业经济研究中常用的一种方法,在旅游经济研究中应用也较为广泛。这种研究方法,有利于培养研究人员和学生对实际经济活动中所蕴含的经济规律的敏感性,提高在实际经济活动中应用经济规律发现问题、分析问题、解决问题的能力。

1.4.2　旅游经济学研究的意义

1）旅游经济学研究的理论意义

旅游经济学研究有利于促进旅游经济学学科理论体系的建立。旅游经济学研究的出发点是旅游产品,它是旅游者、为旅游者提供旅游产品和服务的企业、旅游目的地国家或地区政府发生经济关系的纽带。旅游活动是围绕旅游产品的需求与供给这一主要矛盾展开的。从经济学的视角来看,运用经济学的基本理论解释旅游活动中的经济现象、经济关系以及旅游产业的经济活动规律和经济影响,有利于建立旅游经济研究的范式和学科领域,形成旅游经济学学科理论体系,促进旅游学与经济学的沟通与融合。

2）旅游经济学研究的实践意义

旅游经济学研究缘于旅游活动和旅游产业发展实践的需要。旅游经济学研究的目的在于揭示旅游经济活动和旅游产业的本质特征及其发展规律,以指导旅游产业政策的实施和旅游实践活动的开展,以促进旅游产业和旅游经济的有效发展。旅游经济学研究的实践意义主要有以下3个方面:

（1）有利于促进旅游资源的保护与开发

旅游资源是旅游经济活动得以开展的基础,是激发旅游动机的吸引物,是旅游供给的重要内容。旅游资源只有通过开发才能被利用,形成旅游产品,满足旅游需求,产生旅游经济效益和社会效益。而旅游资源的价值直接受到开发是否合理、利用是否充分的影响。旅游资源开发是充分利用旅游资源的经济价值,开发旅游产品,并使旅游活动得以实现的技术经济活动。因此,旅游经济学研究有利于促进旅游资源的保护、开发与利用。

（2）有利于建立有效的旅游产业组织

产业的组织结构不仅影响产业内企业规模经济优势的发挥和市场竞争活力,还会影响整个产业的市场绩效和产业发展。旅游产业同样如此。目前,旅游产业普遍存在着企业规模整体偏小、市场集中度较低、价格竞争激烈、进入壁垒低等现象,在一定程度上影响了旅游产业的发展,导致产业的有效竞争不足,市场秩序混乱。通过旅游经济学研究,深入分析产业的规模经济问题,通过产业政策引导,调整市场结构,规范市场行为,形成有效竞争的市场态势,提高市场绩效,促进旅游产业的发展,实现旅游经济效益。

（3）有利于促进旅游经济的发展

旅游经济发展不仅仅是旅游产业的发展,还表现在由旅游引起的经济、社会、文化、政治等多方面的改善和提高。旅游经济发展的内涵是综合性的,包括:旅游产业规模的扩大,如旅游人次的增加、旅游收入的增长、旅游服务业的扩张等;旅游对国民经济增长的贡献;旅游对社会文化建设的影响;旅游资源的开发与旅游产品结构的提高;旅游管理体制与经营模式的改善等。旅游经济效益是在旅游经济活动中要素的投入与所获取的各种利益之间的比较,不仅体现了旅游企业和旅游产业的经济效益,还体现了由旅游业带动而引起相关产业部门的经济效益以及国民经济发展、社会事业进步、生态环境改善等综合效益。旅游经济学研究可以为旅游经济实践活动提供理论指导和产业政策导向,进而促进旅游经济的发展。

本章小结

- 旅游活动是人们从常住地前往异地的旅行及在该地的逗留活动所组成的,是人们出于休闲、商务或其他目的,离开自己的惯常环境,前往某地旅行,并在该地连续停留不超过一年的访问活动。旅游活动分为4种类型:国际旅游、境内旅游、国内旅游和国民旅游。

- 旅游产业是指为开展旅游活动提供旅游产品和旅游服务以及相关配套产品与服务同类属性企业经济活动的集合。旅游产业综合性强,包括开展旅游活动涉及的食、住、行、游、购、娱等多个行业部门及相关产业。

- 旅游经济是旅游需求和旅游供给之间的经济联系以及由这种联系引起并采用商品交换形式所形成的,旅游者、旅游经营者、旅游地政府、旅游地居民等利益相关者之间的经济联系和经济关系的总和。简而言之,旅游经济就是随着旅游活动的开展而产生的各种经济现象和经济关系的总和。

- 旅游经济关系是指旅游经济活动中利益相关者之间的关系,包括:①旅游者和旅游经营者之间的经济关系;②旅游者和旅游地之间的经济关系;③旅游者和旅游者之间的经济关系;④旅游经营者和旅游地之间的经济关系;⑤旅游经营者与旅游经营者之间的经济关系;⑥旅游地与旅游地之间的经济关系。

- 旅游经济学是研究旅游产业活动现象及其经济关系和经济规律的学科,具有应用性和边缘性两大学科特点。其学科领域主要包括旅游市场理论、旅游产业理论、旅游经济发展理论和旅游产业政策等内容。

思考题

1. 什么是旅游经济学？结合旅游经济发展实践，阐明旅游经济学的研究对象。

2. 旅游经济学的研究方法有哪些？旅游经济学研究有何意义？

3. 结合旅游活动和旅游业的发展，分析旅游、旅游产业、旅游经济三者之间的关系。

4. 结合旅游活动实践，解释旅游活动中存在的旅游经济关系。

5. 结合新一轮科技革命和产业变革，分析数字经济对旅游业发展的影响。

拓展阅读

1. 国家旅游及相关产业统计分类（2018）
2. 国务院印发《"十四五"旅游业发展规划》

第2章
旅游产品

【学习目标】

- 掌握旅游产品的基本概念、主要特征,了解旅游产品的结构与构成;
- 熟悉旅游产品生命周期理论,并应用到旅游产品开发过程中;
- 能够对旅游产品开发方向进行合理决策;
- 能够将中华优秀文化融入旅游产品开发过程,增强文化自信。

【导入案例】

沉浸式创意体验,创新旅游产品形态[①]

"来河南洛阳龙门石窟景区游览,没想到被景区里的沉浸式体验馆惊艳到了。"游客晓晓在社交媒体上分享了一段视频,引来很多网友点赞。视频中,鱼跃龙门、石窟开凿、神都洛阳、飞天牡丹……这些龙门文化符号通过全息天幕技术一一呈现,让观众在炫酷的高科技光影秀里沉浸式体验龙门石窟文化。

沉浸式体验,是近年来文旅行业热门词。业内人士认为,沉浸式体验融合新媒体艺术、装置艺术、数字影像、特效、灯光设备技术等,全面覆盖观众视角,通过互动感应系统与观众互动,让观众沉浸在充满趣味性、梦幻化的体验中。除了河南洛阳的《无上龙门》体验馆,湖北武汉的《夜上黄鹤楼》光影演艺也着力打造沉浸式故事场景,甘肃敦煌的《乐动敦煌》更是以数字化技术手段展示出敦煌历史文化古韵,等等。

基于5G、超高清、增强现实、虚拟现实、人工智能等技术,为旅游产品的创新发展提供了新的方向与技术支持,满足消费需求的转型升级。文化、科技等要素与旅游产业深度融合,旅游产品的内涵、特征与发展趋势也发生了深刻变革。

---

① 资料来源:数字化让美景"活"起来(网上中国)[N].人民日报海外版,2023-2-27.(节选,有调整)

2.1 旅游产品概述

2.1.1 旅游产品的含义

所谓产品,从现代市场观念出发,是指向市场提供的能满足人们某种需要和利益的物质产品和非物质形态的服务,既有有形的内容,也有无形的服务,是一个整体概念。关于旅游产品的含义,目前主要从两个角度来进行定义:从旅游供给的角度看,旅游产品是指旅游经营者凭借旅游吸引物、旅游设施直接或间接向游客提供的能满足其旅游活动需要的各种物品和服务的总和;从旅游需求的角度看,旅游产品是指游客通过花费一定的时间、费用和精力所换取的一个完整的旅游经历或旅游体验。旅游产品是连接市场供给和需求的纽带,反映着市场上供求关系的状况。因此,旅游产品是指旅游经营者为了满足游客在旅游活动中的各种需求,向旅游市场提供的各种物质产品、精神产品和旅游服务的组合。由于旅游产品需求的多样性和交换方式的不同,其表现为不同的产品形态,形成一个不同层次的旅游产品概念体系。

2.1.2 旅游产品的构成

旅游产品是一个综合性的概念,从不同角度来分析,其构成内容是不同的。

1)旅游产品的营销构成

从市场营销的角度来看,旅游产品的构成包括核心部分、形式部分和延伸部分。核心部分是指产品满足消费者需求的基本效用和核心价值。它们可以满足游客外出旅游最主要的需求,是旅游产品形成的基础和最具竞争力的部分。由于游客需求的差异,旅游产品中旅游吸引物的差异,也带来了游客核心产品的差异。例如,对以观光为主要目的的旅游产品,游客所追求的是旅游目的地景点给自己带来的"观赏和享用";激流探险旅游产品带给人们的是旅游过程的"刺激性体验";休闲度假游给游客带来的是一段身心彻底放松的愉悦性体验。总之,旅游核心产品向游客提供的是一段由具体生理和心理效用组成的"旅游体验",满足游客"旅游感受"和"旅游经历"的需要。因此,旅游营销人员的根本任务是向游客推销这种旅游体验。同样,它应是旅游产品的促销重点,特别是在激烈的市场竞争中与竞争者的旅游产品相比较时,更应如此。形式部分是指构成产品的实体和外形,包括款式、品牌、商标、质量等,是保证产品的效用和价值得以实现的载体。旅游产品的形式部分主要与旅游产品的物质载体、形象、品牌、特色、声誉及组合方式有关。延伸部分是指游客在购买和消费旅游产品时获得的各种优惠条件和其他附加利益,如方便预订、电话跟踪服务、购买量优惠、重复购买的优惠。虽然延伸部分并不是旅游产品的主要内容,但游客在旅游过程中购买的是整体旅游产品,在旅游产品核心部分和形式部分的基本功能确定后,延伸部分往往成为游客对旅游产品进行评价和决策的重要促成因素。因此,旅游经营者在进行旅游产品营销时,应注重旅游产品的整体效能,除了要突出旅游产品核心部分和形式部分的特色外,还应在旅游产品的延伸部分形成差异性,以赢得市场竞争的优势。

2)旅游产品的需求构成

从旅游需求的角度来看,旅游产品是由食、住、行、游、购、娱等多个产品要素组成。根据游客对产品构成中不同部分的需求强度及变化情况差异,可将旅游产品区分为基本旅游产品和非基本旅游产品。

(1)基本旅游产品

基本旅游产品是指游客在旅游活动中必须购买的,需求弹性较小的旅游产品,如住宿、交通、餐饮和游览等。它们在游客的任何一次外出旅游中都是必不可少的。它们的需求弹性较小,是旅游经济收益来源中较为稳定的部分。但从消费的角度来看,基本旅游产品存在一定的消费极限,必须通过提高饮食质量、增加服务内容、丰富经营档次来扩大旅游产品收益。

(2)非基本旅游产品

非基本旅游产品是指游客在旅游活动中不一定购买的且需求弹性较大的旅游产品,如旅游购物、医疗保健服务、修理服务、通信服务、美容服务等。需要说明的是,基本旅游产品和非基本旅游产品的划分是相对的,两者在一定情况下可以相互转化。

区分基本旅游产品和非基本旅游产品,有助于旅游经营者根据它们需求弹性的特点,提供有针对性的服务,满足不同游客多样化的需求;也有助于游客在选择、购买旅游产品过程中,有计划地制订、调整自己的需求结构和消费结构,提高旅游活动的舒适度和满意度。

3)旅游产品的供给构成

从旅游供给的角度看,旅游产品包括旅游吸引物、旅游设施、旅游服务、旅游购物和旅游可进入性 5 个要素。

(1)旅游吸引物

旅游吸引物是指自然界和人类社会中,凡是能对游客产生吸引力的各种事物和因素。旅游吸引物将现实潜在的单项实物产品聚合统一为完整的旅游产品,它是旅游活动的客体。旅游吸引物有广义和狭义之分。狭义的旅游吸引物一般是指有形的旅游资源,包括自然旅游资源和人文旅游资源;广义的旅游吸引物除有形的旅游资源外,还包括旅游服务、社会制度、民居生活方式等无形的旅游资源。旅游吸引物和旅游资源是两个不同的概念,旅游资源对游客的吸引力是潜在的,它没有与游客发生直接联系;而旅游吸引物的吸引能力是现实存在的,其实用价值在游客那里得到体现。旅游资源是旅游吸引物的关键要素,能从不同层面激发、满足游客审美、休闲、娱乐、探险等的需要,促使旅游行为的发生。发挥旅游资源的吸引功能,要求旅游目的地国家和地区根据自身旅游资源的状况,如旅游资源的类型、特色、知名度、品位等,遵循一定的原则,把旅游资源开发、组合成为特色鲜明、功能互补的旅游景区景点。此外,由于旅游资源是旅游业赖以存在和发展的基础,对旅游资源的开发利用必须合理和适度,应将游客的人数控制在资源和环境可以承受的范围,确保旅游资源永续利用,促进旅游业可持续发展。

(2)旅游设施

旅游设施是直接或间接向游客提供服务所凭借的物质条件。它一般分为旅游专门设施和旅游基础设施两大类。

旅游专门设施是指旅游经营者用来直接服务于游客的凭借物,主要包括住宿、餐饮、交通及游览设施;旅游基础设施是指旅游目的地城镇建设的公共设施,包括旅游目的地的道路系统,水、热、电、气供应系统,废水、废气、废物排污处理系统,邮电通信系统,环境卫生系统,安全保卫系统,城镇标志系统,绿化系统,等等。旅游专门设施作用的发挥,是建立在基础设施的基础上的。因此,旅游地基础设施状况的好坏直接关系到旅游活动的顺利进行与旅游业的健康发展。

(3)旅游服务

旅游服务是旅游产品的重要组成部分,主要包括导游服务、酒店服务、交通服务和商品服务等。旅游服务不管其内容如何变化,服务质量的高低都取决于服务的观念、态度、技巧和服务价格。质价相符,游客满意;质低价高,游客不满意;质高价低,旅游产品竞争力强。

(4)旅游购物

旅游购物是指游客在旅游活动中所购买的,对游客具有实用性、纪念性、礼品性和收藏价值的各种物质形态的商品。旅游购物品种类繁多,大致可分为实用品、工艺品和艺术品三大类。它们大多数价格较高,经济效益大。因此,旅游购物品是旅游收入和创汇的重要来源。作为礼品馈赠给亲友的旅游购物品,在一定程度上可以对旅游目的地起到宣传作用。

(5)旅游可进入性

旅游可进入性是指游客进入旅游地的难易程度与时效性。可进入性是旅游产品构成的基本因素之一,它不仅是连接旅游产品各组成部分的中心线索,而且是旅游产品能够组合起来的前提条件。可进入性主要可从以下4个方面加以考察:一是完善、发达的交通网络;二是便捷的通信条件;三是出入境手续办理的难易、出入境验关程序、服务效率和信息咨询等;四是旅游目的地的社会条件,主要是指当地社会公众对旅游开发的态度、社会治安状况、社会管理水平、人口密度等状况。这些都是影响可进入性的重要因素。

2.1.3 旅游产品的类型

需求的多样化导致旅游产品丰富多样,旅游产品的类型可以按照不同的标准进行划分,主要划分方式有以下3种:

1)按旅游产品存在的方式划分

按旅游产品存在的方式,可以把旅游产品分为单项旅游产品、组合旅游产品和整体旅游产品。

(1)单项旅游产品

单项旅游产品是指游客在旅游活动过程中向不同的旅游经营者分别购买的有关食、住、行、游、购、娱等某一方面的物品或服务。单项旅游产品的经营部门可以是不同的景区、航空公司、宾馆、旅行社等，它们围绕各自特定的目标开展独立的经营活动，提供特定的旅游服务，而游客可以根据自己的特殊需要随机购买。单项旅游产品现在有个很时尚的称谓"碎片化产品和服务"，因为现在游客对走马观花的旅游形式已经厌倦，他们更希望和当地有深度的交流，加之互联网时代为这种愿望提供了技术保障，传统旅行社和在线预订平台(OTA)目前都在做碎片化服务，单项旅游产品的销售占比越来越大。旅游经营者应顺应市场需求的变化趋势，从游客的角度来设计销售产品。

(2)组合旅游产品

组合旅游产品又称旅游线路产品，是指旅行社根据旅游市场的需求，把多个单项旅游产品组合起来提供给游客，以满足其旅游过程中多方面的需要。如旅行社提供的综合包价旅游，是初次游客和中老年游客经常购买和消费的旅游产品形式。

(3)整体旅游产品

整体旅游产品又称旅游目的地产品，是指某一旅游目的地能够提供并满足游客需求的全部物质产品和服务。整体旅游产品作为一个区域性的概念，它不仅包含着该地区旅游经营者可以提供的全部单项旅游产品，还包含着该地区旅行社能够提供的各种旅游线路产品。整体旅游产品可以分为观光、度假、休闲、养生、会议、特种旅游产品等多种类型。区分整体旅游产品的不同种类可以正确把握旅游目的地的特色和优势，做好旅游目的地的宣传促销工作。在旅游市场上，与游客发生交换关系的主要是旅游目的地整体旅游产品中的单项部分和线路部分，而不是整体旅游产品本身。

2)按游客出游的目的划分

按游客出游的目的，可以把旅游产品分为休闲度假旅游产品、商务专业旅游产品、体验型旅游产品、健康医疗旅游产品、旅居养老旅游产品、工业旅游产品和其他专项旅游产品。

(1)休闲度假旅游产品

这类旅游产品包括观光旅游、度假旅游、娱乐旅游等。此类旅游主要是为了放松，游客往往与家庭成员或单位组织的成员在一起，把旅游作为与其职业无关的活动。

(2)商务型旅游产品

这类活动包括在惯常环境以外的所有商务和专业访问活动，如商务旅游、公务旅游、会议旅游、奖励旅游等。这类旅游的共同特点是游客同个人职业或所在单位的经济活动有关，这类旅游产品受商务活动性质、政府或公司管理制度和经济繁荣程度等因素的影响比较大，而与季节气候等因素的关系不明显，旅游目的地多集中在一些作为经济或政治中心的大城市，对价格不太敏感。

(3)体验型旅游产品

探险旅游、登山旅游、攀岩旅游等属于体验型旅游产品。游客对这类旅游产品的选择和购买具有强烈的主观意愿,且较少受到外界的干扰。在旅游活动过程中,游客全身心投入,对旅游产品的使用价值体验深刻,并能从中得到满足。这类游客对价格不太敏感,对体验目的之外的因素不太关注。进行专业化的组合是这类旅游产品获得成功的重要手段。随着人们旅游需求的日渐多元化和细分化,体验型旅游产品会被越来越多的游客认可和接受。因此,体验型旅游产品可以挖掘的市场空间还会更大。

(4)健康医疗旅游产品

这类旅游产品是指在惯常环境以外的以健康、医疗为主要目的的旅游,主要包括体育旅游、保健旅游和生态旅游。

(5)旅居养老旅游产品

旅居养老最早由中国老年学会提出,旅居养老是"候鸟式养老"和"度假式养老"的融合体,老人们会在不同季节辗转多个地方,一边旅游一边养老。与普通旅游的走马观花、行色匆匆不同,选择"旅居养老"的老人一般会在一个地方住上十天半个月甚至数月,慢游细品,以达到既健康养生又开阔视野的目的,这种养老方式是有利于老年人身心健康的一种积极的养老方式。

除了慢节奏的旅途,旅居养老对老人最大的吸引力在于价格和服务。"旅游+养老"模式的推广,需要政府部门在政策层面予以规范,需要社会养老机构提升专业化服务水平,也需要老年人不断更新养老消费理念。

(6)工业旅游产品

工业旅游是伴随着人们对旅游资源理解的拓展而产生的一种旅游新概念和产品新形式。由于研究视角的差异,众多学者对工业旅游的概念尚未形成统一的看法,大家比较认可的是阎友兵和裴泽生从需求的角度对工业旅游的定义:"人们通过有组织地参观工业、科技、手工业、服务业等各类企业,了解到某些产品的生产制造过程,并能从厂家以低于市场价的价格购买产品。"还有一些学者从供给方的角度定义工业旅游。总之,这种旅游方式是指对现代工业场所的参观,包括参观产品的生产和制造过程。工业旅游在发达国家由来已久,特别是一些大企业,利用自己的品牌效益吸引游客,同时也使自己的产品家喻户晓。近年来,我国一些著名工业企业也相继向游人开放。企业通过工业旅游追求形象效益和经济效益。从需求方来看,求新、求异、求知、求乐是参加工业旅游重要的动机,参加工业旅游不仅看得见,而且摸得着,了解整个产品的生产过程,在旅游中增长知识。目前,工业旅游发展势头强劲。工业旅游市场具有范围广、游客素质高、无明显淡旺季、以团体旅游为主等特点。

(7)其他专项旅游产品

除了上述类型的旅游产品外,还有以探亲访友、宗教朝圣、修学等为主要目的的专项旅游产品。探亲访友的客源较为稳定,但旅游消费一般不高;宗教朝圣对旅游目的地和旅游时间都有很强的选择性,多在重要的宗教节日期间集中前往宗教圣地;修学旅游产品的参与者多为青少年,主要集中在学校的假期进行,旅游活动的内容与某项专业技术或学科领域联系紧密,通过旅游达到学习与教育的目的,游客的求知欲可以得到较大满足。

3) 按旅游产品的创新程度划分

根据旅游产品的创新程度,可以把旅游产品分为改进型旅游产品、换代型旅游产品、完全创新型旅游产品和仿制型旅游产品。

（1）改进型旅游产品

改进型旅游产品是指在原来旅游产品的基础上,对产品构成要素中的某些部分加以改进,以此来增加旅游活动内容,提高旅游服务质量,增强旅游产品吸引力,巩固和拓展客源市场。

（2）换代型旅游产品

换代型旅游产品是指对现有旅游产品进行较大规模改造后的旅游产品。例如,旅游宾馆对原有的硬件设施进行更换,扩建新楼,增加服务内容,提高饭店档次。旅行社对原有的旅游线路进行优化和更新,丰富旅游内容,优化旅游线路,提升旅游文化内涵,增强旅游活动的参与性与互动性,使旅游产品更富生机和活力。

（3）完全创新型旅游产品

完全创新型旅游产品是指运用新技术、新方法、新手段设计生产出来的旅游产品。如新的酒店、新的景点、新的旅游线路、新的旅游项目和新的娱乐设施等。完全创新型旅游产品研发时间长,对资金和技术的要求较高,开发的风险较大。

（4）仿制型旅游产品

仿制型旅游产品是指模仿市场上已有旅游产品的基本原理和结构而生产出来的旅游产品。这种仿制型旅游产品包括国际市场已出现过,但国内市场尚属首次出现的产品。这类旅游产品常见的有仿历史古城、仿各类游乐园、仿大型建筑的微缩景观等。

2.1.4　旅游产品的特征

旅游产品作为一种以服务为主的复合性产品,既不同于一般的物质产品,也不同于一般服务行业所提供的服务性产品,而是与这两类产品既有联系又有区别。其特征主要表现在以下 5 个方面:

1) 旅游产品的综合性

旅游产品的综合性表现在两个方面。一是旅游产品的构成具有综合性。在旅游产品构成中,既有有形的部分,也有无形的部分;既有物质产品,又有精神产品,可以满足游客多方面的需要。二是旅游产品的生产和经营具有综合性。旅游产品的生产和经营涉及多个部门和行业,有直接为游客提供产品或服务的旅行社业、饭店业、交通运输业和景区、景点,也有间接为游客提供产品或服务的工业、农业、建筑业、金融业、保险业等。这些部门和行业有的是以物质生产为主,有的是以非物质生产为主。

针对旅游产品的综合性特征,我们认识到:第一,在旅游业中,各个旅游行业的命运是联系在一起的,在旅游供给的整体链条上,任何一个行业的发展滞后或行为失误,都会影响其他行业的发展,这一点决定了旅游业中各行业相互支持和联合营销的必要性;第二,企业所有权的分散性以及企业为追求自身利益而各行其道的自由性,使得它们之间不存在自动的协调,这一点决定了旅游目的地政府对旅游行业实行管理的必要性,政府及相关部门在组合旅游产品时应全面规划、统筹安排,确保能够更好地满足游客的整体需求。

2)旅游产品的无形性

旅游产品具有的无形性特征,可以从游客旅游前、旅游中和旅游后的具体情况中反映出来。

旅游产品在购买以前只是游客心目中的一种印象。一般有形商品的交换,购买者在决定购买之前,可以看见实物或明确有关商品的大小、形状、物理特征、技术参数等。而旅游产品却不同,游客在选择旅游目的地时见不到旅游产品的形体,也无法对旅游产品的质量作出评价,旅游产品只是通过旅行社、报刊、电视、互联网等宣传媒体或他人介绍留给游客的一种印象,这种印象是无形的。

旅游产品在购买中主要以服务的形式表现出来,如旅游交通服务、旅游接待服务、旅游游览服务等,这些服务作为一种活动或行为是无形性的。

旅游产品在购买后主要表现为游客从"惯常居住地—旅游地—惯常居住地"的一次完整的旅游经历或旅游体验,这种经历或体验是无形的。

针对旅游产品这一无形性特征,旅游目的地和旅游经营者应增强服务意识和信誉意识,加强品牌建设,加大旅游产品的宣传与推介,以优质的旅游服务和良好品牌形象去满足游客的需要。

3)旅游产品的不可转移性

旅游产品和其他产品相比,一个明显的区别在于它的不可转移性。旅游产品的不可转移性表现在两方面:一是旅游产品和旅游服务所凭借的旅游资源和设施是相对固定的,旅游消费是游客到旅游目的地进行消费,即发生运动的是游客,而不是旅游产品;二是旅游产品交换其所有权不发生转移,旅游产品的交换表现为游客购买的是旅游产品的暂时使用权,而不是所有权的转移。

针对旅游产品的不可转移性特性,旅游经营者应加强旅游产品的保护和开发,拓宽旅游产品信息流通渠道,运用现代信息技术和多种媒体进行旅游产品宣传,以提高旅游产品的竞争力。

4)旅游产品消费与服务提供的同一性

旅游产品消费与旅游服务提供的同一性表现为在空间上和时间上同时发生并同时结束。在旅游活动过程中,游客的旅游消费和旅游经营者的旅游服务提供是同时发生的。例如,当游客由惯常居住地前往旅游目的地时,需要旅游交通部门提供交通服务;当游客在旅游目的地停留时,需要旅游宾馆提供食宿接待服务。旅游活动结束,旅游消费和旅游服务提供也同时结束。

正是由于旅游产品消费与服务提供具有同一性,因此,当没有旅游消费发生时,旅游服务的提供也不会发生,以服务提供为核心的旅游产品也就不会生产出来,旅游产品的生产和消费是即时的,不可储存。

5) 旅游产品的脆弱性

旅游产品的脆弱性是指旅游产品容易受到很多因素的影响,造成市场波动,影响其价值和使用价值的实现。这些因素既包括旅游产品本身的因素,也包括外部环境不可控制的因素。

从旅游产品的内部因素来看,旅游产品是满足人们在旅游活动过程中食、住、行、游、购、娱多方面需要的综合性产品。在旅游产品的多方面构成中存在一定的比例关系。任何一部分的超前或滞后都会影响旅游经济活动的开展,进而影响旅游产品使用价值和价值的实现。

从旅游产品的外部环境因素来看,旅游涉及旅游客源地和旅游目的地的政治、经济、社会、自然环境等方面。例如,经济环境方面的经济危机、汇率变动、贸易摩擦、通货膨胀等,政治环境方面的政局变化、军事冲突、战争等,社会环境方面的节事活动、传统节日、疾病、突发事件等,自然环境方面的季节变化、异常气候、自然灾害、环境污染等都会引起旅游需求的较大波动,影响旅游消费和旅游市场。

2.2 旅游产品结构

2.2.1 旅游产品结构的含义

旅游产品结构是指各类旅游产品之间及其内部的比例关系。它是旅游经济结构的重要组成部分。旅游产品包含着十分丰富的内容,为了方便对旅游经济活动的分析和研究,保证旅游产品各部分按比例供应,保证旅游活动的顺利实施,有必要对旅游产品的结构进行分析。

2.2.2 旅游产品结构的比例关系

旅游产品结构的比例关系比较复杂,主要表现为以下两个方面:

1) 不同功能的产品和服务间的比例

不同行业提供不同的旅游服务,它们分别满足游客旅游过程中不同的需要。如旅游饭店在某个时期客房床位数不足,游客的旅游活动就会发生困难。同样,交通运力不足,游客的旅行也会受到阻碍。反之,如饭店接待能力与交通运力在某个时期过剩,饭店和交通运输部门就可能出现亏损。总之,无论哪一种情况都会有碍旅游经济的健康运行。因此,组成旅游产业的各行业所提供的产品和服务在数量上要有一个合理的结构比例。

2)相同功能的产品和服务间的比例

同一行业虽然向游客提供性质相同的旅游服务,但同种旅游服务仍然包含了许多不同的类别。例如,旅行社向游客提供的服务,既有综合性旅游产品,也有单项旅游产品。旅行社销售的旅游线路,也有许多条可供选择。饭店有星级饭店和无星级饭店。在星级饭店中,又分为五星、四星、三星、二星和一星,它们在服务规格、档次上存在差别。同样,交通运输与旅游景点也可各自细分为不同的类别。因此,同一行业向游客提供的不同类别的旅游服务之间也应有合理的结构比例。

2.2.3　旅游产品结构的关系类型

旅游产品结构的关系是指旅游产品各组成成分之间的相互关系。旅游产品结构的相互关系主要有互补关系和互代关系。

1)互补关系

旅游产品结构的互补关系,是相对旅游需求从而相对旅游经济效益而言的旅游产品各构成部分之间的相互依存、相互促进、共同发展的关系,也就是功能不同的旅游产品组成成分之间相互依存、共同发展的关系。这种关系体现在两个方面。一是各个功能不同的组成成分,如食、住、行、游、购、娱等几个部分,每一部分的发展都是以其他部分的生存发展为前提,各部分按比例协调发展。二是各个功能不同的组成成分之间在经营成果上相互影响。一个部分收入的增加带来其他部分收入的增加,一个部分收入的减少会造成其他部分的收入也减少;一个部分成为旅游发展的"瓶颈",那么其他部分的收入和接待游客的数量增长便会受到阻碍。

旅游产品的互补关系,是由旅游需求的综合性决定的。从互补关系可知,旅游产品的各个组成部分必须齐备,共同组成一个完整的产品。同时,也要求提供各单项旅游产品的行业、部门和企业按比例协调发展,除了搞好本行业、本企业的经营,还要与其他行业和企业相互配合、互通信息,共同塑造一个良好的旅游产品形象,增强旅游产品的招徕能力和竞争力。

2)互代关系

旅游产品结构的互代关系,是相对旅游需求而言的,是指旅游产品每一构成部分内各成分之间的相互替代或代用关系,也就是功能相同或相近的旅游产品的组成成分之间相互替代的关系。例如,提供交通服务的有汽车、火车、飞机、轮船等交通工具,其经营企业之间就存在着互代关系,尤其是高速公路、高速铁路以及高速轮船的发展更加深了这种关系;提供住宿服务的星级的宾馆、招待所、度假村等也存在着互代关系,尤其是档次、规模、服务水平及价格差不多的时候,这种互代关系表现尤为明显。

互代关系在提供相同服务的企业之间表现为竞争性。这就要求各企业不能盲目追求建设与别的企业雷同的设施、提供相同的单项旅游服务,而应当提供功能不同的、档次各异的服务,或者说要求旅游产品数量上、质量上、档次上有计划按比例协调发展,力求旅游产品结构的合理性。同时,也要求各旅游企业重视经营管理工作,改进服务质量,提升企业信誉和形象,提供有特色的旅游服务,避免过度竞争。

3) 互补关系和互代关系的转化

旅游产品构成的各部分之间的互补关系,不是绝对的。旅游产品各部分内的组成成分之间的互代关系也不是绝对的、一成不变的。旅游经营者可以根据旅游需求发展变化和自身条件,促使两种关系互相转化。

(1) 互补关系向互代关系转化

这种转化是由旅游需求多样化和旅游企业经营的多样化促成的。在市场经济条件下,旅游企业为了获得竞争优势,必须不断地调整自己的经营范围,为游客提供方便、快捷、经济的服务。当旅游企业向游客提供多样化的一条龙服务时,互补关系就会变为互代关系。例如,甲企业提供住宿服务,乙企业提供交通服务,它们之间是互补关系。现在甲企业经营范围扩大了,也提供接待游客的交通服务,这样甲、乙企业之间的关系就成了互代关系。若乙企业扩大经营范围,提供住宿服务,同样也可转化成互代关系。在实际情况中,这种转化的实例有很多。因此,旅游企业的多种经营和集团化经营是互补关系向互代关系转化的主要途径。

(2) 互代关系向互补关系转化

当供给小于需求时,提供相同单项产品的旅游企业之间可以互相帮助,以解燃眉之急。例如,某两个宾馆,当其中一个宾馆超额预订且客人都到的情况下,可以把客人介绍给另一家宾馆,这时,两者的关系就变成了互补关系。同样,旅游交通中的铁路、航空、公路、水路运输,一般而言,它们之间是互代关系,但经营者达成协议,开展联运业务,可使本来的互代关系转化为互补关系。中国沿海各省的旅游度假产品具有许多相似性,是一种互代关系,现在各省联合开发出各具特色的度假产品,安排合理统一的旅游线路,同时联合促销,推向国内国际旅游市场,互惠互利,共同发展,这样,互代关系即可转化为互补关系。

2.2.4　旅游产品结构的优化

改革开放以后,我国旅游产品结构基本做到了内容丰富、形式多样,摆脱了很多弊端,结构逐步趋向合理。但与市场需求多样性、个性化的趋势相比,与国际旅游市场相比,还有很大的提升空间,为达到旅游产品结构的优化,应当抓紧做好以下5个方面的工作:

1) 加强宏观调控,科学规划旅游资源开发

旅游主管部门在旅游资源开发中要加强规划引导,开发中要突出特色、突出品位、突出"精品",通过科学规划使区域内旅游景区、景点与各项旅游服务接待设施之间在数量上、质量上供求一致,增加协调性,通过宏观调控手段,尽可能避免重复建设,特别是大面积克隆产品的出现,特别要避免近距离的重复建设而导致的社会资源的巨大浪费。

2）推进新技术在旅游领域的应用

新技术带来了新的社会经济模式，同时，也带来了新的社会生活模式和旅游消费模式。以"互联网+"为代表的新技术的发展要求旅游企业创新旅游经营管理模式和旅游服务形式，以适应知识经济社会人们的旅游偏好、价值观念，满足游客求新、求奇、求乐、求刺激、求方便快捷等方面的心理需求。互联网时代，高科技改变着消费的内容，也改变着消费的形式，新技术也为人们带来了新的旅游产品，如高科技在主题公园的应用、高度逼真的虚拟环境成为独具魅力的旅游产品。

3）丰富旅游产品的文化内涵

旅游产品品位的高低与旅游产品中的文化含量有着十分紧密的关系。要提升旅游产品的档次，增强旅游产品的感染力，优化旅游产品结构，必须要重视文化旅游产品的深度开发和文化旅游产品体系的建设。文化旅游产品指的是以地域文化为内容，通过各种文化载体，以各种形式提供给游客消费的旅游产品。文化旅游产品体系包括观赏型的景观文化旅游产品和参与、体验型的文化旅游产品。前者包括历史文化旅游产品（如文物、古迹等）和民俗文化旅游产品（如民族服饰、民族节庆、民间传说等）；后者包括风情文化旅游产品（如宗教风情、田园风光、都市风情等）和艺术文化旅游产品（如表演艺术、造型艺术、语言艺术、综合艺术等）。在文化旅游产品的开发中，要注意产品中文化内涵的积淀和文化内涵向游客的传递，通过各种途径，采取各种手段，向游客传递其深刻的文化内涵。

4）重视旅游产品的升级换代

随着旅游产业的发展，旅游市场的不断成熟，旅游市场需求呈现多样性、个性化的趋势。单一的旅游产品结构体系不能适应旅游消费需求的更新和发展趋势。旅游产品的升级换代主要从两个层面展开：一是由单一产品结构向多层次产品结构的转换，以满足日益多样化的旅游消费需求；二是原有产品本身要不断提升档次，丰富产品的内涵，不断开发特色旅游项目。只有那些文化内涵丰富、富有浓郁地方特色和民族风情的、参与性强的旅游产品才能满足日益个性化的旅游消费需求和不断成熟的旅游消费者的更高要求的旅游消费需求。

5）构建旅游产品销售的新体系

改善旅游产品的销售体系，建立适应市场经济要求的团体、家庭、散客并举的销售模式与接待系统。随着游客素质的不断提高，外部约束条件的降低和旅游供给的增加，旅游的方式正由团队主导型转向散客主导型。旅游企业的销售体系也要努力适应旅游市场的变化趋势，改变传统的"重团体、轻散客"的产品销售模式。

2.3　旅游产品生命周期

2.3.1　产品生命周期的含义

产品生命周期是产品的市场寿命,是一种新产品从开始进入市场到被市场淘汰的整个过程。该理论最早是由美国哈佛大学教授雷蒙德·弗农在 1966 年提出的。弗农认为,产品生命是指市场上的营销生命,产品和人的生命一样,要经历形成、成长、成熟、衰退这样的周期。就产品而言,也就是要经历一个开发、引进、成长、成熟、衰退的阶段。而这个周期在不同的国家、不同的企业、针对不同的产品发生的时间和过程是不一样的,存在一个较大的时差和差距。

旅游产品生命周期借用了有形产品生命周期的概念。所谓旅游产品生命周期,是指一个旅游产品从开发出来投放市场到最后被淘汰退出市场的整个过程。

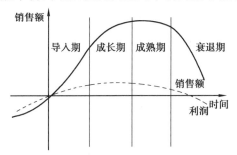

图 2.1　旅游产品生命周期图

一条旅游路线、一个旅游活动项目、一个旅游景点、一个旅游地开发大多都遵循从无到有、由弱至强,然后衰退、消失的时间过程。旅游产品生命周期的各个阶段通常是以旅游产品的销售额和利润的变化状态来进行衡量。如果把旅游产品从进入市场到退出市场的整个历程按销售额和时间绘制成图,便能看出旅游产品生命周期的动态全貌(见图 2.1)。

2.3.2　旅游产品生命周期的特征

旅游产品和其他产品一样其生命周期也划分为导入期、成长期、成熟期和衰退期 4 个阶段,处于不同阶段的旅游产品在市场需求、竞争、成本和利润等方面有着明显不同的特点,也决定着供给者的不同营销策略。

1)导入期特征

(1)市场知晓度低

旅游产品的导入期是指旅游产品刚开发出来投放市场,销售缓慢增加的阶段。新产品的导入期表现为新的旅游景点、旅游饭店和旅游娱乐设施落成,新的旅游路线开通,新的旅游项目、旅游服务首次向市场推出。由于旅游产品刚投放市场,还未被广大消费者所认识,因此,旅游新产品在市场上知晓度很低。

(2)销售量增长缓慢

在导入阶段,由于旅游产品刚刚面世,旅游产品还有待完善,消费有一定的风险,更谈不上了解和接受。旅游开发企业通过修建旅游设施、改善交通条件,加强宣传促销,一部分求新和好奇的游客开始出现,而更多游客往往持观望态度。因此,导入期的旅游新产品需求量很少,销售量增长缓慢而无规律。

(3)产品的销售费用较大

由于前期投资大,市场开发费用高,旅游产品的单位成本较高,因此,价格较高也是制约旅游新产品销售增长缓慢的重要原因。企业为了使游客了解和认识产品,需要做大量的广告和促销工作,产品的销售费用较大。

(4)市场还未出现竞争

在这个阶段内,游客的购买很多是尝试性的,重复购买尚未出现,旅行社等中间商企业也通常采取试销的态度。由于旅游新产品的销量小,利润低甚至亏损,成功与否前景莫测,竞争对手往往还持观望态度,市场还未出现竞争。

2)成长期特征

(1)知名度逐步提高

旅游产品经过导入阶段的游客试探性消费,一旦感觉良好,游客稳定增加,就会进入旅游产品的成长期。在成长阶段,旅游产品克服了前期暴露的缺点,并逐步完善。旅游产品中的旅游景点、旅游地开发初具规模,旅游设施、旅游服务逐步配套,旅游产品基本定型并形成一定的特色。开发阶段的宣传促销开始收效,在旅游市场上知名度逐步提高,游客对产品更加熟悉,越来越多的游客进入购买体验,同时,还有部分重复购买的游客出现。

(2)利润迅速上升

旅游产品的开发投资逐步减少,尽管旅游产品促销总费用还在继续增加,但分摊到单个游客的促销费用迅速下降。旅游产品需求的大幅度增加和成本大幅度下降,导致该旅游产品的利润迅速上升,导入期的亏损出现净利润额。

(3)市场出现竞争

在成长期,旅游产品表现出良好的市场前景。在旅游产品利润和良好市场前景的吸引下,竞争对手开始把开发的类似替代旅游产品推向市场,市场上出现了竞争。

3)成熟期特征

(1)增长势头放缓

旅游产品到了成长期后期,游客和销售量的增长势头必然放慢,于是进入了旅游产品的成熟期。成熟期可以划分为增长成熟期、停止成熟期和下降成熟期 3 个阶段。在增长成熟期,旅游产品销售量继续增加,但增长幅度逐步减缓,趋于停止的平稳状态;在停止成熟期,销量尽管有所波动,但总的趋势是停滞不前;在下降成熟期,销量下降并成为一种明显的趋势,大多属于重复购买的市场。

(2)利润最大且开始下降

在成熟期,旅游产品的市场需求量已达饱和状态,销售量达到最高点,产品单位成本降到最低水平。由于销量和成本共同作用的结果,旅游产品的利润也将达到最高点,并开始下降。

(3)市场竞争激烈

在旅游市场,竞争者开发了很多同类旅游产品,扩大了游客对旅游产品的选择范围,市场竞争十分激烈。更为严重的是,出现了更好的替代性旅游产品,前期游客已开始转移到新的替代性旅游产品的消费市场中去。

4)衰退期特征

(1)销售量下降

旅游产品的衰退期一般是指产品的更新换代阶段。在这一阶段,新的旅游产品已进入市场,正在逐渐代替老产品。游客或丧失了对老产品的兴趣,或被新产品的兴趣所取代。原来的产品中,除少数名牌产品外,市场销售量日益下降。

(2)价格战激烈

市场竞争突出地表现为价格竞争,价格被迫不断下跌,利润迅速减少,甚至出现亏损。由于衰退期游客数量急剧下降,游客数量有限,不能容纳更多的旅游企业生存,因此,不少竞争实力弱的对手因财务问题,或者因有更好的旅游产品而逐渐退出衰退期的市场。

根据对以上旅游产品生命周期的规律性分析,其具有以下 5 点意义:一是任何旅游产品都有一个有限的生命,大部分旅游产品都经过一个类似 S 形的生命周期;二是每个产品生命周期阶段的时间长短因旅游产品不同而异;三是旅游产品在不同生命周期阶段中,利润高低差异很大;四是旅游企业对处于不同生命周期阶段的旅游产品,需采取不同的营销组合策略;五是针对市场需求及时进行旅游产品的更新换代。

应该指出的是,旅游产品生命周期是指旅游产品的一般发展规律,不能套用于每个旅游产品进行生命周期分析。不同的旅游产品其生命周期是不同的,其生命周期所经历的阶段也可能不同。一些独特的自然景观、历史文化景观,由于资源的特殊性和文化内涵,以及这些景观的不可复制性,其产品生命周期可能遥遥无期;而有些人造景观由于可以进行大量复制,一旦竞争产品大量出现,其生命周期必然变短,如很多地方的缩微景观;有些旅游产品、服务项目由于种种原因未进入成长期就夭折了;也有些旅游产品已经进入了衰退阶段,但由于创新或某个契机又适合了市场需求从而得到快速发展。

2.3.3 旅游产品生命周期的营销策略

产品生命周期的不同阶段,有着不同的市场机会和市场风险。只有高瞻远瞩,选择与产品生命周期相一致的营销目标和营销策略,才能确保企业的生存和发展。熟悉产品销售的成长规律,把握产品生命周期的基本特征,理性地确立营销目标和动态地制定营销策略,这是延长产品生命周期,实现产品价值及其增值的基本途径。

1)导入期营销策略

贴近消费者,缩短导入期。在广告宣传方面,应以产品的性能和特点介绍为主,以激发消费者的购买欲望;在产品销售方面,可选用有较好信誉的中间商代销或者采用试用、上门推销、节日推销等方式,以提高品牌知晓率;在产品定价方面,可采取高价策略先声夺人,或采取低价渗透策略,以提高市场占有率;在产品生产方面,应进一步优化设计,以提高产品质量,改善产品性能和降低生产成本;在目标市场的选择上,可采取无差异性的市场策略,以降低营销成本和吸引潜在消费者。

2)成长期营销策略

延长成长期,提高市场占有率。在产品销售方面,应不断开辟新市场,寻找新用户,以扩大产品市场份额;在广告宣传上,应从产品知觉广告转向产品偏好广告,以树立产品的市场形象;在产品定价方面,应采取降价策略,以吸引价格敏感的购买者;在产品的提供方面,努力提高产品质量,增加新的款式和规格,以满足潜在消费者的不同需求;在目标市场的选择上,宜采用差异性和密集型的市场策略,以满足不同细分市场的需求,巩固产品的市场地位。

3)成熟期营销策略

改进营销组合,维持市场份额。成熟阶段包括成长中的成熟、稳定中的成熟和衰退中的成熟3个阶段。营销人员应该系统地考虑市场、产品和营销的组合,以稳定增长中的市场份额。在此阶段,要重点做好以下3个方面的工作:

一是市场改进。通过差异性和密集型市场策略,进入新的细分市场,争取竞争对手的顾客和转变吸收非用户,宣传产品新的和更广泛的用途。

二是产品改进。包括增加产品新功能、增加产品新特色、提升产品档次等。

三是营销组合改进。优化价格、分销、广告及服务组合,注重企业形象设计,增强服务项目,采用赠品等促销工具取代单纯的广告宣传,通过降低销售价格等手段拓展市场空间。

4)衰退期营销策略

淡出市场,推陈出新。合适的衰退战略取决于行业的相对吸引力和公司在该行业中的竞争力。企业应防止两类错误:一是匆忙收兵,出现新旧产品脱节;二是难于割爱,坐失良机。因此,企业经营者应该有预见地转,有计划地撤,有目的地攻,应有选择地降低投资水平,放弃无前景的消费群,改变投资热点,及时榨取品牌价值,从容退出产品市场。

2.4　旅游产品开发

2.4.1　旅游产品开发的含义及内容

1）旅游产品开发的含义

旅游产品开发是根据市场需求,对旅游资源、旅游设施、旅游人力资源及旅游景点等进行规划、设计、开发和组合的活动。由于旅游产品生命周期的客观存在,为保持旅游企业的可持续发展,应该有处于成熟期的一代旅游产品,也有处于成长阶段的一代旅游产品。同时,还有正在开发中的一代旅游产品,只有这样才能保持旅游企业的可持续发展。因此,企业应该未雨绸缪,及时分析外部环境,预测旅游产品的生命周期,具有前瞻性地适时进行旅游产品的开发。

2）旅游产品开发的内容

旅游产品是一个综合性的概念,对旅游产品的开发主要可以落实到两个方面:旅游地开发和旅游路线开发。

（1）旅游地开发

旅游地是旅游产品的地域载体。旅游地开发是在旅游经济发展战略指导下,根据旅游市场需求和旅游地资源特点,对区域内旅游资源进行开发,建造旅游吸引物,建设旅游基础设施,完善旅游服务,使之成为游客停留、活动的目的地。旅游地开发通常有以下6种形式:

①以自然景观资源为主的开发

这类形式的开发以保持自然风貌的原始状况为主,但需要进行道路、食宿、娱乐等配套设施建设,进行环境绿化、景观保护等。这类形式的开发必须严格控制建设量和建设密度,使人工造景建筑与自然环境协调一致,不冲淡和破坏自然景观。

②以人文景观资源为主的开发

这类形式的开发主要是凭借丰富的文化历史古迹和现代建设成就,进行维护、修缮、复原等工作,使其具有旅游功能,如具有重要历史文化价值的古迹、遗址、园林、建筑形态。这类形式的开发一般需要较大的投资和维修费用。

③在现有旅游产品基础上的创新开发

这类形式的开发主要是利用原有旅游产品的声誉和优势,进一步扩大和增添新的旅游活动内容和项目,以达到突出特色、丰富内容的目的,进一步提高旅游产品的吸引力,吸引更多的游客。

④非商品性旅游资源的开发

非商品性旅游资源一般是指极具地方特色的民族风情、传统风俗、文化艺术等。它们虽然是旅游资源但本身并不是为旅游而产生,也不仅仅为旅游服务。对这类旅游资源的开发,需要进行广泛的横向合作,与有关部门共同挖掘、整理、改造、加工和组织经营,在此基础上开发成各种旅游产品。

⑤高科技旅游产品的开发

这类形式的开发主要是运用现代科学技术所取得的一系列成就进行旅游开发,通过精心构思和设计,创造出颇具特色的旅游活动项目,如"迪士尼乐园"等。现代科技旅游产品以其新颖、奇幻、刺激的特点,融娱乐、游艺于一体,大大开拓和丰富了旅游活动的内容与形式。

⑥旅游地形象定位

在现今旅游规划与开发中,通过旅游地形象定位以突出旅游地的与众不同和自身优势来吸引游客成为一项重要内容。形象定位是影响人们选择旅游目的地的重要因素。现代社会旅游市场竞争已经从价格、产品、销售渠道、促销等的竞争向形象竞争转变,合理的形象定位可以帮助旅游地迅速占领和扩大市场。

(2)旅游路线开发

旅游产品开发成功与否与旅游路线能否为游客所接受密切相关,旅游路线是游客消费,满足旅游需求的具体体现。旅游路线开发,就是把旅游资源、旅游设施、旅游服务、旅游费用、旅游时间和距离等因素综合考虑,并与游客的期望相吻合,与游客的消费水平相适应的组合性创造活动。

一般来说,旅游路线的开发类型可以从不同角度进行划分。按旅游路线跨越的空间尺度来分,可以分为跨区域的旅游路线、省际的中程旅游路线和省区内的中短旅游路线;按旅游路线的性质来分,可以分为普通观光旅游路线和专项旅游路线;按游客的行为和意愿特性来分,可以分为周游型旅游路线和逗留旅游路线;按使用对象的不同性质,可以分为团体旅游路线和散客旅游路线;按游客使用的主要交通工具来分,可以分为不同的交通工具旅游路线。

不同类型和性质的旅游路线,游客的购买行为、心理预期、价值取向和选择标准会有很大的区别。因此,在旅游路线开发时,要进行充分的市场调研,准确定位,突出特色,使旅游产品更符合游客的需要,在市场上更具竞争力。

2.4.2　旅游产品开发的原则

旅游产品开发的目标是促进旅游企业、旅游业的发展,在吸引游客并满足其需要的同时,推动旅游接待国或地区社会经济的发展。因此,在旅游产品开发中,无论是对旅游地的开发,还是对旅游路线的组合,都首先要对市场需求、市场环境、投资风险、价格政策等诸多因素进行深入分析。根据对这些因素的分析和比较,产生出一系列的旅游产品设计方案和规划项目,从中选择既符合市场游客的需要又符合目的地特点,既能形成特殊的市场竞争力,企业又有能力运作进行开发的项目。为此,旅游产品开发中必须遵循以下开发原则:

1)合法性原则

旅游市场开发必须在法律制度和道德规范的范围内进行,符合社会主义核心价值观的取向要求,内容不健康的、对社会有不良影响的活动,是法律和道德规范所不允许的,不可选为目标市场进行开发。

2) 市场导向原则

旅游产品的开发必须从资源导向转换为市场导向,牢固树立市场观念,以旅游市场需求作为旅游产品开发的出发点。没有市场需求的旅游产品开发,不仅不能形成有吸引力的旅游目的地和旅游产品,而且还会造成对旅游资源的浪费和生态环境的破坏。

市场导向原则要求旅游产品开发以市场需求为出发点,该原则包括两层含义:一是明确旅游市场定位。任何旅游产品的开发不可能迎合所有游客的需求,因此,对产品开发者而言,结合当地的社会经济发展情况和当前旅游业的发展趋势,确定当地的主要客源市场是十分必要的,这样可以使旅游产品的开发具有较强的针对性。二是目标市场需求状况分析。在目标市场被确定的基础上,产品开发还需要进一步掌握目标市场的需求内容、规模档次、水平及发展趋势,从而形成适销对路的旅游产品,取得预期的经济效益。由于旅游市场和旅游环境总是处在不断的发展变化中,在旅游业发展的不同阶段,旅游地的目标市场也要随之发生变化。这就要求旅游产品的开发具有战略发展眼光,保证旅游产品的开发重点突出、有序进行。

3) 综合效益原则

旅游业作为一项经济产业,在其开发过程中必须始终把提高经济效益作为主要目标,目标市场的容量要能够保证企业从中获得足够的经济效益。它要求目标市场具有一定的规模和稳定性,有足够的潜在购买者,并且他们又有充足的货币支付能力,使企业能补偿成本。同时,旅游业又是一项文化事业,在讲求经济效益时,还必须讲求社会效益和生态效益,也就是要从整个开发的总体水平考虑,谋求综合效益的提高。

树立效益观念,一是要讲求经济效益,无论是旅游地的开发,还是某条旅游路线的组合,或是某个旅游项目的投入,都必须先进行项目可行性研究,认真进行投资效益分析,不断提高旅游目的地和旅游路线投资开发的经济效益;二是要讲求社会效益,在旅游地开发规划和旅游路线产品设计中,要考虑当地社会经济发展水平,要考虑政治、文化及地方习惯,要考虑人民群众的心理承受能力,形成健康文明的旅游活动,并促进地方精神文明的发展;三是要讲求生态环境效益,按照旅游产品开发的规律和自然环境的可承载力,以开发促进环境保护,以环境保护提高开发的综合效益,从而形成"保护—开发—保护"的良性循环,创造出和谐的生存环境。

4) 产品形象原则

旅游产品是一种特殊商品,是以旅游资源为基础,对构成旅游活动的食、住、行、游、购、娱等各种要素进行有机组合,并按照客源市场需求和一定的旅游路线而设计组合的产品。因此,拥有旅游资源并不等于就拥有旅游产品,而旅游资源要开发成旅游产品,还必须根据市场需求进行开发、加工和再创造,从而组合成适销对路的旅游产品。

树立产品形象观念,一是要以市场为导向,根据客源市场的需求特点及变化,进行旅游产品的设计;二是要以旅游资源为基础,把旅游产品的各个要素有机结合起来,进行旅游产品的设计和开发,特别要注意在旅游产品设计中注入文化因素,增强旅游产品的吸引力;三是要树立旅游产品的形象,充分考虑旅游产品的品位、质量及规模,突出旅游产品的特色,努力开发具有影响力的拳头产品和名牌产品;四是要随时跟踪分析和预测旅游产品的市场生命周期,根据不同时期旅游市场的变化和旅游需求,及时开发和设计适销对路的旅游新产品,不断改造和完善旅游老产品,从而保持旅游业的持续发展。

5)可持续发展原则

旅游产品的开发要充分考虑旅游资源和环境的承受能力,确定合理的旅游资源和环境容量,使开发对生态环境的破坏减少到最小,确保旅游资源可持续利用。旅游设施的建设应树立绿色低碳意识并积极利用现代信息技术和环保技术,建设绿色交通、绿色酒店,发展低碳旅游和智慧旅游,倡导绿色消费,促进旅游产品的可持续发展,在生态文明和美丽中国建设中发挥好旅游产品开发的作用。

2.4.3　旅游产品开发的策略

旅游产品的开发是一项非常重要的工作。为了更有效地利用资源,满足旅游需求,应制定正确的旅游产品开发策略以指导旅游产品的科学开发。旅游产品的开发内容可以分为旅游地开发和旅游路线开发两个方面。

1)旅游地开发策略

旅游地的开发要根据市场需求状况,针对本地区旅游资源、旅游设施的特点进行合理开发。旅游地开发最直接的表现形式就是景区、景点的开发建设。一个旅游地要进行旅游产品开发,首先必须凭借其旅游资源的优势,或保护环境,或筑亭垒石,或造园修桥,使之成为一个艺术化的统一游赏空间,让原有风光更加增辉添色,更符合美学欣赏和旅游功能的需要。旅游地开发的策略根据人工开发的强度和参与性,可分为以下5种:

(1)资源保护型开发策略

对于罕见或出色的自然景观或人文景观,要求完整地、绝对地进行保护或维护性开发。有些景观因特殊的位置而不允许直接靠近开发,它们只能作为被观赏点加以欣赏,其开发效用只能在周围景区开发中得以体现,对这类旅游地的开发,其要求就是绝对地保护或维持原样。

(2)资源修饰型开发策略

对一些旅游地,主要是充分加以保护和展现原有的自然风光,允许通过人工手段,适当加以修饰和点缀,使风景更加突出,起到"画龙点睛"的作用。如在山水风景的某些地段小筑亭台;在天然植被风景中调整部分林相(林业术语,指各种植物群);在人文古迹中配以环境绿化等。

（3）资源强化型开发策略

这类开发是指在旅游资源的基础上，采取人工强化手段，烘托优化原有景观景物，以创造一个新的风景环境与景观空间。例如，在一些自然或人文景点上搞园林造景，修建各种陈列馆和博物馆，以及各种集萃园和仿古园等。

（4）资源再造型开发策略

这类开发不以自然或人文旅游资源为基础，仅是利用旅游资源的环境条件或基础设施条件，打造一些人造景点和景观形象。例如，在一些交通方便、客流量大的地区兴建民俗文化村、微缩景区公园；在一些人工湖泊打造一些楼台亭榭、旅游设施等。

（5）有序型开发策略

旅游地的产品开发既要考虑产品的时效性，也要考虑产品的可更新性，兼顾短期效益和长期效益，保证旅游地长期、稳定和持续的发展。为此，旅游地在建设景区景点、修筑道路、购进旅游车辆时，都要有时间上的考虑，审时度势，不失时机地推出新产品。

2）旅游路线开发策略

旅游路线开发以最有效地利用资源、最大限度地满足游客需求和最有利于企业竞争为指导，遵循旅游产品开发的原则，具有以下4种旅游路线产品的组合策略：

（1）全线全面型组合策略

这种策略是指旅游企业经营多条旅游产品线，推向多个不同的市场。如旅行社经营观光旅游、度假旅游、购物旅游、会议旅游等多种产品，并以欧美市场、日本市场、东南亚市场等多个旅游市场为目标市场。企业采取这种组合策略，可以满足不同市场的需要，扩大市场份额，但经营成本较高，需要企业具备较强的实力。

（2）市场专业型组合策略

这种策略是指向某一特定的目标市场提供其所需要的旅游产品。如旅行社专门为日本市场提供观光、寻踪、考古、购物等多种旅游产品；针对青年游客市场，根据其特点开发探险、新婚、修学等适合青年口味的旅游产品；针对老年游客市场，开发观光、怀旧、度假、养老旅游产品等。这种策略有利于企业集中力量对特定的一个目标市场进行调研，充分了解其各种需求，开发满足这些需求的多样化、多层次的旅游产品。但由于目标市场单一，市场规模有限，企业产品的销售量也受到限制，因此，这种策略在整个旅游市场中所占份额较少。

（3）产品专业型组合策略

这种策略是指只靠经营一种类型的旅游产品来满足多个目标市场的同一类需求。例如，旅行社开发观光旅游产品推向欧美、日本、东南亚等市场。因为产品线单一，所以旅游企业经营成本较少，易于管理，可集中企业资金开发和不断完善某一种产品，进行产品的深度加工，树立鲜明的企业形象。但采取这种策略会使企业产品类型单一，增大了旅游企业的经营风险。

（4）特殊产品专业型组合策略

这种策略是指针对不同目标市场的需求提供不同的旅游产品。如对欧美市场提供观光度假旅游产品,对日本市场提供修学旅游产品,对东南亚市场提供探亲访友旅游产品。或者经营探险旅游满足青年市场的需要,经营休闲度假旅游满足老年市场的需要等。这种策略能使旅游企业有针对性地开发不同的目标市场,使产品适销对路。但企业采取这种策略需要进行周密的调查研究,投资较多,成本较高。

2.4.4　旅游产品开发程序

旅游产品的开发要经历一个漫长的过程,可以把从产生创意到试制成功、投放市场整个过程分为以下4个步骤:

1)产生创意及创意筛选

旅游企业可围绕企业长期的发展战略和市场定位,确定新产品开发的重点,确定旅游新产品的创意和构思。旅游产品的创意和构思来源有:

①游客。游客的需求是旅游新产品开发的原始推动力,企业可以通过对游客进行调查,收集游客对旅游新产品的创意建议,然后进行整理和筛选,捕捉有价值的创意。

②旅游从业人员。旅游从业人员包括旅游产品的销售人员和导游,他们处于旅游第一线,与游客和竞争者接触密切,最了解游客的需求,最能提出旅游新产品的创意。

③竞争者。企业可以通过分析其他竞争企业产品的成功与不足之处,进行改良和强化,这是不错的新品开发思路。

④旅游科研和策划机构人员。他们处于新产品开发的第一线,对旅游产品见多识广,有一定的理论功底和职业素养,对旅游业的发展颇具前瞻性,企业应该重视他们的创意。

⑤旅游企业的高层管理人员。旅游企业的高层管理人员也是旅游新产品开发创意的重要来源。

新产品创意的筛选是运用一系列评价标准,对各种构思进行比较判断,从中找出最有希望的创意的过程。在收集到若干旅游产品的创意后,应根据企业自身的战略发展目标和拥有的资源条件对新产品进行评审和选择,通过权衡各个创意的费用、潜在效益、风险和其他指标,尽早发现和放弃不良创意,找出有可能成功的创意,在筛选的过程中尽量避免误舍和误用,筛选的过程有利于对原有创意作出修改和完善。对不同的创意进行评分时,评价者要讲述自己的评判标准和理由,可以促进跨职能的联系与交流。为了达到上述目的,在筛选过程中需考虑可行性、效益性和适应性等原则。

2)旅游产品概念的发展与测试

将经过筛选后的构思转变为具体的旅游产品概念。如果构思是提供了产品开发的一个思路,那么,产品概念则是这种思路的具体化。游客购买的不是产品思路,而是具体的旅游产品概念。因此,需要用游客所能理解的具体项目将构思作进一步具体描述,就形成了具体的旅游产品概念。例如,针对大城市中的少年儿童对农作物和农业的陌生,旅游企业确立了"农村、农业、农事"的旅游创意,但是这一创意还有待具体开发成景点和旅游线路。针对这一创意,可以开发多种农业旅游产品项目,如"城郊双休务农游""秋季果园摘果游""春种游"等具体的旅游产品概念。把这些具体的产品构思,形成形象化的文字资料和设计相应的旅游线路计划,对潜在游客进行调查和测试,了解他们对产品概念的意见和建议,使新产品概念更加完善,测试市场接受情况,并进行具体的旅游新产品的细节设计和制订相应的营销计划。

3)商业分析及产品开发

在拟订出旅游新产品的概念和营销策略方案后,需要企业对此项目进行商业分析。商业分析可以从投资分析、销售量的预测、新产品的利本量分析 3 个方面进行。在确保旅游新产品经济上的可行性以后,才能进入具体开发阶段。

产品开发阶段是旅游新产品开发计划的实施阶段,实质性开发阶段从大量的资金投入开始,包括旅游产品具体项目设施的建设、基础设施的建设、员工的招聘和培训、与原有旅游项目的利用和整合。

4)旅游产品的试销及正式上市

当旅游新产品的开发已初具规模,具备一定的接待能力时,不必完全落成,就可以利用已有的服务项目,组建成一定的旅游产品组合,选择一些典型的目标客源市场进行试销。为减少不完善的负面影响,可以邀请一些专家和业内人士提前试用,从其使用中,收集亲历的感受,整理其意见和建议,适当对旅游新产品进行完善后,再小范围、小规模地向普通游客试销产品,以便于改进。

通过旅游新产品的试销,企业可以获得新产品上市的试点经验,以帮助进行上市的决策。在新产品正式上市之前,企业需要对旅游新产品上市的时间、上市的地点、预期旅游客源地和目标游客,以及导入市场的策略进行决策。

2.4.5 旅游产品营销策略

1)旅游产品创新策略

旅游产品是吸引旅游者、开拓旅游市场的基础。在制定旅游产品创新策略时,首先必须准确把握市场需求,根据市场需求有针对性地开发个性化旅游产品。其次,要推动文化融合,将当地的特色文化融入旅游产品中,使旅游产品更具特色和吸引力。再次,重视技术驱动,利用最新的技术手段,如虚拟现实、增强现实、大数据等,提升旅游产品的体验感和互动性。

2)旅游产品价格策略

旅游价格制定得是否合理,直接关系到旅游产品的竞争力。在制定价格策略时,要考虑企业的经营目标、市场竞争状况、消费者需求等多种因素。企业目标不同影响定价选择,如追求市场份额可能采用低价策略,如目标是追求更高利润,则选择高价策略;市场竞争状况决定是否需降低价格来保持竞争力;消费者的购买能力和意愿也会影响定价,如果消费者对旅游产品的价格敏感,企业可能需要采用低价策略来吸引消费者;如果消费者更注重旅游产品的品质和服务,企业则可以采用高价策略。

3)旅游产品销售渠道策略

旅游产品销售渠道策略是指企业选择和管理销售旅游产品的途径,以达到销售目标。渠道策略包括直销、代理销售、线上销售、线下销售、混合销售和合作销售等。直销可以降低成本提高利润,代理销售能扩大覆盖范围,线上销售有广泛的消费者群体,线下销售提供更好的服务体验,混合销售兼顾两者优势,合作销售可以共享资源。当前,网络销售渠道突破地域限制,覆盖更广泛的消费者群体,提供便利的购物体验,并能通过数据分析更好地了解消费者需求和行为,其重要性逐步提升。

4)旅游促销策略

旅游促销策略是指企业通过各种方式向消费者传递旅游产品信息,激发购买欲望,促进销售的系列手段。广告宣传通过多种媒体传播旅游产品信息,提高品牌知名度和吸引力,具有广泛覆盖、直观生动的特点。直接营销包括电子邮件、电话营销等,针对特定目标群体进行精准营销,建立紧密客户关系。公关活动如新闻发布会、赞助活动等提升品牌形象,增强消费者信任感和忠诚度。销售促进采取折扣、优惠券等方式刺激购买行为,短期内提高销量。

本章小结

- 旅游产品是指旅游经营者为了满足游客在旅游活动中的各种需求,向旅游市场提供的各种物质产品、精神产品和旅游服务的组合。旅游产品是连接市场供给和需求的纽带,反映着市场上供求关系的状况。

- 旅游产品是一个综合性概念,从不同角度来分析,其构成内容是不同的:从市场营销的角度来看,旅游产品的构成包括核心部分、形式部分和延伸部分;从旅游需求的角度来看,可将旅游产品区分为基本旅游产品和非基本旅游产品;从旅游供给的角度看,旅游产品包括旅游吸引物、旅游设施、旅游服务、旅游购物和旅游可进入性5个要素。

- 需求的多样化导致旅游产品丰富多样,旅游产品的类型可按照不同的标准进行划分,主要划分方式有以下几种:根据存在方式,旅游产品一般分为单项旅游产品、组合旅游产品和整体旅游产品;根据游客出游的目的,可划分为休闲度假旅游产品、商务专业旅游产品、体验型旅游产品、健康医疗旅游产品、旅居养老旅游产品、工业旅游产品和其他专项旅游产品;根据旅游产品的创新程度,可划分为改进型旅游产品、换代型旅游产品、完全创新型旅游产品和仿制型旅游产品。

- 旅游产品作为一种以服务为主的综合性产品,既不同于一般的物质产品,也不同于一般服务行业所提供的服务性产品,其特征主要表现为综合性、无形性、不可转移性、同一性和脆弱性。
- 旅游产品结构是指各类旅游产品之间及其内部的比例关系。其结构关系主要有互补关系和互代关系,且互补关系与互代关系在一定情况下可以相互转化。
- 旅游产品生命周期是指一个旅游产品从开发出来投放市场到最后被淘汰退出市场的整个过程。旅游产品生命周期分为导入期、成长期、成熟期和衰退期 4 个阶段,每一阶段在销售量、利润、市场竞争、促销手段等方面都有其不同的特征,因此,要采用不同的营销策略。
- 旅游产品的开发内容主要可以落实到两个方面:旅游地开发和旅游路线开发。旅游产品开发的原则包括合法性、市场导向、综合效益、产品形象和可持续发展。旅游产品开发程序分为产生创意及创意筛选、旅游产品概念的发展与测试、商业分析及产品开发、旅游产品的试销及正式上市 4 个步骤。旅游产品营销策略包括创新、价格、销售渠道以及促销 4 个方面。

思考题

1. 从市场营销的角度分析,旅游产品的构成包括哪些内容?
2. 旅游产品开发的内容是什么?结合旅游市场的发展趋势,谈谈你如果开发新的旅游产品应当遵循哪些基本原则。
3. 如何理解旅游产品生命周期?举例说明针对旅游产品所处的不同阶段所采取的不同营销策略。
4. 旅游产品开发策略主要包括哪些?结合实际,试述如何进行旅游产品开发。

【案例分析】

"只有河南",用戏剧讲述黄河故事①

"只有河南·戏剧幻城"位于中国郑州市,总占地超过 40 公顷,总投资近 60 亿元,是中

---

① 只有河南·戏剧幻城:文化+旅游"共鸣于心"的新一代文旅产品|第四届"中国服务"·旅游产品创意案例. 中国旅游协会,2022-12-19.(节选,有改动)

国首座全景式沉浸戏剧主题公园。项目以黄河文明为创作根基,以沉浸式戏剧艺术为手法,以独特的戏剧"幻城"为载体,不仅关注外在演出效果,更直抵中原文化、黄河文明的内核,以讲述黄河故事、传承黄河文化为基调,演绎河南故事:有历史的故事、粮食的故事,有迁徙的故事、生存的故事,还有奋斗的故事、振兴的故事……

一、以沉浸式游客体验,凸显景区体验游的特质

随着"Z时代"逐渐成为消费主力军,他们对于体验和品质的需求日益增长。"只有河南"夜间旅游产品规划也更加丰富,为游客提供了更多的选择。例如,游客可以穿越时空,回到"东京汴梁的虹桥影落繁华尽,梦回汴京认归帆"的场景中,体验灯光与夯土墙交织出的"清明上河图、千里江山图"的壮观景象。

此外,游客还可以参加各种主题的夜间大戏,如张家大院晚宴等。这些活动不仅丰富了游客的夜间娱乐选择,还让他们在享受美食、观赏表演的同时,深入了解当地的文化和历史。对于度假旅游的需求,游客不仅需要身临其境,更需要心灵上的共鸣。因此,人文历史是旅游的"灵魂"。戏剧具有视觉、听觉和思想唤醒的冲击力,是最立体的表现方式。通过沉浸式的体验,可以加深游客对当地文化的共鸣,使一次旅游体验成为如同阅读一本当地书籍一样有深度和营养的体验。

二、以多元融合发展拓展景区服务边界,树立融合景区标签

"只有河南"在开园前期,与某运动品牌联合举办了一场盛大的2021秋冬潮流发布活动。这次合作不仅是一场普通的时装秀,而是一场融合走秀、现场表演和潮流派对于一体的沉浸式体验空间对话。运动时尚潮流与中国厚重的河南文化相结合,创造了一种全新的体验方式,展现了品牌的创新精神和对本地文化的尊重,也反映了旅游业中多元化营销策略的重要性。

三、以数字化运营赋能景区,打造现代化智慧景区

以旅游大数据为基础,联动各类App,及依托微信及支付宝"只有河南"的小程序。攻略、预约、订票、导航、导览、讲解、地图、节目单、酒店住宿等,全方位一体化,打造"一部手机游幻城"为游客提供最全面、最方便的新型智慧管家式服务,满足"个性化旅游体验",让游客最大程度地体验"自由行"。

讨论题:

1. 如何通过旅游产品实现文化融合与交流?

2. 数字化技术是如何提升旅游产品的体验和运营效率的?

拓展阅读

1. 文化和旅游部关于推动在线旅游市场高质量发展的意见

2. 中共中央办公厅国务院办公厅印发《关于推进实施国家文化数字化战略的意见》

第3章
旅游需求与供给

【学习目标】

- 掌握旅游需求与旅游供给的概念,了解其影响因素;
- 掌握旅游需求与旅游供给的内在规律;
- 理解旅游供求弹性及弹性系数;
- 理解旅游需求与旅游供给的平衡关系及调控措施;
- 能够通过供求关系的分析,认识旅游供给高质量发展对美好生活的意义。

【导入案例】

理性看待经济型酒店"不经济"现象①

经济酒店不经济,快捷酒店赚快钱。曾经的经济型酒店涨价,到底是谁给的底气? 客观来说,还是市场需求。从根本上来看,是供需不平衡给了其涨价的底气。

去哪儿数据显示,2023 年暑期首周出行的机票预订量,较 2019 年同期增长 3 成,酒店预订量增长 1.4 倍。同程旅行数据显示,暑期第一周酒店预订服务人次较 2019 年同期增长 155%。故宫、国家博物馆等热门场馆一票难求。这一过去未曾出现过或者说很少出现过的现象,充分说明了旅游市场的火爆程度,由此产生的巨大住宿需求必然推动经济型酒店价格上涨。

与急剧增长的住宿需求不相适应的,是酒店行业的供给恢复速度还没有完全同步。按照中国饭店协会的统计,截至 2022 年初,国内酒店数量较之前减少了约 8.6 万家,降幅约 25%,客房总数较之前减少了约 47 万间,降幅约 24.7%。这些减少的酒店,绝大部分都是经济型酒店。供给减少、需求暴涨,酒店随之涨价自是必然。

在酒店行业,高端酒店产品盈利更高、客源稳定,受经济形势影响相对较小。经济型酒店盈利能力低、投资回报周期长。许多大型酒店集团近年来也在对旗下酒店进行结构调整。关低档门店,集中发展中高端酒店,对经济型酒店进行升级,成为不少酒店集团的选择。卫生条件改善、服务升级、品质提升,经济型酒店的"升级成本",最终会体现在客房价格上。同

---

① 资料来源:理性看待经济型酒店"不经济"现象[N].中国旅游报,2023-08-17.(有删改)

时还要看到,相较于经济型酒店,中高端酒店房价上涨幅度要低不少。一些中高端酒店日均房价与2019年同期相比甚至有所下降。

因此,经济型酒店不经济,或许只是现阶段的问题,尤其是旅游高峰期的特殊现象。随着酒店供给快速恢复,开店数量不断增长,供求状态趋于平衡,价格基本回归正常水平,是可以期待的。对于酒店行业来说,进行升级并没有错,然而,是否因此忽视公众对经济型酒店的需求,亦需要审慎决策。

3.1 旅游需求

3.1.1 旅游需求的含义及特征

1) 旅游需求的含义

需求,是人们在一定条件下对某种事物渴求满足的欲望,是人类产生一切行为的原动力。当人们对外出旅行、观光、游览、探险、度假等旅游需要时,意味着人们具有了旅游的主观愿望,这种主观愿望能否转化为具有现实意义的旅游需求则取决于许多客观条件。因此,旅游需求实际上是一个经济化的概念,是指人们为了满足对旅游活动的欲望,在一定时间和价格条件下,具有一定支付能力,愿意并能够购买的旅游产品数量。理解旅游需求这一概念,需要把握好以下两点:

(1)旅游需求指的是旅游市场中的有效需求

在旅游市场中,有效的旅游需求是指既有购买欲望又有购买能力的需求,它反映了旅游市场的实际需求状况,因此是分析旅游市场变化和预测旅游需求趋势的重要依据,也是旅游厂商制订经营计划和营销策略的出发点。凡是只有购买欲望或者只有购买能力的需求均称为潜在需求。前一种潜在需求只能随社会生产力发展和人们收入水平的提高,才能转换为有效需求;后一种潜在需求则是旅游经营者应着力开发的重点,即通过各种有效的市场营销策略,激发人们对旅游产品的购买欲望,才能够将此潜在需求转化为有效需求。

(2)旅游需求与购买权利密切相关

有效旅游需求和旅游购买力、购买欲望密切相关,除此之外,还取决于购买权利。购买权利是指消费者可以购买某种产品的权利。对旅游需求而言,尤其是国际旅游,往往由于国际复杂的关系,或旅游目的国、旅游客源国单方面的政策限制,如不发旅游签证或限制出境等,造成即使人们有旅游愿望、有钱、有外汇,但由于旅游权利受阻,也无法形成国际旅游需求的情况。

2) 旅游需求的特征

旅游需求是人类需求的重要组成部分,它既有人类需求的一般特征,又具有不同于人类

一般需求的特殊性。由于旅游需求是人们消费需求中的一种高层次需求,因此,旅游需求具有区别于人们其他需求的以下特征:

(1)旅游需求具有高层次性

心理学家马斯洛认为,人们的兴趣爱好及所处环境的差异,使人们产生各种各样的需求。他指出人们的需求有生理需求、安全需求、社交需求、自尊需求和自我实现需求五个层次,五个层次的需求总是由低级向高级逐渐得到满足的。随着低层次需求得到一定满足,人们就会追求更高层次的需求,而为了满足高层次社交、自尊及自我实现的需求,人们往往会产生旅游需求。例如,探亲访友、考察学习、度假疗养、旅行观光等,因此,旅游需求是一种高层次需求,表现为人们追求更好的物质享受和精神方面的满足。

(2)旅游需求具有多样性

旅游需求的多样性是指人们在选择旅游地、旅游方式、旅游等级、旅游时间和旅游类型等方面存在差异性。旅游活动是人们为了满足需求,暂时外出以改变生活方式和生活场所的一种形式。由于人们的需求是多样的,因此,旅游需求也表现为一种多样性的需求。人们可能为了好奇、学习而旅游;可能为了身体健康、治疗疾病而旅游;可能为了公务、经商、洽谈业务而旅游;可能为了躲避压力而旅游;也可能为了满足冒险、刺激、浪漫生活而旅游,等等。总之,由于人们的个性不同、生活条件的不同、经济收入的不同,以及所处社会环境的影响,产生了各种各样的旅游需求。旅游供给者设计开发旅游产品时,要结合企业的特点,考虑需求的多样性,使自己的产品具有差异化,从而更好地满足目标市场的需求。

(3)旅游需求具有指向性

旅游需求的指向性包括旅游需求的时间指向性和旅游需求的地域指向性。旅游需求的时间指向性是指旅游需求在时间上具有较强的季节性,形成旅游市场的"淡季"和"旺季";旅游需求的地域指向性是指旅游需求在空间上具有较强的冷热性,形成旅游的"冷点"和"热点"地区。因此,旅游目的地国家或地区应根据"淡旺季""冷热点"的不同特点作出合理安排,努力开发淡季和温冷点的市场需求,使供给和需求在季节和地域上向均衡化方面发展。

(4)旅游需求具有主导性

需求是在外部刺激影响下,经过人的内在心理作用而产生的,是人类各种行为发生的内在动力。旅游需求的产生虽然受旅游产品的吸引力作用,受经济、社会、政治、文化及环境等各种因素的影响,但最根本的还是由人的心理所决定。人们的价值观、生活方式、生活习惯、消费特点等都会直接决定和影响旅游需求的产生。因此,旅游需求是一种主导性的需求,特别是随着人们收入的增加、生活水平的提高和对生活质量的讲究,旅游需求已成为人们积极主动追求的一种消费需求。

3.1.2 旅游需求的产生及影响因素

1)旅游需求的产生

旅游需求的产生受多种因素的影响和制约,既有宏观因素,也有微观因素。本书从游客个人角度分析旅游需求产生需要具备的主观条件和客观条件。

(1)旅游需求产生的主观条件

旅游动机是旅游需求产生的主观条件。人类在自身的生存和发展中产生了各种各样的需要,其中也包括旅游的需要。从心理学的角度看,人们在旅游需要的驱使下会进一步产生旅游动机,进而产生旅游的具体行为;从经济学的角度来看,人们首先要有旅游的需要,然后才进一步产生购买旅游产品的意愿,进而发生购买旅游产品的行为。因此,无论从哪一个角度看,任何与旅游相关行为的发生,都必须以旅游需要的存在为前提。也可以说,没有对旅游活动的需要这一心理动力,旅游需求是不可能产生和实现的。旅游需要一旦被人们意识到,便会以动机的形式表现出来。因此,从这个意义上说,旅游动机是旅游需求产生的主观条件。

(2)旅游需求产生的客观条件

现代旅游需求的产生,既有主观条件,也有客观条件。从外界条件而言,旅游需求是科学技术进步、生产力提高和社会经济发展的必然产物。从游客个人角度分析,居民可支配收入的提高、闲暇时间的增多是产生旅游需求重要的客观条件。

①可支配收入是人们产生旅游需求的首要条件

旅游需求除了消费者个人具有进行旅游消费的动机之外,它的实现在很大程度上还取决于消费者的支付能力。特别是对于长距离的旅游活动而言,人们支付能力的大小直接关系着旅游需求的实现程度。因此,旅游支付能力成了形成现实旅游需求的前提条件。旅游支付能力是指在人们的全部收入中扣除必须缴纳的税金与必需的生活及社会消费支出后的余额中可能用于旅游消费的货币量。一般以可自由支配收入作为考察指标,可自由支配收入越高往往预示着旅游支付能力越强。游客的可自由支配收入水平可以通过恩格尔系数进行相对衡量。恩格尔系数是一个家庭或个人收入中用于食物支出的比值,系数越低,表明可自由支配收入水平越高,游客在旅游中所跨越的距离越远,花费总量越大;反之,则呈反方向变化。

可自由支配收入的大小受多种因素的影响。首先,居民所在国或地区的经济发展水平直接影响着人们的可自由支配收入的高低;其次,居民可自由支配收入还与其从事的职业、家庭结构等因素密切相关。

支付能力对旅游需求实现具有重要意义,也是确定与评价旅游客源地的一个重要指标。同时,人们的支付能力也决定着人们的旅行距离、出游频率,还决定着人们的旅行方式、旅游等级的选择,从而决定人们的旅游消费结构与消费水平的高低。

②闲暇时间是人们产生旅游需求的必要条件

闲暇时间是指人们在日常工作、学习、生活之余以及必需的社会活动之外,可自由支配的时间。在社会生活中,人们的闲暇时间分为4种基本类型:每日闲暇、周末闲暇、法定假日和带薪假期。这4种闲暇时间对形成现实旅游需求有不同的意义。

每日闲暇对现实旅游需求没有直接作用,一般用于每日的休闲和娱乐。周末闲暇可以促进短期、近距离的旅游需求。法定假日的闲暇时间可以促成远程的旅游需求,但是,休假方式不同和假日时间长短的不同对旅游需求的影响是不一样的。带薪休假是旅游真正走向大众的必要的配套制度。发达国家的旅游之所以能够达到较高程度,除了旅游支付能力外,与带薪休假不无关系。我国在《中华人民共和国劳动法》中规定劳动者连续工作一年以上的,可以享受带薪年休假,但是贯彻执行还不到位,带薪休假对旅游的促进作用尚不明显。总之,闲暇时间的长短影响着居民的旅游地域范围,从而在某种程度上影响到旅游业的产业关联度效用的发挥;闲暇时间的长短影响着居民的旅游方式,进而影响到旅游需要的实现程度;闲暇时间的长短还将通过影响居民的旅游效用函数(比如,旅游是采用多点流转式的数量型还是少点滞留式的质量型),影响旅游产品的结构升级,影响旅游产业的稳步发展。同时,闲暇时间的空间分布将通过影响旅游需求的集中程度,进一步影响旅游业的产业素质。如果闲暇时间过于集中,则容易造成旅游需求的爆炸性增长,使旅游供给难以适应需求,旅游供求严重不均衡,旅游质量难以保证。如果对这种需求增长缺乏正确的认识,还容易再度形成旅游供给的无效增长,造成旅游经济的泡沫性增长,影响旅游产品的升级换代和旅游业的产业素质。

2) 旅游需求的影响因素

旅游需求除了受到游客自身的旅游动机、收入水平、闲暇时间的直接作用外,还是在政治、经济、文化、法律、自然、社会等各种因素的综合影响下而形成的一种社会经济现象。因此,全面地掌握和了解旅游需求,还必须对影响旅游需求的各种因素进行分析。通常,影响旅游需求的主要因素有人口因素、经济因素、社会文化因素、政治法律因素、旅游供给因素等。

(1) 人口因素

旅游是人的行为活动,人口因素是影响旅游需求的重要因素之一。人口的数量、结构、分布状况等统计特征对旅游需求的产生有明显的影响作用。

①人口总数

这里所说的人口总数是指客源国或地区的人口总数。目前,虽然没有数据表明,人口总数大的国家,游客需求就一定多,但是,一个国家或地区产生游客的数量必然要受到该国人口总数的限制。一般来说,人口基数大的国家在出游率不高的情况下出游的人数依然可能较多,而且从长远的角度来看,人口总数大的国家或地区,其潜在的旅游需求也大,在客观条件具备的情况下,转化为现实旅游需求的数量也比较大。因此,人口总数对一个国家或地区的旅游需求规模有很大影响。

②人口结构

人口结构是指人口的年龄、家庭年龄结构、性别和职业等的构成情况。

游客年龄及家庭年龄结构对旅游有直接影响,特别是国际旅游,年龄因素的影响尤为突出。从人口年龄构成上看,不同年龄段的人其经济收入、兴趣爱好、身体健康状况、消费需求等各不相同。青年旅游市场是一个不可忽视的潜在旅游需求。青年人精力充沛,好奇心强,虽然消费水平不如成年人,但外出旅游愿望强烈。中年人年富力强,收入稳定,带薪节假日多,出游的比率较高。中年旅游市场是当今旅游市场特别是国际旅游市场的主体。这一年龄段的人外出旅游的最多,既有度假旅游,又有商务会议旅游,这部分人多已结婚成家,对这部分人来说,有无小孩、孩子年龄大小对旅游需求影响很大,因此,要特别注意将其家庭结构与年龄结合起来进行考察。老年人收入稳定且有经济积累,又很少有子女的拖累,旅游时间比较充裕,是拥有可自由支配收入和余暇时间非常多的阶层之一。随着世界人口老龄化趋势的发展,老年国际旅游客源市场不断增大,老年旅游市场将会有很大发展。老年人外出旅游的目的多是健康养生、探亲访友和参观历史古迹。他们旅游的特点是:行程较远,在外停留时间较长,能在旅游淡季出游,可弥补淡季客源不足,出行更多依赖旅行商和旅行代理人的安排。

美国曾把游客的年龄和家庭年龄两个因素结合在一起,把成年人家庭的生命周期分为6个阶段:第一阶段,年轻的单身汉;第二阶段,年轻夫妇,没有小孩;第三阶段,年轻夫妇,有小孩;第四阶段,中年夫妇,有小孩在家;第五阶段,中年夫妇,有小孩但不在家;第六阶段,老年夫妇。研究表明,每一阶段的旅游需求与特点各不相同。

旅游需求的性别差异是很明显的。一般来说,男性游客独立性较强,更倾向于知识性、运动性、刺激性较强的旅游活动,公务、体育游客较多;女性游客更注意旅游目的地的选择,注意财产安全因素,喜好购物,对价格较敏感。近年来,女性旅游市场有了较大发展,随着女性就业及个人收入水平的提高,女性公务旅游、观光旅游,尤其是未婚女青年和独身女子的旅游呈上升趋势。另外,在对旅游产品的需求上,也出现了新特点。一些酒店专门为独身、单身女游客设置专门楼层,并设置保卫及专项服务等。甚至还出现了不接受男性参加的妇女旅行团,提供女性陪同等。可见,妇女旅游这一细分市场的开发,也是值得旅游企业重视的。

不同职业、不同工作性质意味着不同的收入、不同的受教育程度、不同的闲暇时间和不同的消费需求等。一般来说,企业家、商人、医生、律师等收入水平较高,产生旅游需求的可能性较大,参加远距离旅游或国际旅游的可能性也较大,对食宿和旅游设施的要求也较高。商务人员、公务人员、管理人员出差的机会比较多,通常在公务旅行中兼顾旅游,旅游消费比较高。科技工作者、教师、研究人员进行学术交流的机会较多,会议旅游是他们常见的旅游方式。而一般的个体工商业者、产业工人和农民经济收入较低,闲暇时间较少,外出旅游的条件不充分,此外,他们受教育程度往往较低,不容易产生旅游需求,或者旅游需求层次不高。

③人口分布状况

人口的分布状况是指人口的城乡分布状况。就目前的旅游市场情况而言,城市居民要求外出旅游的数量远远比农村居民高。这是因为城市居民的收入普遍比农村居民高,具有产生旅游需求的经济基础。同时,城市里人口稠密、工作紧张、生活节奏快,迫使人们外出旅游调节生活、缓解压力。此外,城市发达的交通条件、灵敏的信息及服务、文化教育等条件,也造成了城市居民的出游比例远远高于农村居民。

（2）经济因素

旅游需求是一种高层次需求,以发展自我和精神享受为主要特征,没有丰富的物质基础和良好的经济条件的保障,旅游需求是很难产生的。在经济因素中一个国家或地区的国民经济发展水平、居民的收入状况、旅游产品价格、货币汇率等都直接或间接影响着旅游需求的规模和结构。

①国民经济发展水平

衡量国民经济发展水平最常用的指标是国内生产总值。国内生产总值是指一个国家或地区在一定时期内所生产的最终产品和提供的劳务总量的货币表现。它反映了一个国家或地区在一定时期内整个物质财富的增长状况,是衡量经济发展水平的重要指标。国内生产总值的高低决定着居民收入水平的高低。在旅游客源国或地区,国内生产总值越高,居民可自由支配的收入也就越高,产生的旅游需求也就越多,旅游的规模和结构就会相应提高。因此,国内生产总值的规模对旅游需求的总量和结构具有决定性作用。

②外汇市场的波动

外汇市场,是指在国际从事外汇买卖,调剂外汇供求的交易场所。它的职能是经营货币商品,即不同国家的货币。外汇市场是由多种要素组成的有机整体,它有自己的形成和运行机制。一般来说,它的运行机制主要包括供求机制、汇率机制、效率机制和风险机制。其中,汇率机制对旅游需求影响较大。

汇率又称汇价或外汇行市,货币汇率表示的是两个不同国家货币之间的比价,或者说一国货币用另一国货币表示的价格。在国际旅游市场上,旅游客源国与旅游接待国之间的货币汇率发生变动时,其实质是旅游价格的变动。如果旅游接待国相对旅游客源国之间的汇率下跌,旅游接待国的货币贬值,旅游产品的实际价格就会下降,前往该国的旅游需求就会增加;反之,就会反方向变化。因此,在其他条件不变的情况下,汇率的变化不一定会引起国际旅游需求总量的变化,但是会引起国际旅游需求总量在不同汇率国家之间的重新分配。

（3）社会文化因素

世界上不同国家和地区具有不同的文化背景,从而在其价值观念、风俗习惯、语言文学、宗教信仰、美学和艺术等方面存在差异。它们对旅游需求的影响较为复杂。从游客的心理来看,游客大多渴望到特色鲜明、社会文化差异大的国家或地区旅游,以便更好地满足自己的好奇心和求知欲。但是,从游客的行为来看,多数游客的旅游行为首先还是发生在相邻的国家和地区,以近距离流动为主。究其原因,既与价格收入等经济因素有关,社会文化的差异也起到了至关重要的作用。文化的差异对游客虽然是一种吸引,但陌生的环境、陌生的语言和陌生的事物,也容易使游客产生不安全感,制约着他们将旅游愿望付诸行动。因此,在旅游接待中,要注意分析不同游客的文化背景和文化特征,研究游客的消费习惯和需求心理,尽量消除他们由陌生环境所引起的不信任感和抵触情绪,投其所好,避其所忌,促使旅游需求持续、稳定的增长。

(4)政治法律政策因素

政治法律政策因素对旅游市场的影响表现在:政府及领导人对国际旅游业的影响;国家内部政局是否稳定;两国之间的外交关系对客源互流的影响;国家间的政治冲突、战争、恐怖主义活动及任何形式的不稳定因素;政府对发展旅游业的政策和措施等。

(5)旅游供给因素

旅游接待国或接待地的旅游供给决定着旅游需求被实现和满足的程度。在旅游供给中,首要的因素是旅游资源,旅游资源是保证旅游需求能够得以实现的根本基础。此外,在旅游供给要素中,旅游设施条件、旅游服务水平及当地居民的态度等,都可以增加或削弱一个国家或地区对游客的吸引力。

3.1.3　旅游需求规律

旅游需求的产生和变化受多种因素的制约和影响,但对旅游需求量具有决定性影响的因素主要是旅游产品价格、居民的收入状况和闲暇时间。因此,旅游需求变化规律主要反映为旅游需求与价格、收入和闲暇时间的相关性和变动关系。

1)旅游需求量与旅游产品的价格呈反方向变化

旅游产品价格是影响旅游需求量的基本因素,在其他因素不变的情况下,旅游需求量会随着旅游产品价格的变化发生相应的变化。当旅游产品价格上升时,人们对旅游产品的需求量就会减少;当旅游产品价格下跌时,人们对该产品的需求量就会上升。旅游需求量与旅游价格之间的关系,反映在坐标图上就形成了旅游需求价格曲线(见图3.1)。

在图3.1中,横坐标表示旅游产品需求数量,纵坐标表示旅游产品价格,当某一旅游产品的价格为 P_0 时,人们对该产品的需求量为 Q_0;当产品的价格上升到 P_1 时,对该产品的需求量就会减少到 Q_1;当产品的价格下降到 P_2 时,对该产品的需求量则会增加到 Q_2。因此,旅游需求价格曲线是一条自左上向右下倾斜的曲线,表示旅游需求量与旅游产品价格呈反方向变化的关系。此关系用函数式可以表示为

$$D = f(P)$$

式中,D 表示一定时间内的需求量;P 表示该时期内旅游产品的价格;f 表示两者之间的函数关系。

2)旅游需求量与居民的可支配收入呈同方向变化

居民的可支配收入与旅游需求也有着密切的关系。因为旅游需求是一种有效需求,是具有支付能力的需求。居民可支配收入越多,对旅游产品需求量就越大;居民可支配收入越少,对旅游产品需求量就越小。根据可支配收入与旅游需求量的关系,可以在坐标图上形成旅游需求收入曲线(见图3.2)。

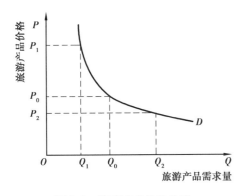

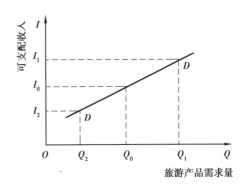

图 3.1　旅游需求价格曲线　　　　图 3.2　旅游需求收入曲线

在图 3.2 中,横坐标表示旅游产品需求量,纵坐标表示可支配收入。当人们的可支配收入为 I_0 时,人们对该产品的需求量为 Q_0;当可支配收入上升到 I_1 时,对该产品的需求量就会上升到 Q_1;当可支配收入下降到 I_2 时,对该产品的需求量则会下降到 Q_2。因此,旅游需求收入曲线是一条自左下方向右上方倾斜的曲线,表示旅游需求量与人们的可支配收入呈同方向变化的关系。此关系用函数式可以表示为:

$$I=f(D)$$

式中,I 表示可支配收入;D 表示一定时期内的旅游需求量;f 表示两者之间的函数关系。

3)旅游需求量与人们的闲暇时间呈同方向变化

闲暇时间是旅游需求产生的必要条件,同时,它也是旅游消费活动的重要组成部分。尽管闲暇时间不属于经济的范畴,但它同旅游需求也有着密切的联系,会直接影响到旅游需求量的变化。当人们的闲暇时间增多时,人们对旅游产品的需求量会相应增加;当人们的闲暇时间减少时,人们对旅游产品的需求量则相应减少;当人们完全没有闲暇时间时,人们对旅游产品的实际需求量等于零。旅游需求量与人们的闲暇时间基本上呈同方向变化的关系。

因此,旅游需求规律可以概括为:在其他因素不变的情况下,人们对某一旅游产品的需求量与该产品的价格变动呈反方向变化,与人们可支配收入和闲暇时间的变动呈同方向变化。旅游需求规律可以用函数式表示为:

$$D=f(P;I;T;\cdots)$$

式中,D 表示某种旅游需求;P 表示某种旅游产品价格;I 表示游客的可支配收入;T 表示游客的闲暇时间。

上述讨论是在假定其他相关因素不变的情况下,分析旅游需求量与某一影响因素之间的对应变动关系。如果这些相关因素发生改变,需求曲线在坐标图上的位置就会发生移动,但需求曲线本身不会发生变化。也就是说,当其他相关因素发生变化时,旅游需求量与旅游产品价格、可支配收入、闲暇时间之间的关系依然成立。以旅游需求量与旅游产品价格关系为例,这种移动变化如图 3.3 所示。

在图 3.3 中,当其他相关因素有利于刺激人们的旅游需求时,会引起旅游需求曲线向右上方移动到 D_1;当其他相关因素对人们的旅游需求有抑制性影响时,会引起旅游需求曲线

向左下方移动到 D_2。

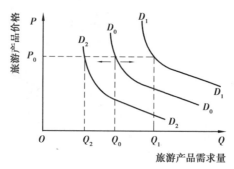

图 3.3　旅游需求曲线的移动

3.1.4　旅游需求指标体系

旅游需求指标反映出一定时间、地区和条件下旅游需求的现状和发展前景,是衡量旅游需求发展情况的尺度。旅游需求指标的种类很多,可根据具体的研究目的加以选择和设计,在旅游统计中常用的指标主要有游客人数指标、游客停留天数指标、游客消费指标和其他旅游指标。

1)游客人数指标

游客人数是指旅游目的地国家和地区在一定时期内接待国内外旅游者的数量状况,其又可分为以下两个指标。

(1)游客人数

游客人数是指旅游目的地国家和地区在一定时期内接待国内外游客总人数,其主要用来衡量旅游者对旅游产品的需求总量状况。

(2)游客人次

游客人次是指一定时期内到某一旅游目的地国家或地区的游客人数与平均旅游次数的乘积。因为同一旅游者有可能多次到同一旅游目的地访问,因此统计出来的旅游者人次往往会高于旅游者人数。旅游目的地国家或地区通常根据这一指标来了解旅游市场对其旅游产品的需求数量和变化情况。因此,这一指标也是衡量一个国家或地区旅游业发展水平的重要尺度之一。

2)游客停留天数指标

游客停留天数指标具体又可以分为游客停留总天数指标和游客人均停留天数两个指标。

(1)游客停留总天数

游客停留总天数又称旅游人天数,是指一定时期内游客人次与人均过夜天数的乘积。这一指标从时间的角度反映了游客对旅游目的地国家或地区的产品需求状况,同时也体现了该目的地旅游产品吸引力的大小。单凭旅游人次指标难以说明旅游需求发展的实际情况,如果同时将游客的停留时间考虑进去,便能更全面地反映出某一时期的旅游需求状况,并且便于同过去的发展情况作有意义的比较。

（2）游客人均停留天数

游客人均停留天数是指一定时期内游客停留天数与游客人次之比。它从平均数角度以时间为单位反映旅游需求的发展状况,便于揭示旅游需求的变化趋势。人们可根据这一指标的变化情况去寻找产生这种变化的原因,并据以确定相应的对策。

3）游客消费指标

（1）游客消费总额

游客消费总额是指一定时期内游客在旅游目的地国家或地区的全部货币支出。一般而言,国际游客往返于旅游客源地与旅游接待地之间的国际交通费用,不计入国际游客的消费总额。因此,国际游客消费总额并不等同于国际游客的支出总额。

（2）游客人均消费额

游客人均消费额是指一定时期内游客消费总额与游客人次之比。它从平均数的角度以价值形态反映了某一时期的旅游需求状况。对于了解游客的消费水平,确定相应的旅游目标市场和旅游营销策略,具有重要的参考价值。

（3）旅游消费率

旅游消费率又称旅游开支率,是指一定时期内一个国家或地区的出国旅游消费总额与该国或该地区居民消费总额或国民收入的比值。它从价值的角度反映了一定时期内某一国家或地区的居民对出国旅游的需求强度。

4）其他旅游指标

（1）旅游出游率

旅游出游率又称旅游密度,这一指标所反映的是一定时期内一个国家或地区的居民对出国旅游的需求状况,同时,也反映着该国或地区作为旅游客源地的可能程度。旅游出游率具体可分为总出游率和净出游率两个指标。

旅游总出游率是指一定时期内一个国家或地区出国旅游的人次与其总人口的比率。用公式表示为：

$$旅游总出游率 = \frac{出国旅游人次}{该国总人口数} \times 100\%$$

旅游净出游率是指一定时期内一个国家或地区出国旅游的人数与其总人口的比率。用公式表示为：

$$旅游净出游率 = \frac{出国旅游人数}{该国总人口数} \times 100\%$$

（2）旅游重游率

旅游重游率又称旅游频率,是指一定时期内一个国家或地区的出国旅游人次与该国或该地区的出国旅游人数之比。用公式表示为：

$$旅游重游率 = \frac{出国旅游人次}{出国旅游人数} \times 100\%$$

该指标反映的是一定时期内一个国家或地区的居民出国旅游的频率。

3.2 旅游供给

3.2.1 旅游供给的含义及特征

1)旅游供给的含义

供给和需求是相互对应的一组概念,供给是指厂商在一定时期内对应于一定的价格水平,愿意并且能够提供的某种产品的数量。在旅游经济活动中,旅游供给是指在一定条件和一定价格水平下,旅游经营者愿意并且能够向旅游市场提供的旅游产品数量。理解旅游供给的概念要把握好以下几点:

(1)旅游供给指的是有效供给

旅游供给指的是有效供给,即必须是旅游经营者愿意并可能提供的旅游产品。在市场经济条件下,旅游供给实际上是一种商品性的供给。旅游需求决定旅游供给的内容,但这仅仅是一个前提条件。要真正提供有效的供给,即企业愿意并能够向市场提供旅游产品,一方面取决于生产者的生产成本与市场价格水平的比较,企业有利可图;另一方面取决于生产者所掌握的生产手段和技术,能够生产出游客所需的产品。当然,从旅游市场发展趋势上看,凡是游客的需求,社会最终会通过生产来满足,但不是在任何时点上都能够实现某种具体的供给。因此,有效供给必须是生产者的意愿与可能相结合的供给。

(2)旅游供给与旅游需求是相互对应的概念

旅游需求是旅游供给的前提依据,旅游供给是旅游需求实现的保证。总体而言,旅游供给与旅游需求两者互相依存、互相制约。在现代旅游经济活动中,由于科学技术的发展与生产力水平的提高,人们生活水平的不断改善,旅游市场的不断拓展,旅游供给不断增加,旅游需求已成为供求矛盾中的主要方面。旅游供给应以旅游需求为导向,旅游生产经营单位,要以游客的需求层次与需求内容为客观依据,建立起一套适应旅游活动的旅游供给体系,保证提供旅游活动需要的全部内容。当然,旅游供给既要适应旅游需求,又要主动正确引导旅游需求。

(3)旅游供给包括基本旅游供给和辅助旅游供给

基本旅游供给是指一切直接与游客发生联系,能让游客在旅游活动过程中亲自接触和感受的旅游产品,包括旅游资源、旅游设施和旅游服务等,是旅游供给的主要内容,其特点是直接针对游客。辅助旅游供给是指旅游目的地的基础设施,主要包括当地的公共事业与满足现代社会生活需要的基本服务设施,这些设施的完善程度和当地的经济发展水平密切相关。辅助旅游供给的特征是:这类设施的主要服务对象是当地居民,但游客在旅游目的地的停留期间也不可避免地需要使用这些设施,因此,这类设施也构成了旅游供给的内容。

2) 旅游供给的特征

从旅游供给的内容来看,一定时间和空间上的供给,必然是某些旅游产品的供给。由于旅游产品的特征所致,旅游供给较之一般商品的供给主要有以下特征:

(1) 关联性

由于旅游需求是一种综合性需求,涉及游客在旅游过程中的食、住、行、游、购、娱等各方面的需求,单靠某一个旅游企业的供给是无法满足的,需要多个行业、多个部门协同完成。因此,旅游供给与社会各行业、各部门之间有着广泛的关联性。与旅游业直接相关的行业有轻工业、商业、邮电通信业与文化娱乐业等,它们也为游客提供产品和服务,为游客旅游过程中所需要。

在旅游经济活动中,旅游产业和其他相关产业之间存在着广泛的、复杂的和密切的经济技术联系。据统计,每完成一次旅游供给直接涉及的行业有十几个,间接涉及的行业有70个左右,关联度之高为现有各产业部门之首。

(2) 多样性

旅游供给的存在是以需求为前提的,旅游者的市场需求千差万别,决定了旅游供给必然具有多样性的特点。旅游供给者在旅游产品的生产和供给过程中,要充分注意到旅游者在物质方面和精神方面的需求,把所有相应的物品和服务都纳入经营的范畴,在发展传统性大众旅游产品的同时,针对小众旅游者的特殊需求,积极开发和提供个性化的旅游产品。

(3) 相对稳定性

旅游资源大都是历史和自然的产物,而某些旅游设施要增加,不仅需要大量的资金投入和必要的科技手段,其建设也需要一定的时间周期。而且一般的物质产品,当它被生产出来并出售给消费者之后,产品的所有权便发生了转移,当该类产品再次被需要时,生产者需要重新生产才能进行新供给。也就是说,一般物质产品的供给主要通过再生产而连续不断地提供,如果再生产停止,则该产品的供给也就停止。而旅游产品的供给却不同,旅游产品即使被游客使用过,所有权也不发生转移。无论是景区景点建设,还是宾馆饭店设施,一旦建成就能在较长一段时间内保持持续的供给,有的甚至可永续利用。当然,我们说的相对稳定性是从短期来分析,从长期来看,所有事物都是发展变化的。

(4) 产地消费性

地域固定性是旅游产品供给的一大特点,相当部分的旅游产品在空间上是不可移动的,它的供给只能是在固定空间上的供给。游客要消费这些产品,就只能通过流动环节,到旅游供给的产地进行消费。这使旅游产品的生产、规划、供给与一般产品存在很大的区别。一般产品的供给,物流环节是要重点考虑的内容,而旅游产品的供给,要考虑怎样通过各种营销手段吸引游客前往。另外,景区景点的环境容量和承载力也是规划要明确的问题,它决定着未来旅游供给的数量和水平。

3.2.2　旅游供给的影响因素

一个国家或地区的社会经济发展水平、科学技术发展水平、旅游资源状况、旅游价格与生产成本、政府的经济政策等都是影响旅游供给的主要因素。

1)社会经济发展水平

一个国家或地区能否根据市场需求扩大其旅游供给的规模,关键因素之一在于它是否有足够的经济实力。旅游业不仅是一项综合性经济产业,也是一项依赖性很强的产业。旅游供给的很多内容都依赖于社会经济的发展所能提供的物质条件。如果一个国家或地区社会经济发展水平高,经济实力雄厚,该国或该地区旅游业的综合接待能力就强,旅游供给就充足;如果社会经济发展水平低,基础设施薄弱,能够提供的服务和设施有限,就会制约旅游产品供给的数量和质量。另外,一个国家或地区,其社会经济的发展还会影响旅游经营者的心理预期,如果社会总体经济运行良好,旅游经营者就会增加供给,如果他们对整个地区的经济前景不看好,就会相应地减少供给。

2)科学技术发展水平

科学技术是生产力。一个国家或地区科学技术水平越高,对旅游供给的促进作用就越大。一方面,科技进步对旅游供给更为直接的影响,表现在利用有关生产要素发展旅游供给的生产方法上。科技越发达,生产方法就更为有效,从而使人们能够利用同样数量的生产要素实现更多的产品,或者使用较少数量的生产要素实现与他人等量的产品。科学技术发展所带来的生产方法的改进广泛见于旅游业的各个部门。另一方面,科技进步可使旅游项目的建设周期大大缩短,从而可使旅游供给在短时间内迅速扩大。

3)旅游资源状况

旅游资源是旅游产品开发的基础,是影响旅游供给的基本因素。资源状况会给旅游供给造成两个方面的影响:一是旅游供给的方向和内容;二是旅游供给的数量和规模。旅游资源是旅游产品的主要内容,一个国家和地区可以提供什么样的旅游产品,首先是由这个国家和地区可供开发的旅游资源状况决定的。有了旅游资源的开发,才能为旅游资源的其他构成成分提供发展的空间。因此,一个国家或地区旅游资源的种类、特色和品位等,决定了一个国家或地区旅游供给的主要内容。

此外,由于旅游资源是在一定的自然和社会条件下形成的,具有一定的空间容量,即一定的环境容量,因此,旅游资源的开发利用并不是无限的。对旅游资源的合理利用,需要把游客的活动控制在旅游资源和环境能够承载的范围内。从这点来看,旅游资源的环境容量决定了旅游供给的规模和数量。旅游需求过量、旅游环境超载,不仅会损坏资源和设施,还会引起当地居民的不满,影响旅游供给的质量,甚至给旅游地带来众多的社会问题,削弱旅游产品的吸引力。

4) 旅游价格与生产成本

旅游供给是通过市场来实现的,旅游供给者在旅游产品供给的实现中需要获得一定的收益。当旅游产品价格上涨时,旅游供给者愿意提供更多的旅游产品;当价格下降时,供给便会减少。动态而言,一种旅游产品价格的高低,是与该产品的生产成本相比较的结果。当旅游产品的生产要素价格上涨时,生产成本增加,如果企业的产品价格不能相应提高,企业的利润就会降低甚至亏损,企业就会减少产量或者转产,旅游市场上的供给量也将缩减;相反,当旅游产品的生产要素价格降低时,其生产成本减少,生产者将会取得更多的盈利,旅游的供给便会增加。

5) 政府的经济政策因素

旅游目的地国家或地区的政府,它们对旅游业的认识、观念以及所制定的各项有关政策和措施,对旅游业的发展有重要的影响。经济政策是国家及地方政府根据国民经济发展的内在要求,调整产业结构和产业组织形式,从而提高供给,并使供给结构能够有效地适应需求结构要求的宏观调控的重要机制。这些政策和措施主要包括税收政策、金融政策、投资政策、价格政策、社会文化政策等。政府的经济政策,不仅对一个国家和地区旅游供给的总量有宏观的调控作用,而且还会直接影响到旅游供给的方向、品种和质量。

3.2.3　旅游供给规律

在旅游经济发展过程中,旅游供给通常受多种因素的影响和制约,而不同因素对旅游供给的影响方式不同。

1) 旅游供给量与旅游产品的价格呈同方向变化

旅游供给规律的基本内容是:在其他条件不变的情况下,某旅游产品的供给量与该旅游产品的价格呈同方向变化。即在其他条件不变的情况下,旅游产品价格提高,旅游供给量就会增多;旅游产品价格降低,旅游供给量就会减少。这种反应关系如图 3.4 所示。

在图 3.4 中,当旅游产品价格为 P_0 时,旅游供给量为 Q_0;当旅游产品价格上涨到 P_1 时,旅游供给量增加到 Q_1;当旅游产品价格下跌到 P_2 时,旅游供给量减少到 Q_2。因此,旅游供给曲线是一条自左下方向右上方倾斜的曲线,表示旅游供给量与旅游产品价格成正比关系。

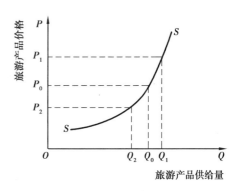

图 3.4　旅游供给价格曲线

2）旅游供给量在一定条件下是相对稳定的

旅游供给量与旅游产品价格的同方向变化并不是无限的,也就是说,旅游供给能力在一定条件下是既定的。在旅游供给能力的制约下,旅游供给量不能随着旅游价格的变动无限变动。例如,某一旅游景区,其空间容量是一定的,一旦达到旅游供给能力的极限,即便旅游门票的价格再高,旅游供给量也不可能再增加。再者,旅游供给量的改变需要一定的时间,旅游价格短时间的变化,也不会引起旅游供给量的大起大落。

3）旅游供给曲线会受其他因素的影响而发生变动

旅游供给量的变化不仅受到旅游产品价格的影响,也受其他各种因素的影响。如果其他因素发生变化,如技术进步、政策鼓励等,则会导致供给曲线 SS 向右下方水平移动;反之,则会向左上方水平移动。

3.2.4 旅游供给指标体系

旅游供给指标是衡量旅游地旅游供给能力及其发展情况的尺度,是对一个地区旅游供给情况进行量化的依据。在旅游业实践中,供给指标和需求指标是考察旅游供给和旅游需求的适应状况、矛盾及发展变化情况的基础。一般可将旅游供给指标分为两大类:旅游地现实接待能力指标和旅游地旅游供给发展潜力指标。

1）现实接待能力指标

（1）旅游设施总接待能力

旅游设施总接待能力是指一个旅游地基本旅游设施在同一时间内所能接待的游客人数。其主要量化指标有:目的地与客源地之间以及目的地内部交通工具及设施的承载量;旅游客房总量;餐座总量;目的地内主要游览点和娱乐场所的游客容量等。目的地的旅游设施接待能力受基本设施中供给能力最小的设施量的制约。

（2）单位时间旅游设施接待能力

单位时间旅游设施接待能力是指一定时期内目的地旅游设施所能接待的游客人次。这一指标与总接待能力指标存在一定的区别。在一定时期内,其量的大小既与目的地的设施总接待能力有关,又与游客在目的地的逗留时间、对各类设施使用情况及接待设施本身的比例有关。该指标的测定较为困难,可根据以往的经验数据加以分析确定。

（3）旅游服务接待能力

旅游服务是旅游供给的重要内容,旅游服务接待能力与目的地旅游服务人员数量及其劳动效率有关,服务人员数量可以统计出来,劳动效率可以通过人均接待游客人次、人均创收、人均创利等指标进行衡量。

2) 旅游供给发展潜力指标

(1) 生态环境容量指标

旅游地的生态环境容量指标是指接待游客或容纳旅游活动的数量极限。超过这一极限,旅游活动将对旅游地的生态环境产生不利的影响。游客进入旅游目的地后,他们在食、住、行等各方面的消费都会直接或间接地产生废水、废气和固体垃圾,对环境造成负面的影响和破坏。因此,人们可以通过分析游客所产生的污染物同环境的自净能力、人工治理污染能力之间的关系,大致测算出旅游目的地的生态环境容量。其计算公式为:

$$C_e = \frac{\sum\limits_{i=1}^{n} N_i S + \sum\limits_{i=1}^{n} Q_i}{\sum\limits_{i=1}^{n} P_i}$$

式中,C_e 为旅游地日环境生态容量(所能容纳的游客数量上限);N_i 为旅游地单位面积对 i 种污染物的日自净能力;S 为旅游地总面积;Q_i 为旅游地每天人工处理 i 种污染物的能力;P_i 为平均每个游客每天产生污染物的数量。

(2) 旅游资源容量指标

旅游地的资源容量是指在保证旅游活动质量的前提下,旅游资源所能容纳的最大游客人数或旅游活动量,也是旅游资源可持续利用的底线。对旅游资源容量的测算,一般有面积法和线路法两种测定方式。

面积法是基于旅游景区的空间面积和人均游览空间标准计算其日容量的方法(人均游览空间标准,世界旅游组织有规定)。其具体计算公式为:

$$C_{r1} = \frac{S_a}{S_b} \times R$$

式中,C_{r1} 为旅游景区日容量;S_a 为旅游景区游览面积(m^2);S_b 为旅游景区游览空间标准(m^2/人);R 为游客周转率(每天开放时间/平均游客滞留时间)。

线路法是基于旅游景区游览线路的长度和人均标准游览距离计算其日容量的方法。具体计算公式为:

$$C_{r2} = \frac{2L}{I} \times R$$

式中,C_{r2} 为旅游景区日容量;L 为旅游景区游览线路总长度(m);I 为旅游景区人均游览标准(m/人);R 为游客周转率(每天开放时间/平均游客滞留时间)。

(3) 游客心理容量指标

游客心理容量是指游客在旅游途中能够获得舒适感和满意度的极限游客接待量。这一指标可以通过对游客的问卷调查加以测定,也可以直观估计,还可以参考国际标准。当然,因为国情不同,我国游客心理容量指标应该和国际标准有一定的差别。

(4) 社会经济容量指标

旅游地的社会经济容量指标是指一定时期内由旅游地社会经济发展程度所决定的、能够接纳的最大游客人数和旅游活动量。超过这个限量,就会引起当地居民对游客和旅游活动的反感,带来一系列社会问题,甚至可能导致当地居民和外来游客的对立和冲突。对旅游地社会经济容量的测定一般是通过测算目的地的住宿能力或食品供应能力来进行。其计算公式为:

$$C_b = \frac{\sum_{i=1}^{n} F_i}{\sum_{i=1}^{n} D_i}$$

式中,C_b 为旅游地社会经济容量;F_i 为第 i 类食物或住宿设施的日供应能力;D_i 为平均每天每个游客对 i 类食物或住宿设施的消费量。

旅游容量是衡量旅游地旅游供给潜力的指标,一个旅游地所具有的容量规模并不意味着该地已经具备了同样的现实接待能力,它只是说明旅游地可能提供的最大旅游供给数量。而且一个旅游地能够接待的游客数量,取决于旅游容量几个基本类型指标中最小的那一个。

3.3 旅游供求弹性

3.3.1 弹性的含义

弹性也称伸缩性,原是物理学上的概念。经济学中的弹性是指经济变量之间存在函数关系时,一变量对另一变量变动的反应程度,其大小可以用弹性系数来表示,它等于两个变量变动的百分率之比。

设函数 $Y = F(X)$,两个变量分别是自变量 X 和因变量 Y,而弹性的大小也就是弹性系数,用 E 来表示,则有:

$$E = \left| \frac{\Delta Y / Y}{\Delta X / X} \right|$$

式中,E 就是弹性的数值,因为式中的分子分母都是百分数,并无单位,所以 E 也只是一个数值,没有单位,故称弹性系数,它反映了因变量对自变量变化的反应的敏感程度。

弹性一般又分为点弹性和弧弹性。点弹性是指当自变量变化很小时所引起的因变量的相对变化。它主要用来描述因变量相对于自变量某一点上的变化程度,其计算公式同上式。弧弹性是指自变量变化幅度较大时,为了掌握自变量在某一段范围内变动对因变量变动的相应影响,取自变量在某一段范围内的平均数对因变量平均数的相对变化量。它主要用来描述因变量相对于自变量某一区间上的变化程度。其计算公式为:

$$E_a = \left| \frac{Y_1 - Y_0}{(Y_1 + Y_0)/2} \div \frac{X_1 - X_0}{(X_1 + X_0)/2} \right|$$

式中,E_a 表示弧弹性系数;X_0,X_1 表示变化前后的自变量;Y_0,Y_1 表示变化前后的因变量。

3.3.2　旅游需求弹性

根据弹性的概念,旅游需求弹性可以理解为旅游需求对于各种影响因素变动的反应程度。其中,旅游需求量对于价格变动的反应程度称为旅游需求价格弹性;对于人们可支配收入变动的反应程度称为旅游需求收入弹性。

1)旅游需求价格弹性

旅游需求价格弹性是指旅游需求量相对于旅游产品价格变动的反应程度,为了对这种变动反应程度进行测量,需要计算出旅游需求价格弹性系数。旅游需求价格弹性系数是指旅游需求量变化的百分数与旅游价格变化的百分数的比值。其计算公式如下:

点弹性系数为:

$$E_{dp} = \left| \frac{(Q_1 - Q_0)/Q_0}{(P_1 - P_0)/P_0} \right|$$

弧弹性系数为:

$$E_{dp} = \left| \frac{Q_1 - Q_0}{(Q_1 + Q_0)/2} \div \frac{P_1 - P_0}{(P_1 + P_0)/2} \right|$$

式中,E_{dp} 表示旅游需求价格弹性系数;P_0,P_1 表示变化前后的旅游产品价格;Q_0,Q_1 表示变化前后的旅游需求量。

由于旅游需求量与旅游价格变化方向相反,因此,旅游需求价格弹性系数总是表现为负值,通常用绝对值来说明问题。

①当 $E_{dp} > 1$ 时,表明旅游需求富于弹性,需求曲线上的斜率较大,旅游价格的微小变动,便会引起旅游需求的大幅增减。在这种情况下,提高旅游产品的价格,会引起旅游需求的锐减,导致旅游总收入减少;相反,降低旅游产品价格,会引起旅游需求的剧增,增加旅游总收入。

②当 $E_{dp} < 1$ 时,表明旅游需求缺乏弹性,需求曲线上的斜率较小,当旅游价格发生变化时,只会引起旅游需求较小幅度的增减。在这种情况下,适当地提高旅游产品价格,可以使旅游总收入增加;降低产品价格,会在一定程度上减少旅游收入。

③当 $E_{dp} = 1$ 时,表明旅游需求量与旅游价格的变化程度相一致。此时,旅游产品价格的变化对旅游总收入影响不大。

④当 $E_{dp} = 0$ 时,表明旅游需求完全缺乏弹性。此时,无论价格怎样变动,旅游需求都不发生变化,这种情况只适合一些特殊旅游产品和特定消费群体。

⑤当 $E_{dp} = \infty$ 时,表明旅游需求完全富有弹性。此时,在既定的价格条件下,旅游需求量可以任意变化。一般来说,对资源稀缺需要保护的、关系社会稳定和公益性行业的价格,政府保留定价权且价格在一定时间内稳定不变,可能产生上述情况。

一般而言,生活必需品需求价格弹性小,而奢侈品及高档商品的需求价格弹性较大。尽管旅游活动已步入大众化的发展阶段,但是旅游活动对大多数工薪阶层而言,仍属较高层次的消费。因此,旅游需求价格弹性系数的绝对值往往大于1,这说明旅游价格的变动会引起旅游需求量更大的变动,而且不同的旅游目的地、不同的旅游产品或功能不同的各种单项旅游产品,其需求价格弹性也不尽相同。

旅游产品中,旅游需求价格弹性系数的上述3种情况都存在。在制定各种旅游产品价格策略时,应注意各种策略对不同旅游产品需求的不同影响。

2)旅游需求收入弹性

旅游需求收入弹性反映的是旅游需求量对人们可支配收入变动的反应程度,对这种反应程度进行测量的指标是旅游需求收入弹性系数。它是指旅游需求量变化的百分数与人们可支配收入变化的百分数的比值。其计算公式为:

$$E_{di} = \left| \frac{(Q_1 - Q_0)/Q_0}{(I_1 - I_0)/I_0} \right|$$

式中,E_{di} 表示旅游需求收入弹性系数;Q_0,Q_1 表示变化前后的旅游需求量;I_0,I_1 表示变化前后的可支配收入量。

由于旅游需求量与人们可支配收入的变化方向相同,因此,旅游需求收入弹性系数总表现为正值,旅游需求收入弹性系数也可以区分为以下3种情况:

①当 $E_{di} > 1$ 时,表明旅游需求对人们收入的敏感性大,人们可支配收入的较小变化,会引起旅游需求的大幅增减。

②当 $E_{di} < 1$ 时,表明旅游需求对人们收入的敏感性小,人们可支配收入的变化,只会引起旅游需求较小幅度的增减。

③当 $E_{di} = 1$ 时,表明旅游需求与人们收入变化的程度相一致。

国际旅游组织的有关研究表明,目前,旅游产品尚属于高级消费品,旅游需求收入弹性较高,有些国家甚至高达3.0以上。只有随着社会的发展,人们生活水平的提高,旅游成为人们生活必不可少的内容,旅游需求收入弹性系数才会逐渐降低。

3)旅游需求的交叉弹性

由于旅游产品具有互代性和互补性的特点,某种旅游产品的需求量不仅对其自身的价格变化有反应,而且对其他旅游产品价格的变化也有反应。因此,旅游需求的交叉弹性就是指某一种旅游产品的需求量对其他旅游产品价格变化反应的敏感性。其计算公式为:

$$E_{dx} = \left| \frac{Q_{x1} - Q_{x0}}{Q_{x0}} \div \frac{P_{y1} - P_{y0}}{P_{y0}} \right|$$

式中,E_{dx} 表示旅游需求交叉弹性系数;Q_{x0},Q_{x1} 表示变化前后 x 旅游产品需求量;P_{y0},P_{y1} 表示变化前后 y 旅游产品的价格。

根据旅游产品互代性和互补性的特点,计算出来的旅游需求交叉弹性系数有两种情况。

①如果旅游产品 y 与旅游产品 x 具有互代性,那么旅游产品 y 价格下降必将引起对旅游产品 x 的需求量减少;旅游产品 y 价格上涨则会引起对旅游产品 x 的需求量增加。因此,对于具有互代性的旅游产品而言,其旅游需求的交叉弹性系数必然是正值。

②如果旅游产品 y 与旅游产品 x 具有互补性,那么旅游产品 y 价格下降必将引起对旅

游产品 x 的需求量增加;旅游产品 y 价格上涨则会引起对旅游产品 x 的需求量减少。因此,对于具有互补性的旅游产品而言,其旅游需求的交叉弹性系数必然是负值。

3.3.3　旅游供给弹性

旅游供给弹性是指旅游供给对各种影响因素变动的反应程度。这些影响因素包括旅游产品价格、生产要素成本、旅游资源和环境容量等。这里重点讨论旅游供给价格弹性。

旅游供给价格弹性是指旅游供给量对旅游产品价格变动的反应程度。而测量这一反应程度的尺度是旅游供给价格弹性系数,具体是指旅游供给量变化的百分数与旅游产品价格变化的百分数之比。其计算公式如下:

点弹性系数为:

$$E_{sp} = \left| \frac{(Q_1 - Q_0)/Q_0}{(P_1 - P_0)/P_0} \right|$$

弧弹性系数为:

$$E_{sp} = \left| \frac{Q_1 - Q_0}{(Q_1 + Q_0)/2} \div \frac{P_1 - P_0}{(P_1 + P_0)/2} \right|$$

式中, E_{sp} 表示旅游供给价格弹性系数; P_0 , P_1 表示变化前后的旅游产品价格; Q_0 , Q_1 表示变化前后的旅游供给量。

由于旅游供给量与旅游产品价格的变化方向相同,因此,旅游供给价格弹性系数始终表现为正值,根据旅游供给价格弹性系数 E_{sp} 值的大小,可以区分出以下 5 种情况:

①当 $E_{sp} > 1$ 时,表明旅游供给富有弹性。此时,旅游价格的微小变化,会引起旅游供给的大幅增减。

②当 $E_{sp} < 1$ 时,表明旅游供给缺乏弹性。此时,旅游价格的大幅变化,会引起旅游供给较小幅度的变化。

③当 $E_{sp} = 1$ 时,表明旅游供给量与旅游价格的变化程度一致。

④当 $E_{sp} = 0$ 时,表明旅游供给完全缺乏弹性。此时,无论价格怎样变动,旅游供给都不发生变化。

⑤当 $E_{sp} = \infty$ 时,表明旅游供给完全富有弹性。此时,在既定的价格条件下,旅游供给量可以任意变化。

关于旅游供给弹性还应当说明的是,在短时期内,由于旅游供给量的增加比较困难,因此,旅游供给弹性总的来说比较小。造成旅游供给增加困难的原因主要有 3 个方面:一是旅游供给包含着一定的生产过程,需要时间;二是旅游供给的增加要有关部门的共同配合;三是旅游供给量要受到资源、技术、设施等多种条件的制约,很难通过有效的方式迅速增加,旅游供给弹性通常较小。但是,在较长时期内,如果旅游价格保持上涨,旅游经营者就能够稳定增加旅游基本设施,扩大旅游产品的供给基础,引起旅游供给量较大幅度的增长,旅游供给弹性往往较大。

3.4 旅游供求关系

3.4.1 旅游供给与需求的依存和矛盾

旅游供给与旅游需求是旅游经济活动的两个主要环节,分别代表着旅游市场上的买卖双方。它们之间既互相依存,又互相对立;既存在着矛盾,又要相互适应。它们之间的对立统一关系构成了旅游经济活动的基本内容。

1)旅游供给与需求的依存关系

旅游供给与旅游需求是相互依存的。一方面,旅游供给虽然受许多影响因素的制约,但归根结底最基本的影响因素来自旅游需求。旅游供给的规模和数量通常都取决于旅游需求,另一方面,需求的满足又依赖于供给,供给与需求都要求双方彼此适应。因此,从总体上看,旅游供给源于旅游需求,但在旅游业发展到一定程度之后,旅游供给又能激发新的旅游需求,促使人们的旅游需求数量和层次不断得到扩大和提升。

2)旅游供给与需求的矛盾关系

在旅游市场上,旅游供给与旅游需求矛盾主要表现在数量、质量、时间、空间、结构等方面。

(1)旅游供给与需求在数量方面的矛盾

供给与需求在数量方面的矛盾主要表现在旅游供给或接待能力与游客总人次之间的矛盾。在旅游市场上,旅游需求是一个多变量,人们的收入水平、消费水平、时间、社会环境、舆论宣传等的改变,都会使旅游需求产生较大的波动,使旅游总人次很快地增加或减少。但旅游供给却不同,一段时间内建设形成的旅游供给能力,相对而言是有限的、稳定的,不可能快速地提高或降低。旅游供给的这种既定性和旅游需求自身的多变性,必然使供给与需求难以适应,出现旅游供给与游客总人次之间的不平衡,供不应求或供过于求。

(2)旅游供给与需求在质量方面的矛盾

旅游供求在质量方面的矛盾主要表现为游客的心理预期与实际旅游供给之间的差距。由于旅游供给的发展是以旅游需求为前提,因此,旅游供给的发展通常滞后于旅游需求。在一定的生产力发展水平上,旅游资源、旅游设施形成之后,它们的供给水平也就相应确定了,而人们的需求内容、水平却在不断变化。旅游供给要跟上旅游需求的变化,需要追加一定的资金投入与建设时间。再加上旅游供给的生命周期,随着时间的推移,难以阻止旅游设施的衰老与磨损。另外,旅游产品大部分是无形产品,主要以旅游服务的形式表现出来。游客对旅游产品质量的判定不能像一般商品那样,可以用具体的尺度和指标去求证。因此,旅游供给质量的高低主要取决于游客自身的感受。由于这种感受带有很强的主观性,会使游客的心理预期与实际的旅游供给产生一定差距。差距小、没有差距甚至超出心理预期,游客就认为旅游供给的质量高;反之,就认为旅游供给的质量低。因此,旅游经营者在提供旅游产品时,一定要充分考虑不同游客的心理特征和行为方式,了解他们的特殊需要,开展有针对性的个性化服务,提高服务水平,加快旅游设施的建设和更新,尽量缓解旅游供求在质量方面的矛盾。

（3）旅游供给与需求在时间方面的矛盾

市场旅游需求的发生是多变的、不稳定的,但在产生的时间上具有一定的指向性。在客源国或客源地区的节假日,旅游需求产生得多;在旅游资源,特别是自然旅游资源表现得最好的季节,旅游需求也产生得多。旅游需求在时间上的指向性和集中性与旅游设施的常年性与均衡性形成了很大的反差,造成某一旅游产品在一段时间内供不应求,而在另一段时间内供过于求,形成所谓的旅游旺季和淡季。

（4）旅游供给与需求在空间方面的矛盾

资源的不可移动性、供给与需求的异地性、旅游资源和人口居住地的不匹配造成了旅游供给与需求在空间方面的矛盾。这种矛盾主要表现为旅游产品在位置上的固定性、容量的有限性和旅游需求变动性的矛盾。旅游供求在地域空间上分布失衡,即有的旅游地供大于求,游人稀少,形成旅游的冷点;有的旅游地供不应求,游人如织,形成旅游的热点。造成旅游供求在空间上的矛盾的原因主要有两个方面:一方面,旅游地旅游资源的类型、数量和质量等状况,决定了不同旅游地的旅游供给有先天性的差别。旅游资源品位高、名气大的地区,容易形成旅游的热点。另一方面,旅游地旅游设施的完善程度、旅游服务水平的高低、旅游宣传投入的多少,都会让一个旅游地成为事实上的热点或冷点,从而形成旅游供求在空间上的矛盾。

（5）旅游供给与需求在结构方面的矛盾

旅游供给与需求在结构方面的矛盾是指旅游供求在构成上不相适应。这种不适应是多方面的,集中表现在:旅游供给的内容和项目与旅游需求不相适应;旅游供给的档次和级别与旅游需求不相适应;旅游供给的方式与旅游需求不相适应。造成不适应的原因在于,旅游供给在一定时期内是稳定的、固定的,而旅游需求却是复杂的、多样的。这就要求旅游目的地国家或地区要按照旅游需求的多样性、复杂性特点,推动旅游产品多样化开发与建设。

3）旅游供给与需求的矛盾运动规律

由于旅游供求双方利益的不同,决定了旅游供给与旅游需求必然又是矛盾的。旅游供给者总是力图以较高的价格把旅游产品卖出去,而旅游购买者总是希望以较低的价格购买旅游产品。买卖双方由于自身利益的需要,导致旅游需求并不总能得到与之相适应的旅游供给,旅游供给也并不总能得到有支付能力的旅游需求,于是,供给与需求就产生了矛盾。

供求矛盾在旅游发展的不同阶段,双方的主导地位也在改变。

旅游市场上供求矛盾的实质就是供给与需求能否相互适应、相互协调。如果供求之间大体上能够适应,矛盾就不突出,称为供求平衡;如果供求之间根本不能适应,矛盾突出,则称为供求失衡。在旅游市场上,平衡是相对的、暂时的、有条件的;不平衡是绝对的、长期的、无条件的。旅游供给与旅游需求彼此之间要求互相适应,并表现出供求从不平衡到平衡,再到不平衡的循环往复变化过程,称为旅游供求矛盾运动或矛盾运动规律。

3.4.2 旅游供给与需求的均衡

由于旅游供给与需求具有诸多方面的矛盾,因此,要实现旅游供给与需求的均衡,需要把两者结合起来考察,以探寻旅游供给与需求的规律性。

1) 旅游供给与需求的静态均衡

在市场经济条件下,旅游产品价格是决定旅游供给与旅游需求的根本性因素。根据旅游供给规律和旅游需求规律,当某种旅游产品供不应求时,旅游产品的价格就会上涨,使旅游需求量减少,旅游供给量扩大,直至供求大体相当;如果某种产品供过于求,旅游产品的价格就会下跌,使旅游需求增加,旅游供给减少,直至供求大体相当。当旅游供给量与旅游需求量相等时,旅游供求就达到了均衡,此时的价格称为均衡价格。因此,旅游产品价格决定着旅游供给与旅游需求的均衡量,从而形成市场上的均衡价格。

2) 旅游供给与需求的动态均衡

实际上,旅游供求均衡是动态的均衡。旅游供给或旅游需求的变化会影响到均衡价格的变动,供给和需求两者同时变化也会影响均衡价格的变动。在变动的过程中,原有的均衡会消失,在新的供求关系中又会产生新的均衡点。

(1) 旅游需求变化引起的动态均衡

随着经济社会的发展和科技进步,居民的收入和消费水平不断提高及闲暇时间的增加,会引起如图 3.5 所示的旅游需求曲线从 DD 右移到 $D'D'$。在旅游供给水平不变的情况下,由于旅游需求的变化,使旅游供求均衡点从 E_0 移动到 E_1,并带动旅游供给量增加,均衡产量由 Q_0 增加到 Q_1,均衡价格也由 P_0 上升到 P_1。

(2) 旅游供给变化引起的动态均衡

如果某一地区社会稳定,经济繁荣,旅游业发展前景看好,就会有大量资金流入旅游业,造成旅游供给数量剧增。在这种情况下,旅游供给曲线便会右移。在旅游需求水平不变的情况下,原来的供求均衡点 E_0 便会移动到 E_1,使旅游需求增加,使均衡产量从 Q_0 增加到 Q_1,均衡价格则由 P_0 下降到 P_1(见图 3.6)。

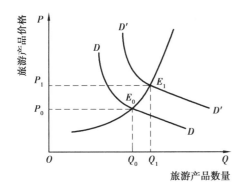
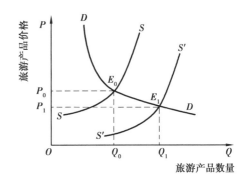

图 3.5　旅游需求变化引起的旅游供需动态均衡图　　图 3.6　旅游供给变化引起的旅游供需动态均衡图

（3）旅游供给与需求同时变动引起的动态均衡

旅游供给和需求同时变动的情况较为复杂，因为它们既可以按同方向变动，也可以按不同方向变动；既可以按同比例变动，也可以按不同比例变动。以需求减少、供给增加为例，如图 3.7 所示，旅游供给曲线 SS 和旅游需求曲线 DD 同时下移到 $S'S'$ 和 $D'D'$，使供求均衡点由 E_0 下降到 E_1，并在均衡产量 Q_0 不变的情况下，使均衡价格由 P_0 下降到 P_1。

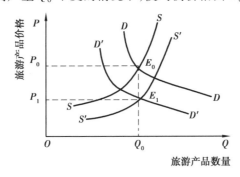

图 3.7　旅游供需同时变动引起的旅游供需动态均衡图

值得注意的是：供求均衡的关键是均衡价格。事实上，均衡价格的形成需要若干的限定条件，如每个交易者都能够及时获得准确、完整的信息，价格的升降是完全自由、灵活、迅速的，在达到均衡价格之前不进行交易等。因此，均衡价格只是一种理论上的推断，交易价格才是实际存在的，只有在理想的市场条件下，均衡价格才会等于交易价格。但无论如何，均衡价格对实现旅游供需均衡都有很重要的理论意义。

3.4.3　旅游供求均衡的调控

实现旅游供求均衡，除了价格机制的作用外，其他一些因素也会产生一定的影响。应该在全面分析的基础上，采取多种综合措施，有效地调节旅游供给和旅游需求，从而达到旅游供求平衡。常见的调控措施和手段主要有以下 3 种：

1）技术手段的调控

对旅游供求进行调控的技术手段主要包括两种：一是制定科学的旅游规划；二是进行有

针对性的旅游营销。

旅游规划是一种通过调节旅游供给来实现供求均衡的调控方式,也是一种前馈控制。其内容包括旅游市场调查、旅游需求预测、旅游资源开发、旅游设施布局、供给规模确定、旅游区建设、相关旅游基础设施发展计划、人员培训与行业规范管理等方面。旅游规划是一种长期性的调节手段,对旅游供给的发展规模和发展速度具有较强的控制作用。

旅游促销是一种通过影响旅游需求来实现供求均衡的调控手段。由于旅游供给弹性一般较小,因此,即使发生供给过剩的情况,旅游目的地也难以迅速减少其旅游供给量。面对需求不足和旅游设施的闲置,旅游目的地往往采取加强旅游促销的措施去影响旅游需求,争取更多的游客。作为解决供大于求这一矛盾的手段,旅游促销的特点在于其生效较快。只要促销措施得力,短期内便会得到需求市场的反应。正因如此,它广为各旅游目的地所重视,是运用最多而且最为直观有效的调节手段。

2) 经济手段的调控

经济手段是国家用于调节旅游经济活动的各种与价值形式有关的经济杠杆。它主要有财政、税收、价格、信贷、利率等。其中,较为重要的是税收政策和价格政策。

调节旅游供求的税收政策涉及3个方面:一是直接面向旅游企业的税收政策;二是面向游客的税收政策;三是面向具体的旅游地区。在第一种情况中,如果旅游供给不足,旅游地政府可以通过对旅游企业减免征税的办法,刺激对旅游业的投资,扩大旅游供给;反之,则提高课税,控制旅游供给继续增长。在第二种情况中,如果旅游地需求过剩,人满为患,可以直接向来访游客征税,以有效减少旅游需求。第三种情况是指国家政府对旅游热点和冷点地区实行不同的税收政策,缓解这些地区因先天或后天因素所形成的"级差"问题。

旅游价格政策主要是指旅游目的地政府对价值规律和旅游供求规律的自觉运用。它突出表现在其旅游价格政策上。通过不同的价格政策,达到对旅游供求均衡进行调控的目的。政府可以通过各种价格策略,或者迫使旅游产品价格下降,减少旅游供给;或者促使旅游产品价格上涨,扩大旅游供给,以便提高旅游供给随旅游需求而动态均衡的主动性。常见的价格策略主要有地区差价、季节差价、质量差价、优惠价、上下限价等。

另外,在经济手段中,国家通过财政拨款、建立旅游发展基金、信贷、利率等经济杠杆,也可以调节旅游供给的规模和结构,促进旅游业在各地区间的均衡发展。

3) 法律手段的调控

国家的法律手段对旅游业的发展、旅游供求的平衡有宏观的影响作用。首先,法律手段是通过国家立法从法律上来规范旅游市场,保护游客和旅游经营者的合法权益,保障旅游市场的正常运行和旅游活动的顺畅开展,为旅游供给与需求解决自身的矛盾问题提供良好的市场环境。其次,法律手段是其他各种手段和措施得以发挥其供求均衡调控作用的基础。旅游目的地的旅游发展规划和发展战略要落到实处,各种旅游经济政策、经济措施、经济合同要能够贯彻执行,都离不开法律手段的支持,它对旅游供给与旅游需求的彼此适应具有间接的影响作用。再次,法律手段中一些相关的法规和条例对稳定旅游供给有积极的促进作用,如《中华人民共和国文物保护法》《中华人民共和国风景名胜区管理暂行条例》《中华人民共和国森林法》《中华人民共和国食品卫生法》《中华人民共和国旅游法》等。这些法律法规的出台有利于保护旅游资源,逐步扩大旅游供给,有利于旅游业的可持续发展。最后,法律手段中一些相关的法律法规对稳定和刺激旅游需求增长,也有明显的促进作用,如《中华人民共和国公民出境入境管理法》《消费者权益保护法》《中华人民共和国旅游法》等。它们通过立法的形式,规定了旅游需求行为主体所享有的各项权利,对旅游供给过程中的各种侵权行为予以制裁,使旅游需求主体能够放心消费,在一定程度上也有助于调节旅游市场上的供求关系。

本章小结

- 旅游需求是指具有一定支付能力的人们为了满足其对旅游活动的欲望,愿意在一定时间和价格条件下所购买的旅游产品数量。简言之,就是游客对旅游产品的需求。

- 由于旅游需求是人们消费需求中的一种高层次需求,因此,旅游需求具有指向性、高弹性、多样性、主导性的特征。旅游需求产生的条件包括主观条件和客观条件。影响因素可以从人口因素、经济因素、社会文化因素、政治法律政策因素和旅游供给因素5个方面来分析。

- 旅游需求变化规律主要反映为旅游需求与价格、收入和闲暇时间的相关性和变动关系。旅游需求量与旅游产品的价格呈反方向变化,与居民的可支配收入和人们闲暇时间呈同方向变化。旅游需求指标体系包括游客人次、游客停留天数、旅游消费、出游情况等指标。

- 旅游供给是指在一定条件和一定价格水平下,旅游经营者愿意并且能够向旅游市场提供的旅游产品数量。其特征包括关联性、低弹性、持续性和产地消费性等。旅游供给的影响因素有社会经济发展水平、科学技术发展水平、旅游资源状况、旅游价格与生产成本和政府的经济政策。

- 旅游供给规律的基本内容是:在其他条件不变的情况下,某旅游产品的供给量与该旅游产品的价格呈同方向变化。旅游供给指标体系包括现实接待能力指标和发展潜力指标两大类。

- 旅游需求弹性可以理解为旅游需求对于各种影响因素变动的反应程度。其中,旅游需求量对于价格变动的反应程度称为旅游需求价格弹性;对于人们可支配收入变动的反应程度称为旅游需求收入弹性。而测量这一反应程度的尺度分别是旅游需求价格弹性系数和旅游需求收入弹性系数。计算公式是因变量变化的百分数与自变量变化的百分数之比。

- 旅游供给弹性是指旅游供给对各种影响因素变动的反应程度。

测量这一反应程度的尺度是旅游供给弹性系数。

- 旅游供给与旅游需求彼此之间要求互相适应,并表现出供求从不平衡到平衡,再到不平衡的循环往复变化过程,称为旅游供求矛盾运动或矛盾运动规律。在旅游市场上,旅游供给与旅游需求矛盾主要表现在数量、质量、时间、空间、结构等几个方面。旅游供求均衡的调控手段主要有技术手段、经济手段和法律手段。

思考题

1. 什么是旅游需求规律? 如何衡量旅游需求的发展情况?
2. 你认为目前旅游市场呈现出了哪些新的需求倾向? 它们受到了什么因素的影响?
3. 旅游供给有哪些特点? 主要衡量指标是什么?
4. 如何理解旅游供给与需求之间的矛盾运动规律? 其矛盾表现形式有哪些?
5. 综合分析改革开放40多年来,旅游供求关系的变化及发展趋势。

【案例分析】

供给多样化助力崇礼冰雪旅游发展①

崇礼位于河北省西北部,隶属于河北省张家口市,地处内蒙古高原与华北平原过渡地带,海拔从814米到2174米。北倚内蒙古草原,南临张家口市中心城区,城区距离张家口市中心城区50千米,距北京220千米,距天津340千米。总面积2334平方千米,辖2镇8乡211个行政村。崇礼取儒家核心思想"崇尚礼义"而得名。

崇礼区地理区位独特,生态环境良好,滑雪资源富集。这里每年从10月份到来年5月份之间一般都会下雪,有些年份甚至9月底或6月初山里面还飘雪花。这里,冬季平均气温零下12℃,平均风速2级,降雪早、积雪厚,存雪期长达150天,崇礼的天然雪具有得天独厚的优势;山体坡度多在5°~35°之间,最大垂直落差达800米,适宜开发不同级别的滑雪赛道。目前已建有万龙、云顶、太舞、富龙、银河、多乐美地、长城岭、拾雪川8家滑雪场,拥有雪道169条161.71千米,雪道面积约410公顷,索道魔毯拖牵68条45.63千米,成为国内最大的高端雪场集聚区。崇礼区入选国家级旅游度假区,是2022年北京冬奥会、冬残奥会雪上项目的重要举办地之一。

---

① 资料来源:崇礼雪场人气旺冰雪经济再升温[N].中国体育报,2023-02-27.(有删改)

　　2023 年雪季"开板"以来,各家滑雪场为了给游客更好的冰雪运动体验,特别注重服务细节。富龙雪场同一条雪道,特别造出软硬程度不一样的雪,为游客提供差异化滑雪体验,还在常规雪道外设置了滑雪地形公园、追逐道、竞技雪道等多样性雪道,丰富滑雪趣味;万龙滑雪场有初级、中级、高级道。这里还有两家儿童游乐中心,更是增添了度假乐趣,另外还配套有温泉等项目;太舞滑雪小镇以网红雪道萨沙和丰富的配套娱乐设施而受到年轻人的喜爱。这里的雪道设计富有挑战性,同时还有各种娱乐设施;云顶滑雪场是 2022 年冬奥会比赛场地之一,有着一流的雪具大厅和硬件设施。这里的雪道设计注重多样性,适合各种水平的滑雪者。云顶滑雪场不仅为专业选手提供了一个展示技巧的舞台,也为业余爱好者提供了一个学习和进步的空间。

　　总的来说,崇礼的各大滑雪场各具特色。除此之外,还配套建设度假小镇,包括别墅、滑雪公寓及商业街区等项目,星级酒店、知名雪具专营店、美容美发美甲店、糖果玩具店、珠宝钟表店、艺术品展廊等。马术、山地自行车、卡丁车、野外拓展等运动项目也很有吸引力。

　　讨论题:

　　请结合旅游市场需求的发展变化,讨论崇礼滑雪旅游在产品供给和配套服务上存在的不足及下一步的发展思路。

拓展阅读

旅游业 40 年:迈向世界旅游强国之路

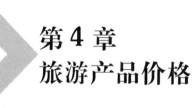

第4章
旅游产品价格

【学习目标】

- 掌握旅游产品价格的概念、特征;
- 了解旅游产品价格的构成和分类;
- 掌握旅游产品的定价原则、方法和策略;
- 能够对不同类别旅游产品进行合理定价;
- 认识旅游价格监管在促进旅游市场健康发展方面的作用和意义。

【导入案例】

两个白云山,门票何以差别如此之大

在我国,名为白云山的5A级景区有两个,分别坐落在河南省和广东省。

河南白云山国家森林公园位于河南省洛阳市嵩县南部伏牛山腹地,为秦岭山系东段余脉伏牛山核心区域,东邻石人山、木札岭景区,西连龙峪湾、老君山景区、南接老界岭、宝天曼景区,北依天池山、陆浑湖景区,是整个伏牛山生态旅游区的核心景区和龙头景区。旅游区总面积168平方千米,地理坐标为北纬33°38′~33°34′,东经111°48′~111°52′,地跨北亚热带向暖温带过渡区。辖龙池曼林区、杨树岭林区、杨山林区、木札岭林区、大青林区等五个林区,总面积8501公顷;属伏牛山北坡,与鲁山县、西峡县、栾川县、内乡县、南召县等县接壤,地跨长江、黄河、淮河三大流域,是黄河、淮河、长江三大水系的重要支流伊河、汝河、白河的发源地。白云山生态旅游资源就其类型、规模、品位、吸引力而言居河南省第一。白云悠悠、林海莽莽、山俊石奇、飞瀑流泉是白云山自然风光的真实写照;地跨三域、山水大观、原始林海、避暑胜地是白云山的最大特色。

广东白云山位于广州市的东北部,地理位置为东经113°17′,北纬23°11′。地形略呈斜长方形,呈东北西南走向,东西宽约4千米,南北长约7千米。山体相当宽阔,由30多座山峰组成,为广东最高峰九连山的支脉。全境面积为28平方千米,其中属特别保护范围的面积为20.98平方千米。《国家级风景名胜区——广州市白云山风景名胜区总体规划(2009—2025)》中,白云山风景名胜区规划麓湖、飞鹅岭、三台岭、鸣春谷、柯子岭、摩星岭、明珠楼及荷依岭等八个景区。白云山是一个和缓起伏的山块,山块大致呈东北西南走向。从高空俯

瞰,白云山有点像一个"扁豆荚",南北长7000多米,中部东西宽4000多米,共有30多个山峰。它的东南和西北坡是一条直线般的长条急坡,这是因为山坡是沿着广从断裂与广州—罗浮山断裂夹角地带的断裂线形成的。

两者同为国家5A景区,然而它们的门票价却相差甚远,一个只要5元,另一个竟高达100元左右,差距竟达到了20倍之多。这两座风景秀丽的白云山,门票为何悬殊如此?

首先,广州白云山免费开放了主要景观,只收取少量的管理和服务费,属于公园化运营。这里融入了城市生活,是当地人日常休闲的好去处。河南白云山,则全面收费成为商业化景区,目标客户群主要是外地游客。其次,两地的知名度和影响力不同。广州白云山是一座城市公园,在当地很有名,但相对河南白云山的声望略逊一筹。河南白云山以高山风景见长,在全国范围内知名度更高,具有很强的旅游商业价值。再次,两地的成本投入存在差异。河南白云山依山傍水,景观丰富,但开发难度大,需要大量人力物力,也导致了门票价格居高。而广州白云山地势修建相对简单,无须太多开发投入,所以门票价格更低。最后,不同的市场状况也影响了票价。河南白云山目标市场绝大部分为外地游客,而广州白云山主要游客为本地市民,具有一定的公益性。

两个白云山景区的门票价格差异,启发我们深入思考景区门票的合理定价问题。

4.1 旅游产品价格概述

4.1.1 旅游产品价格的含义

伴随着旅游活动的进行,游客必然要解决食、住、行、游、购、娱等需求,在商品经济条件下,这种需求的满足要借助于交换活动来实现,而旅游价格是旅游交换活动顺利进行的条件。可见,旅游产品价格就是游客为满足旅游活动的需要所购买的旅游产品价值的货币表现形式。从旅游经营者的角度来看,旅游产品价格又表现为向游客提供的各种产品和服务的收费标准。需要指出的是,在商品经济中,价值与价格是处于不同层次中的。价值虽然是价格的本源,它决定着价格的产生与存在,但它却不是决定价格的唯一因素,它不能决定价格的特殊本质,即价格要反映价值、供求、币值三者变化的关系。旅游产品也是一种商品,旅游产品价格同样也是旅游产品价值、旅游市场供求和一个国家或地区的币值三者变化的综合反映。

4.1.2 旅游产品价格的构成

根据马克思主义政治经济学的理论,从价值形式进行分析,旅游产品价格由成本和盈利两部分构成。成本是"生产"旅游产品时所耗费的各项费用。它包括两部分内容:一部分是物化劳动的耗费,即原有物资设备和原材料消耗部分的价值转移;另一部分是活劳动的耗费,即旅游业职工新创造价值中用来补偿其生活资料消耗部分,也就是旅游业职工的工资部分。盈利是指旅游产品价格扣除成本的剩余部分,是旅游业职工新创造价值中扣除其必要劳动部分的余额。

在现实的旅游市场交换中,用于交换的旅游产品主要以两种形式存在:一种是单项旅游产品;另一种是包价旅游产品。旅游产品交换形式不同,其价格构成中成本和盈利所含内容也不同。

1)单项旅游产品的价格构成

单项旅游产品是指游客在旅游活动中分次购买所需要的住宿、餐饮、交通、娱乐、购物等其中的某一项。无论哪一种单项旅游产品,其价格都由成本和盈利两部分构成。

成本是生产单位产品所需费用的总和。旅游产品的生产成本包括3个部分的内容:一是提供旅游服务所凭借的旅游接待设施、交通运输工具、建筑物以及各种原材料、燃料、能源等的成本;二是旅游从业人员的工资,它们是旅游从业人员提供劳务的价值补偿,是活劳动的耗费部分;三是旅游企业的经营管理费用,是企业在生产经营活动中必须支付的一定费用。需要指出的是,旅游产品价格中的生产成本,是指生产同类型旅游产品的社会平均成本。在生产同种类型的旅游产品的众多企业中,由于各种原因,它们所生产产品的个别劳动耗费是不一样的,但在市场上,价格中的生产成本只是该产品一定时期内的社会平均成本。

盈利是旅游产品价格扣除成本的剩余部分,它包括向政府缴纳的税金、贷款利息、保险费用和旅游产品经营者的利润。税金是旅游经营企业依法向国家纳税的金额;利润则是企业获得的收入中扣除成本、税金、贷款利息及保险费后的余额。一般情况下,利润与价格呈正相关关系,价格水平越高,企业所获得的单位利润就越多。

2)包价旅游产品的价格构成

包价旅游产品或组合旅游产品是指旅游经营者或旅行社把多个单项旅游产品组合在一起提供给游客的旅游产品。其价格由购进成本加上旅行社自身经营成本和利润构成。在这里,带有一定折扣的其他旅游产品"生产"者价格构成了旅行社价格成本的一部分。旅行社在组合旅游产品时,用于购买各项旅游产品的费用之和,称为旅行社的购进成本或代办费。由于这些交通费、餐饮费、住宿费和其他费用由旅行社批量代办,因此,旅行社的购进费用总是要比游客分别、多次购买后的总费用低。

无论是单项旅游产品,还是包价旅游产品,其价格构成本质上基本一致,都是成本与盈利的相加。只是统计口径和计量部分上有所差别,这种差别在不同类型的旅游产品价格中也普遍存在。

4.1.3　旅游产品价格的类型

由于旅游产品价格构成复杂,因此,根据不同的划分标准,旅游产品价格可以分为不同的类型。

1)基本旅游产品价格和非基本旅游产品价格

根据游客对旅游产品的不同需求程度来划分,旅游产品价格可以分为基本旅游产品价格和非基本旅游产品价格。基本旅游产品价格是指游客在旅游活动中必不可少、必须购买、需求弹性较小的旅游需求部分的价格，主要包括住宿价格、餐饮价格、交通价格、游览价格等，是游客必须要进行消费支出的价格。非基本旅游产品价格是指游客在旅游活动过程中可发生也可不发生、需求弹性较大的旅游需求部分的价格，如向游客提供的日用品价格、医疗美容价格、旅游纪念品价格等，这些旅游产品，可能是游客随机的需要，也可能是游客的特殊需要，但没有这些旅游产品，旅游活动也可以实现。

基本旅游产品价格和非基本旅游产品价格的划分，对旅行社具有实际的操作意义。旅行社在组合旅游产品时明确哪些项目应当包括在内，并计算价格；哪些项目可以由游客自行解决，不包括在旅游价格中。

2) 统包价格、小包价格和单项旅游产品价格

根据游客购买旅游产品的方式来划分，旅游产品价格可以分为统包价格、小包价格和单项旅游产品价格。

统包价格是指游客参加旅行社组织的旅游，一次性购买旅行社推出的某条旅游线路的价格。

小包价格是指游客通过旅行社购买旅游线路，但游客只一次性购买旅游线路中的某一部分或几部分，其余部分由游客自己负责安排，旅游价格中只包括部分旅游项目的价格。随着旅游活动的深入，游客越来越成熟，越来越多的游客趋向选择只含机票和饭店的包价，而饮食、门票、导游、翻译等则由游客自己视具体情况而定。

单项旅游产品价格是指游客不通过任何中介机构，自己外出旅游时根据需要零星购买的旅游产品价格。单项旅游产品价格由旅游经营者的成本和盈利构成。

统包价格与小包价格合称为旅行社价格。旅行社价格实际上是它所组合的旅游产品项目中，带有一定折扣的各单项旅游产品的价格总和，再加上旅行社的管理费和盈利。其特点首先是方便，避免了多次购买的烦琐；其次是优惠，可以享受批量购买所带来的折扣。不足之处在于不能完全适应游客的需要。采用单项旅游产品价格的优缺点和上述内容正好相反。

3) 国内旅游价格和国际旅游价格

根据游客旅游活动所涉及的范围来划分，旅游产品价格可以分为国内旅游价格和国际旅游价格。

国内旅游价格是指游客在本国国内旅游的价格。具体还可分为国内旅游包价和国内旅游单价。

国际旅游价格是指游客在境外旅游的价格，包括出境旅游价格和入境旅游价格。国际旅游价格以国际旅游包价为主。无论是出境旅游还是入境旅游，其包价一般包括 3 个部分：国际交通费、旅游目的地国家或地区旅游产品价格和客源国的旅游服务费。

在我国，国内旅游产品价格的标准针对国内居民制定，国际旅游产品价格的标准针对国际游客制定。国内旅游产品价格与国际旅游产品价格有很大的差别，其原因与我国现阶段

的经济发展水平和旅游发展状况有关。我国目前还属于发展中国家,国内居民的可支配收入没有海外游客高,旅游的意识也普遍没有海外游客强,决定了我国国内旅游价格暂时要低于国际旅游价格。随着我国经济水平的提高,旅游业国际化进程的加快,这种二元现象会逐渐得到控制和消除。

4)旅游差价和旅游优惠价

根据旅游企业的营销手段来划分,旅游产品价格可以分为旅游差价和旅游优惠价。

（1）旅游差价

旅游差价是指同种旅游产品由于时间、地点、质量及经营环节等方面的差异所引起的价格差额。根据引起旅游差价的原因,旅游差价主要有批零差价、地区差价、季节差价和质量差价。

批零差价是指同种旅游产品,在同一市场上、同一时间内批发价格与零售价格之间的差额。任何产品在销售时,每经过一个中间环节都要耗费一定量的劳动,而随着旅游产品的销售,这些劳动都需要以价格的形式得到补偿,旅游产品也不例外。一般来说,旅游批零差价有两种情况:一种是发生在旅游批发商与旅游零售商之间。在旅游经济活动中,旅游批发商主要负责旅游线路的设计和安排,当其旅游产品"生产"出来之后,便交由旅游零售商去销售,后者从中得到一定比例的佣金。这样,一定比例的佣金便组成了旅游批发价格与旅游零售价格的差额。另一种是发生在旅行社和旅游供应厂商之间。在世界旅游市场上,旅游供应厂商既有一定时期正式公布的牌价,又有所谓的旅行社价格。虽然后一种价格并未完全公开,但的确存在。因为旅行社的购买往往总是大批量的,所以旅行社价格总要比明码标价低得多。这两种价格之差虽然反映了旅游供应厂商对旅行社的优惠,但实质上则是旅游批零差价的又一种体现。

旅游批零差价对旅游批发商和旅游零售商都有好处。从旅游批发商或旅游供应厂商的角度来说,虽然价格差会使单位旅游产品收入减少,但大批量销售可以减少销售网点和节约推销经费,仍然有利可图;从旅游零售商角度来说,每多招徕一位游客就会多得一份收入。因此,旅游批零差价的存在有利于激发两方面的积极性,对旅游业的发展十分有利。

地区差价是同种旅游产品在不同地区销售所形成的价格差额。由于不同地区对游客的吸引力不同,导致了旅游需求上的差异。吸引力大、旅游需求旺盛的地区也就是所谓的旅游热点地区,旅游产品价格高;吸引力小、旅游需求不足的地区也就是所谓的旅游冷点地区,旅游产品价格低。合理地应用旅游地区差价,能够在一定程度上缓解热点和冷点地区的供求矛盾。通过在旅游热点地区实行高价策略,可以控制进入该地区的游客数量,避免该地区游客过于密集,维护该地区的社会利益;通过在旅游冷点地区实行低价策略,可以吸引更多的游客前往消费,减少旅游设施的闲置,促进当地旅游业的发展。

季节差价是指同种旅游产品在同一市场上不同的季节销售所形成的价格差额。由于旅游活动的季节性很强,为了调解旅游供求在淡旺季上的矛盾,旅游产品经营者要善于运用旅游季节差价,使淡季有一定的消费规模,旺季也不至于太过拥挤,促进旅游企业经营活动的正常进行。

质量差价是指同种旅游产品在同一市场上由于质量的不同在销售过程中所产生的价格差额。市场上的旅游产品,无论是有形的物质部分,还是无形的劳务部分,质量不同意味着它们所耗费的劳动量不同,满足游客需求的程度不同。质量的高低是由旅游产品中所包含的无差别的人类劳动的多少决定的,反映在价格上,就是质量差价,这完全符合价值规律的客观要求。质优价高、质低价低、按质论价是实行旅游质量差价必须遵循的原则。只有如此,才能既维护游客的权益,又保证旅游产品经营者的利益。

（2）旅游优惠价

旅游优惠价是指旅游产品供给者在明码公布的价格基础上,给予产品购买者一定比例的折扣或优惠的价格。旅游优惠价主要有销量优惠、同业优惠、老客户优惠、现金优惠等形式。

销量优惠是指根据消费者购买产品数量的多少而实行的优惠,具体又可分为累计折扣优惠和非累计折扣优惠。累计折扣优惠是指同一消费者在规定时间内购买的旅游产品数量或金额达到或超过一定的基数后,旅游产品经营者给予一定的折扣优惠。非累计折扣优惠是指消费者一次性购买量或金额达到或超过规定的要求后可给予的价格折扣。两种形式的优惠目的都在于建立和巩固旅游企业和客户之间长期的买卖与合作关系,鼓励和刺激消费者扩大购买量,增加企业利润。

同业优惠是指对同行消费者给予一定的价格优惠。如航空公司对旅行社、饭店人员的优惠;旅行社对饭店、航空公司人员的优惠;饭店集团人员入住联号饭店的优惠等。优惠的程度或比例,既有统一规定的,也有自定或协商,目的都是互利互惠、促进合作,保证相关企业之间业务活动的顺利进行。

老客户优惠是指旅游企业对经常有业务联系的单位及老顾客给予一定的价格折扣。对老客户实行优惠,是旅游企业稳定客源,扩大销售的重要手段。

现金优惠是指旅游企业对按约定日期或约定日期之前付款的用户给予一定的价格优惠。其目的是鼓励用户迅速付清货款,杜绝旅游经营活动中的拖欠款现象,加快资金周转,减少资金的占用,降低资金风险。

旅游差价与旅游优惠价从形式上看,都表现为一种价格上的差额,但实质上两者是有区别的。其一,旅游差价是价值规律的作用,差价的基础是价值,通过价格之差来调节旅游供求关系;旅游优惠价也是以供求关系为依据,但更着重于业务关系,甚至私人关系。其二,旅游差价一般是指旅游产品经营者的转卖价格,产生在销售环节中;旅游优惠价一般给予终端消费者。其三,旅游差价是旅游产品经营者规定的公开价格,公之于广告和宣传品中;旅游优惠价或是由所属组织规定,或是由旅游产品经营者自定,但是并不公之于众。其四,旅游差价除价格上的差别外一般没有其他的差别;旅游优惠价除价格上的优惠外,还可能有其他方面的优惠。

4.1.4　旅游产品价格的特征

旅游产品价格是旅游产品价值的货币表现。由于旅游产品具有不同于一般产品的特殊性,因此,旅游产品价格也具有其自身的特点。

1)旅游产品价格的复杂性

旅游产品价格的复杂性是由旅游产品的综合性、旅游产品生产经营部门的多样性和游客购买方式的多样性所决定的。首先,旅游产品是由旅游资源、旅游设施、旅游服务等多种要素综合构成,不同类型的旅游产品,其价格的计量单位和计价方法各不相同。旅游产品中服务所占比重较大,而服务价值的确定难以准确地量化,更多的是取决于服务的态度、技能、方法等。其次,旅游产品的生产和经营涉及饭店、宾馆、旅行社、交通、景区景点等多个部门和行业。这些部门和行业都有特定的经营范围,都可以根据自身的实力和市场的供求状况,对企业的成本和利润进行独立核算。最后,游客不同的购买方式使得旅游产品价格所包含的内容差别很大。因此,所有这些都造成了旅游产品价格的确定以及游客对产品价格水平判断的复杂性。

2)旅游产品价格的波动性

与一般商品的价格相比,旅游产品价格具有较大的波动性。造成旅游产品价格波动的原因主要有以下3个:

(1)旅游产品及旅游活动具有较强的时令性和季节性

旺季,旅游产品供不应求,旅游产品价格会上升;淡季,旅游产品供过于求,旅游产品价格就会下降。特定时期游客数量的增减导致的供求关系失衡会引起旅游价格的季节性波动,波动的幅度取决于淡旺的程度、不同旅游目的地和不同旅游企业所采取的价格策略。

(2)旅游产品具有脆弱性

旅游产品的销售容易受到各种内外部因素的影响,再加上旅游产品本身的特点,如构成成分复杂、关联性强、不可储存、不可转移等,一旦这些因素产生负面作用,给旅游产品的生产和经营带来困难时,势必会引起旅游产品价格较大的变动。

(3)旅游产品具有较强的替代性

旅游产品在现阶段还属于一种高消费品,旅游活动也属于非必需的消费活动,旅游需求具有较大的弹性。当旅游替代品的价格上涨时,人们就会增加对旅游产品的消费;当旅游替代品的价格下跌时,人们就会减少对旅游产品的消费。旅游产品消费的起起落落,反映在价格上,就是价格水平的无规则波动。

3)旅游产品价格的垄断性

与一般商品的价格相比,旅游产品价格还具有垄断性,特别是旅游产品构成中的旅游资源,如文物古迹、风景名胜、民俗风情等,它们是在很特殊的历史条件和自然环境中生产出来的,在社会价值、历史价值和科学价值上具有不可替代性,不可能通过现代的劳动和技术进行再生产。因此,它们是独一无二的,它们的价值难以估量。它们的价格因为资源的稀缺性和产品经营的独占性而表现出垄断的特点。另外,一些科技含量极高的旅游产品,在短时期内也不容易被模仿、复制或再生产,在国际旅游市场上无竞争对手或竞争对手极少,在价格的制定上也具有垄断性。

4.2 旅游市场与价格

4.2.1 旅游市场的概念

旅游市场概念有广义和狭义之分。广义的旅游市场是指在旅游产品交换过程中所反映的各种经济行为和经济关系的总和。包括旅游供给的场所(即旅游目的地)和旅游消费者(即游客),以及旅游经营者与消费者间的经济关系。反映着旅游目的地之间、旅游目的地与旅游经营者之间、旅游经营者之间、旅游经营者与旅游者之间错综复杂的经济关系。旅游市场的形成和发展是这些关系协调发展的必然产物。

狭义的旅游市场,是指一定时期内,某一地区中存在的对旅游产品具有支付能力的现实和潜在的购买者。简言之,狭义的旅游市场就是指旅游客源市场。根据狭义的旅游市场定义可知,旅游市场的形成须具备四个要素,即旅游者、旅游购买力、旅游购买欲望和旅游购买权利。缺少其中任何一个要素都无法形成旅游市场。

4.2.2 旅游市场竞争类型与价格

只要存在市场,就会存在竞争。旅游市场与其他市场一样,可以根据参与竞争的厂商的多寡、产品差异、市场进入条件等因素,将市场竞争分为四大类型:完全竞争、垄断竞争、寡头垄断和完全垄断。在不同类型的市场上,价格行为会存在很大差异。

1)完全竞争与价格

完全竞争又称纯粹竞争,它是指不受任何阻碍和干扰的市场竞争情况。一个完全竞争的市场或行业,必须具备四个条件:

(1)存在着大量的买者和卖者

完全竞争要求市场上存在着大量的买者和卖者,其中每一个成员所提供或购买的份额相对于整个市场规模来说非常小,谁也不能影响产品的价格。这就是说,市场价格是由众多的买者和卖者共同决定的,任何单个的厂商和消费者都是价格的接受者,而不是价格的制定者。

(2)产品是同质的

完全竞争的市场要求任何销售者的产品都是相同的,任一消费者的产品对买者来说,都是完全的替代品。这意味着在价格相同时,消费者的购买行为是随机的,如果一个厂商稍微提高其产品价格,所有的顾客会转而购买其他厂商的产品。

(3)资源的流动不受任何限制

完全竞争的市场要求所有的资源都能自由流动,每一种资源都能进入和退出市场;没有任何自然的、社会的或法律的障碍阻止新厂商进入和原有的厂商退出；劳动力可以在不同地区和职业间流动；原材料的使用也不存在垄断。

（4）信息是完全对称的

以上四个条件极其严苛，在现实世界中，很难有一个行业完全满足上述条件，然而，这并不意味着完全竞争的模型是没有用处的。因为任何一个理论模型的用处，并不取决于其假定的准确性，而是取决于其预测能力，完全竞争模型在说明和预测现实的经济行为方面是很有用的。

完全竞争市场的一个基本特征是大量的厂商销售同质的产品，价格主要是由市场上所有成员决定的，或者说，是通过总的市场供给和市场需求的相互作用所决定的，所以，不论单个厂商的销售量如何变化，其单位产品的价格保持不变，每一单位产品的边际收益就等于固定不变的销售价格，从而等于平均收益。

2）垄断竞争与价格

垄断竞争是介于完全竞争与完全垄断之间并更接近于完全竞争市场的一种较为现实的市场结构。垄断竞争具有三个主要特点：①市场上有许多厂商。单个厂商所占的市场份额比较小，但对市场价格有影响，只是影响十分有限。②一切产品都具有差别，但是属于同类产品。由于是同类产品，大同小异，需求的交叉价格弹性很强，所以竞争又很激烈，每个厂商既是垄断者又是竞争者，形成垄断竞争。③厂商比较容易进入和退出。垄断竞争在短期均衡状态下，厂商可能获得经济利润，也可能只获得正常利润，还可能蒙受亏损，但在长期均衡时，只能获得正常利润。

3）寡头垄断与价格

寡头垄断既包含垄断因素，又包含竞争因素，但更接近于完全垄断。寡头垄断市场结构的特点是：有少数几个厂商，这些厂商之间存在着高度的相互依存关系。每个厂商制定决策时，都必须考虑到决策对其竞争对手的影响。由于寡头垄断行业中厂商数目屈指可数，一家厂商价格的任何变化都会影响其竞争对手的销量和利润。在寡头垄断条件下，各厂商的价格很难确定，这是因为每个厂商的行为都将取决于其竞争对手的行为以及对其行为的预期，而竞争对手同样如此。为了克服这一难题，经济学家通常假定：在给定其对手们的行为后，每个厂商都采取它能采取的最好行为。在此假设之下，西方经济学家建立了许多数学模型，比较有名的有伯特兰德模型。

4）完全垄断与价格

完全垄断通常简称为垄断，它包括卖方垄断和买方垄断。

卖方垄断是指一种产品市场上只有一个卖主这样一种市场结构，其中不存在相近的替代品。在这种市场结构下，垄断厂商本身就构成一个行业。完全垄断的成因一般包括：①厂商控制了生产某产品所必需的原料供应；②自然垄断；③专利；④市场特许权。和完全竞争厂商不同，卖方垄断厂商所面对的需求曲线就是市场需求曲线，卖方垄断厂商边际收益小于平均收益。完全垄断厂商则是价格的制定者,在一定范围内,垄断厂商可以制定任何它想要的价格。卖方垄断厂商定价策略一般有价格歧视、双重收费、捆绑销售等。

买方垄断是指一个市场中只有一个买者的情况。一个厂商之所以能成为某种产品的购买者,一定有某种原因使其他厂商不能进入该市场并购买同种商品。一般来说,买方垄断的成因主要有:①资源用途的局限性;②劳动力市场区位的特殊性;③联盟组织的特殊性。买方垄断者为了使购买物品的净利益最大化,它不会购买市场供给曲线与其边际价值曲线的交点相对应的数量,而是根据边际价值等于边际支出的原则,所支付的价格低于市场上通行的价格。

4.3　旅游产品价格的制定

4.3.1　旅游产品价格的形成

1)价值理论是旅游产品价格形成的基础

商品的价格是以价值为基础的,旅游产品也不例外。因此,旅游产品价格的高低取决于该产品价值量的大小,也就是生产该产品的社会必要劳动时间。所谓社会必要劳动时间,是指在现有社会正常的生产条件下,在社会的平均数量程度和劳动强度下,制造某种使用价值所需的劳动时间。劳动生产率偏高的国家或地区,生产同一旅游产品所必需的社会必要劳动时间少,该产品只需以较低的价格销售出去,所有劳动消耗可以得到补偿;而劳动生产率低的国家或地区,情况正好相反,必须以较高的价格销售产品,生产过程中的劳动耗费才能得到补偿。在国际旅游市场上,旅游产品的价值和价格是以国际社会必要劳动时间来计量的。生产率高的国家或地区,企业生产某一旅游产品的个别劳动时间往往低于国际社会必要劳动时间,而出售旅游产品的价格等同于国际社会必要劳动时间所决定的价格,产品的价格高于价值,企业可以获得较高的利润。劳动生产率低的国家和地区,企业生产该种旅游产品的个别劳动时间往往高于国际社会必要劳动时间,但其产品仍需按照国际社会价值决定的价格出售,该产品的价格就低于价值,劳动耗费得不到补偿,企业就无利润可言。因此,对于不同的旅游经营企业来说,努力改善经营管理水平,努力提高劳动效率,才能在竞争中占据主动。

2)市场供求关系决定着旅游产品的现实价格

旅游产品无论其价值量的大小,都必须拿到市场上进行交换,其价值和使用价值才能实现。而产品在交换过程中,其价格不可避免地受到供求关系的影响。可以说,在价值量一定的情况下,旅游产品的现实价格很大程度上取决于旅游市场上供需双方的关系变化。供大于求时,旅游产品价格趋于下降;供不应求时,旅游产品价格倾向于上升。

3）市场竞争状况决定着旅游产品的成交价格

旅游市场上的竞争，既有供给者之间的竞争，也有需求者之间的竞争，还有供给者与需求者之间的竞争。旅游供给者之间的竞争是卖主争夺买主的竞争，会使旅游产品的市场成交价实现在较低的价位上；旅游需求者之间的竞争是买主争夺产品的竞争，会使旅游产品的市场成交价实现在较高的价位上；而出现供需双方的竞争时，供给者坚持要以较高的价格将产品卖出，需求者坚持要以更低的价格买到合适的产品，双方力量的对比最终将决定成交价格是向上倾斜，还是向下倾斜，但是向下倾斜的量不能超过旅游经营者所能接受的最低价格，向上倾斜的量也不能超过旅游消费者所愿支付的最高价格，否则买卖就不能继续进行。

总之，旅游市场竞争状况决定着旅游产品的市场成交价。只是在不同时期，竞争状况并不相同，导致了旅游产品的成交价格，在不同企业中会发生相应的变化。

4）政府的经济政策调节着旅游产品的交易价格

在市场经济中，价格虽然可以敏感地反映供求关系的变化，反映资源的稀缺度。但是，市场机制和价格机制并不能完全解决市场运行中存在的问题。旅游目的地国家为了对市场进行宏观调控，实施其经济发展战略，必然要制定一系列的宏观经济政策，其中也包括价格政策。这些政策和措施作用于旅游市场，最终还要通过市场价格体现出来。对维护市场秩序、保护消费者利益和保障企业经营活动的顺利进行，发挥着积极的指导作用。例如，近年来，随着旅游业的快速发展，我国许多地区的旅游饭店数量剧增，很快出现了供过于求的情况。为了争夺顾客，很多饭店盲目削价，造成了市场的恶性竞争。为此，国家有关部门及时制定相应的政策，对饭店业的价格进行干涉，如规定涉外饭店客房租金的最低价格、规定客房价格的浮动幅度等，客观上保护了饭店业的整体利益。

综上所述，旅游价格的制定一般以经营者所能接受的最低价格为下限，以旅游消费者所愿支付的最高价格为上限，旅游市场成交价居于上限和下限之间，并在市场竞争状况和政府经济政策的指导下，上下波动。当然，在特殊情况下，旅游产品的成交价格甚至可能低于旅游经营者一般所能接受的价格下限。此原理如图4.1所示。

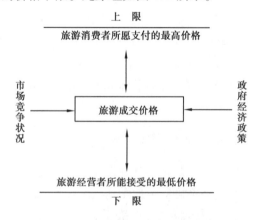

图4.1 旅游产品价格形成的机理

4.3.2　旅游产品价格的影响因素

在旅游市场交换中所形成的旅游产品价格,受到价值量、供求关系、竞争状况等多种因素的影响,这些因素在市场运行中相互作用,共同决定着旅游产品价格的水平。

1) 影响旅游产品价格形成的可控因素

旅游产品价格的形成首先取决于旅游厂商自己可以控制的因素。它具体包括以下 4 个方面:

(1) 旅游产品成本

旅游产品在生产与流通过程中耗费的物化劳动及活劳动构成了旅游产品的成本。为了保证再生产的实现,通过产品销售,企业既要收回成本,同时也要有一定的盈利。因此,产品成本是企业在正常经营环境中定价的最低点。在市场竞争中,旅游产品成本低的企业,对价格制定拥有较大的主动性,在市场竞争中占据有利地位,能获得较好的经济效益;反之,旅游产品成本高的企业在市场竞争中处于被动地位。

(2) 旅游产品特色

旅游产品特色是指唯我独有的东西,具有稀缺性,甚至还有一定的垄断性。它可以是产品的造型、质量、功能、服务、品牌等,能反映旅游产品对消费者的吸引力。旅游产品具有特色,该产品就有可能成为名牌产品、时尚产品、高档产品或特殊产品,会对消费者产生较强的吸引力。该产品在定价时就占有优势,其价格要比同类产品高。

(3) 推销能力

推销能力包括营销渠道的宽度和开展促销活动的能力。在旅游产品定价中,企业自身的推销能力也很重要。推销能力强的厂商,有利于在既定价格水平下更好地完成销售任务。因此,推销能力强的厂商就可能在同等条件下制定较高的价格,从而获取更大的利润。

(4) 定价目标

定价目标是指企业制定产品价格的目的与水平。企业在制定价格时,要受到定价目标的影响和制约,价格必须服从定价目标,以利于更好地实现企业目标。

2) 影响旅游产品价格形成的不可控因素

旅游产品价格的形成除了受可控因素的影响与制约外,还要受到旅游厂商不可控因素的影响与制约。主要指以下 3 个方面:

(1) 旅游目的地国家或地区自然条件与季节性差异

因为旅游资源分布不均衡、季节性等原因,使旅游业存在热点、冷点,有旺季、淡季之分,所以出现了旅游产品价格的地区差价与季节差价。同类旅游产品由于地点、时间不同,价格也不同,从而影响着旅游产品价格的形成和变化。

(2) 通货膨胀

旅游产品价格还与一个国家或地区的通货膨胀率有直接关系。在其他条件不变的情况下,旅游目的地国家或地区的通货膨胀率高,旅游产品价格随之就高;反之,通货膨胀率低或在不存在通货膨胀的情况下,旅游产品价格就低。一般而言,通货膨胀率达到10%以上,会造成旅游企业成本费用的提高,如果不相应地提高旅游产品价格,旅游企业就面临着亏损的风险。

(3)不同国家货币的币值和汇率

由于纸币在世界各国不能自由流通,因此,在国际旅游中,一个国家的游客到另一个国家去旅游,到达目的地后需要将本国货币兑换成旅游目的地国家的货币。汇率就是两种不同货币之间的比价,即一国货币单位用另一国货币单位所表示的价格。兑换比例取决于旅游目的地国家的政府机构以各国货币的比值为基础所公布的汇率。现在,影响汇率变动的主要因素还有国际收支状况、银行利率的波动、通货膨胀率的高低、政府的货币政策、外汇交易者的主观预期心理。在众多因素的影响下,汇率一直处于波动状态。对国际游客来说,汇率的变动实际上就是旅游产品价格发生了变化。

4.3.3 旅游产品价格制定的目标

旅游企业在制定旅游产品价格之前,首先必须确定价格制定的目标。旅游产品价格制定的目标是指旅游产品的价格在实现后应达到的企业目标,是旅游企业价格决策的依据。旅游企业选择何种定价目标,直接关系到旅游企业价格策略和定价方法的选择。不同的厂商有不同的经营目标,同一厂商在不同时期也可能有不同的经营目标。因此,与旅游企业生产经营目标的多样性相适应,旅游产品价格制定的目标也是多样的。

1)产品目标

产品目标是旅游企业为了反映产品特色,提高游客满意度而制定的目标。它具体包括以下3种:

(1)反映产品质量的目标

旅游产品价格的制定要反映出旅游产品质量。在商品经济条件下,价值规律决定旅游产品的价值取决于生产它所耗费的社会平均劳动量。旅游产品的价格要以价值为基础,它同旅游产品的质量目标要求基本上是一致的。因此,在制定旅游产品价格时,高质高价,低质低价,切实维护游客和旅游产品经营者的利益。

(2)树立产品质量领先的目标

树立产品质量领先的目标是指旅游企业为了使自己的产品和竞争对手区别开来,树立高品质产品形象,提高产品竞争力而采用的一种定价目标。追求产品质量领先反映着企业的发展理念和经营水平,在旅游市场上处于领先地位或有一定品牌影响力的企业,其产品也通常处于市场领先和高质量状态,产品定价时应采取高价策略,强化自己产品质量领先的地位。

(3)反映产品垄断性的目标

构成旅游产品的某些垄断资源,它们在世界上是独一无二的,以它们为基础开发出来的旅游产品具有较大的稀缺性,如长城、故宫、兵马俑等。这种稀缺性反映在价格上就产生了垄断性。即使产品的定价很高,仍然可以吸引较多的游客。

2)利润目标

利润目标是指旅游企业出于对收益的追求而制定的目标。它具体包括以下 4 种:

(1)获取适当投资收益率

企业对于所投入的资金,都期望在预定时间内收回,并从中获得一定的报酬。因此,旅游企业在对产品进行定价时,一定要根据投资额规定的收益率计算每一单位的旅游产品的利润额,再加上单位产品的成本作为该产品的出售价格。旅游企业采用此定价目标时,要注意预期的收益率不能低于银行的贷款利率或存款利率。若投资来源为政府调拨资金,预期的收益率则要高于政府投资时规定的收益指标;否则,企业制定的产品价格就不能带来相应的投资报酬。

(2)获取平均利润

当旅游企业的管理、经营能力及管理水平在同行业中都处于中等地位时,旅游企业往往以获取平均利润作为定价的目标。

(3)获取满意利润

满意利润是指低于当前的最大利润,但能够被旅游企业的经营管理者和股东所接受的利润。最大利润因目标高、难度大,往往只是一种理论和理想状态。在企业的实际运作中,旅游产品经营者更多的是以满意利润为目标,以兼顾企业自身的实际利益。

(4)获取最大利润

利润最大化是指企业在一定时期内可能获得的最高利润额。旅游企业生产和经营的目的就是求得价值的增值和利润的最大化。以获取利润最大化为定价目标应当注意两点:首先,最高利润额并不意味着最高的产品价格,利润最大化更多的是取决于合理的价格所推动的需求量和销售规模。其次,利润最大化并不意味着局部利润的最大化和短期利润的最大化,由于局部利润和短期利润的最大化所采取的高价格不能维持太久,还可能因急功近利而造成市场的不良反应,失去开拓更大市场的机会。因此,旅游企业在以追求利润最大化为目标时,更要着眼于整体的、长期的利润最大化。

3)竞争目标

竞争目标是旅游企业出于竞争需要而采取的定价目标。它具体包括以下 3 种:

(1)维持企业生存

维持企业生存目标是指旅游企业在经营发生很大困难时所选择的一种定价目标。当旅游企业遇到竞争过于激烈、成本过高、财务困难、需求严重不足时,维持生存就成为企业运营的首要目标。旅游企业会大幅度降低价格,以保本价,甚至亏本价抛出旅游产品,目的是尽可能收回资金,在激烈的市场竞争中站稳脚跟。这是一种短期的、特殊的定价形式,经过这一定价时期的过渡,旅游企业要么摆脱困境,恢复正常的价格水平;要么长期没有盈利,最后退出市场竞争。

（2）应对与防止竞争

应对与防止竞争目标是指旅游企业通过服从竞争需要来制定旅游产品的价格。不同实力和规模的旅游企业，它们在市场中的竞争地位不一样，面临的竞争状况也不相同。为了应对与防止竞争，适应复杂的竞争环境，竞争对手的价格往往成为旅游企业定价的基础。实力较弱的旅游企业，其定价一般跟随竞争对手的价格，与之相同或略低；实力雄厚的旅游企业，其定价的自由度比较大，可以采用比竞争对手低的价格来扩大市场占有率，也可以在开始时把价格定得很低，以此来迫使弱小竞争者退出市场，或者防止潜在的竞争对手进入市场。

（3）稳定市场

稳定市场目标是指旅游企业在旅游市场的竞争和供求关系比较正常的情况下，以稳定的价格获取适当的利润。旅游企业要保持价格的稳定，必须和经营同种旅游产品的其他企业达成共识，制定出大家都能认可的价格，并且保持一段时期不变。企业采取这种定价目标，目的是避免同行之间不必要的价格战，保证各企业都能从市场中赚取一定的利润。价格稳定不仅可以避免压价竞争带来的不利影响，而且可以使企业树立良好的形象，有利于企业的长期发展。

4）营销目标

营销目标是指旅游企业出于营销需要而采取的定价目标。它具体包括以下3种：

（1）销售量最大化

销售量的提高意味着目标市场购买频率提高，或者是市场占有率的提高。目标市场对产品购买频率的提高说明该产品已被游客接受，达到了吸引与满足游客的目的。市场占有率是指某一企业的产品销量或收入占同类产品市场销售总量或总收入的比重。市场占有率的提高是一个企业综合实力提高的结果，标志着该企业在市场竞争中处于有利地位。这些都能提高销售量进而促进销售额的增加。对于企业的长期发展来说，销售量及现金流量的增加比总利润增加更为重要。要使销售量在现有程度上继续扩大，需要采取更合适的价格策略。

（2）市场份额最大化

市场份额是指一个企业的销售量（或销售额）在市场同类产品中所占的比重，直接反映企业所提供的商品和劳务对消费者和用户的满足程度，表明企业的商品在市场中所处的地位。对于长期经营的企业，扩大市场份额远比扩大销售量重要。较多的市场份额必然会对销售量的提高产生有利的影响，而且有利于提高投资收益率。市场份额较多的企业，通常具有较强的市场力量，其营销策略的制定与实施也更具主动性，这些企业还可以通过自己的优势，形成市场上的领导力量，左右其他追随企业的营销活动。

（3）保持与分销渠道的良好关系

分销渠道是指某种产品和服务在从生产者向消费者转移的过程中，取得这种产品和服务的所有权或帮助所有权转移的所有企业和个人。多数旅游企业没有足够的实力单独进行直接销售,很大一部分销售工作由中间商去完成。旅游中间商从该企业产品的销售中获取一定的利益。不同的价格水平会对中间商的利益产生不同影响,因此,要提高中间商销售本企业产品的积极性,就应完善能保证中间商利益的各种条件,合理的旅游价格的制定是其中很重要的一个因素。

4.3.4　旅游产品的定价方法

1) 成本导向定价法

成本导向定价法是指以旅游产品的成本作为主要依据的定价方法。旅游产品种类较多,由于各种产品在成本的计算方法上不同,在以成本为基础核算利润的方法上也不同,因此,成本导向定价法又可分为成本加成定价法、目标收益定价法、盈亏平衡定价法和边际贡献定价法。其中,成本加成定价法、目标收益定价法是企业在盈利点上的定价方法,盈亏平衡定价法是企业在保本点上的定价方法,边际贡献定价方法是企业在亏损点上的定价方法。

(1)成本加成定价法

这种方法是指在旅游产品的单位成本之上加上一定的毛利计算出单位旅游产品的价格。毛利通常要包括产品的营销费用、税金、预期利润等。其计算公式为:

$$单位产品价格=单位产品成本×(1+成本利润率)$$

成本加成定价法以成本为主要考虑因素来制定价格。其优点是计算简单、方便易行、有利于经济核算。如果所有企业都采用此方法定价,可以缓和企业之间的价格战,因为以成本为基础,表面上对供需双方都比较公平。不足之处在于忽视了旅游产品的无形性,没有考虑旅游市场的其他因素,如竞争对手、消费趋势等,不能使企业获得最佳经济效益。该方法主要用来制定旅行社产品、饭店餐饮食品的价格。

(2)目标收益定价法

这种方法是指旅游企业根据其总成本及预测出来的总销售量,确定一个目标收益率,计算旅游产品的价格。其计算公式为:

$$单位产品价格=\frac{总成本+目标利润}{预期销售量}$$

目标收益定价法是饭店常用的定价方法。客房的理论成本是以客房出租率达到100%时发生的客房总成本,除以饭店可供出租的客房总数得出的平均成本,由平均成本推算出的价格为平均房价,它是饭店制定总体房价的参考线。饭店业中经常使用的定价方法还有千分之一法,它是目标收益定价法的特殊形式和具体应用。千分之一法参考饭店的造价计算客房价格。计算中所采用的成本应包括饭店占用的土地使用费、建造费及设施设备成本。其计算公式为:

$$平均每间客房租价=(土地使用费+造价+设施设备成本)/客房总数×1000$$

饭店之所以采用千分之一法是因为:饭店建筑所需的资金一般占总投资额的60%～70%,客房的价格与造价直接相关。人们认为如果客房价格占总造价的千分之一,饭店就可获利。这一方法的不足在于:忽视了旅游目的地物价上涨的因素,用以前的建筑费用来计算现在的房价,往往达不到预期的收益目的。

（3）盈亏平衡定价法

这种方法又称保本定价法,是指旅游企业根据产品的成本和估计的销量计算出产品的价格,使销售收入等于生产总成本。其计算公式为:

$$单位产品价格=单位产品的变动成本+\frac{固定成本总额}{估计的销售量}$$

盈亏平衡定价法是企业对于各种定价方案进行比较选择的参考标准。以其他方案制定出来的价格如果高于盈亏平衡价格,企业就盈利;如果低于盈亏平衡价格,企业就亏损。

（4）边际贡献定价法

这种方法又称变动成本定价法,是旅游企业根据单位产品的变动成本来制定产品的价格,制定出来的价格只要高于单位产品的变动成本,企业就可以继续生产和销售,否则就应该停产、停销。而单位产品的预期收入高于变动成本的部分就是边际贡献。

边际贡献定价法是企业在特殊时期,不以营利为目标,希望尽量减少亏损的一种定价方法。

2）需求导向定价法

需求导向定价法是指以市场中现实的消费者可以接受的价格为参考来确定产品价格的方法。采用需求导向定价法定价时,企业尽管仍要考虑产品成本因素,但已不是定价的主要依据,企业定价主要是依据消费者对产品价值的认可程度与市场的需求强度。同样成本的产品,消费者偏好,市场需求量大,价格就可以定得高些;反之,就应降低价格。需求导向定价法主要有以下4种:

（1）理解价值定价法

理解价值定价法是指根据游客对旅游产品价值的理解和认可程度为依据来制定价格的方法。尽管每一种旅游产品实际价值的确定,都有其客观的依据,但以此衡量出来的价值量的大小,不一定都为游客所认同。因此,旅游企业要正确把握游客的消费心理,分析它们的价值观,使企业制定出来的价格能够适合游客的判断。此外,旅游企业也要积极应用各种营销手段和方法,对游客施加影响,使游客对产品价值的理解与企业保持一致,以便争取定价的主动性。

（2）区分需求定价法

区分需求定价法又称差别定价法,是指同一旅游产品,旅游企业针对不同的旅游需求时间、地点、收入等制定不同的旅游价格。具体做法有以下3种:

①针对不同旅游消费者的差别定价。不同的旅游消费者,他们的背景不同、收入不同,消费水平也不相同,针对他们实施不同的产品价格,可以增加企业的销售量。我国许多旅游景区对于国内游客和国际游客,门票价格会有所差别。

②针对不同消费地点的差别定价。同一旅游产品,如果销售的地理位置不同,经营环境发生改变,旅游产品的价格也可相应作出调整。例如,旅游热点地区的三星级旅游饭店,在

制定客房售价时就可以高出其他地区三星级饭店的客房售价。

③针对不同需求时间的差别定价。即在不同的时间和季节,对同一旅游产品制定不同的价格。

（3）习惯定价法

某些旅游产品,游客在长期购买使用中已经养成了一种习惯,比较习惯于接受以往消费中对旅游产品属性和价格的印象。旅游企业对这类产品进行定价时,价格水平应该稳定在消费者的默认值范围内。因此,企业向市场提供新的旅游产品时,不管新产品的生产成本怎样变化,只要产品的基本功能与用途没有发生大的变化,就不要轻易改动其价格,因为涨价可能引起游客抵制购买新产品,影响销售量,而降低价格则会引起消费者怀疑产品的质量。这种定价方法主要针对的是游客在购物上的心理惯性和心理倾向,适用于旅游需求弹性较大,经营时间较长、较稳定的产品。例如,长期经营的老饭店,无论是为了应付市场竞争,还是由于经营成本的增加或降低,企业都应按照消费者的习惯价格来定价,不要轻易变更,以免引起老顾客的反感和转移。若原材料的成本上涨,饭店可压缩规定的服务内容,或适当减少餐饮分量,而不是提高单位产品的价格。若原材料成本下降,企业一般也不宜采取降价措施,而是要通过增加服务项目、提高服务水平和产品创新等措施,去赢得更多的客户。

（4）反向定价法

这种方法又称可销价格倒推法,首先以消费者对某种产品能够接受的价格作为市场销售价格,然后再倒推算出产品的价格。这种定价方法显然没有与生产成本直接发生联系,而是在制定价格之前,首先进行市场调查,确定出购买者的可接受价格。具体可采取以下3种方法:

①主观评估法。由企业内部有关人员通过对市场的调查,与市场上的同类产品进行比质比价,以及对消费者购买力与消费偏好等方面的分析,对市场消费价进行评估确定。

②客观评估法。由企业外部的有关部门与消费者代表,对商品性能、效用以及消费者对其的偏好程度等方面进行评价、鉴定与估价。

③实销评估法。征得消费者对产品的实地销售价格的评价,判明试销价格的可行性,再进行价格的最后确定。

3）竞争导向定价法

竞争导向定价法是指旅游企业以同类旅游产品的市场竞争状况为依据,参照竞争对手的价格来制定本企业的产品价格。在这种定价法中,竞争是定价要考虑的中心,竞争对手的价格是定价的出发点,而产品的成本、市场需求强度却不会对企业定价产生直接影响。竞争导向定价法具体又可分为以下两种:

（1）率先定价法

率先定价法是一种主动竞争的定价方法,是指旅游企业根据市场竞争状况,结合自身实力,率先打破市场原有的价格格局,制定出具有竞争力的产品价格。企业采用率先定价法的关键做法是:比较、分析、定位、跟踪。具体来说,首先,企业要把产品的估算价格与市场上的竞争产品价格进行比较,分出高于、低于、一致 3 个层次;其次,将产品的功能、特色、质量、成本等与竞争产品进行比较,找出优劣;再次,结合企业目标对以上情况进行综合分析,确定出合理的产品价位;最后,还要跟踪竞争产品的价格变化,及时对本企业的价格定位作出调整。采用率先定价法制定价格是针对竞争对手的知己知彼行为,具有很强的竞争力,往往会引发市场的强烈反应,带来一系列的连锁变化。这些反应和变化都要求率先定价的企业及时去捕捉、判断和应对。因此,采用率先定价法的旅游企业一般要有雄厚的实力,或者在产品上具有竞争对手无法比拟的特色优势,这样,企业才能在自己引发的价格战中居于主动地位。

(2)随行就市定价法

随行就市定价法是指旅游企业根据市场上同类旅游产品的现行价格进行定价。也就是说,本企业制定出来的产品价格要与该类产品的现行价格大致相当,而现行价格通常是本行业的平均价格水平。在有众多同行互相竞争的情况下,企业采取这种定价方法,一方面,可以避免因为价格过高或过低而带来的市场压力;另一方面,企业也可以获得适当收益。这种定价方法,对旅游企业内部各企业之间协调的冲击性较小,也是各方都易于接受的定价方法。中小企业尤其乐于采用这种定价方法。

4.3.5 旅游产品的定价策略

旅游产品的定价策略是指旅游企业为达到企业的经营目标,在制定旅游产品价格时所采用的计策和谋略。一定的定价方法,总是伴随着一定的定价策略进行的。旅游企业必须根据旅游市场的具体情况,从定价目标出发,采用灵活适度的定价策略,才能适应千变万化的市场需要,实现企业的经营目标。常见的旅游产品定价策略主要有以下几种:

1)新产品定价策略

新产品定价在企业运营中是非常重要的一个环节,新产品定价策略的选择关系着企业的成本和利润,也影响着企业的市场竞争状况和市场占有率。一般来说,新产品定价策略有以下 3 种:

(1)撇脂定价策略

撇脂定价策略是指企业在产品生命周期的初期,为了迅速收回新产品的投资成本并盈利而采取的一种高价策略。撇脂原指在鲜奶上撇取奶酪,含有取其精华之意,现为制定高价。

这一定价策略应具备的条件是:此种旅游产品比以往的同类旅游产品有明确的优势,或者是独具特色并为消费者所接受的新产品。短期内竞争对手不容易模仿或生产出与其性能相似的产品。目标市场对价格不太敏感,新产品的需求价格弹性较小。

撇脂定价策略的优点是:迅速收回投资,短时间内实现利润最大化,为以后降低价格留有很大的空间,稳定市场占有率。另外,高价会产生质量高的印象,有利于企业树立形象。但这种定价策略的不足之处是:高价可能会引起消费者的反感甚至抵触,从而影响销路。另外,高价、高利会导致竞争者蜂拥而至,不利于长期占领市场。因此,采用这种价格策略,必须搞好产品定位,加强促销活动,确保旅游产品的质量。

(2)渗透定价策略

渗透定价策略又称低价策略,是指企业在推出新产品时,在产品价格的可行范围内尽可能制定低价。企业采用这一策略的着眼点在于:低价薄利多销,使自己的产品能尽快地渗透市场,获取一定的市场份额,或尽早取得市场支配地位,防止竞争对手进入市场。

渗透定价策略应具备的条件是:产品的市场规模较大,尤其是存在强大的潜在竞争;消费者对产品的价格敏感程度高,产品的需求价格弹性较大;企业人、财、物充分,能迅速扩大产品的供给能力,大批量生产能显著降低产品成本。

渗透定价策略的优点是:通过低价策略,可以迅速打开市场销路,增加销售量,扩大市场占有率,并能有效阻止竞争者进入市场。其缺点是:由于产品定价很低,在短期内无法获得足够的利润来弥补新产品的开发和研制费用。因此,生命周期短的产品不宜采用这一策略。此外,旅游产品定价很低,易使消费者怀疑产品的质量,往往难以树立企业良好的社会形象。

(3)满意定价策略

满意定价策略是介于撇脂定价策略与渗透定价策略之间的中位定价策略。通常是按行业平均利润与价格水平来制定价格。这种定价策略,兼顾了供求双方的利益,一方面会使企业有稳定的收入;另一方面又使消费者满意。这种策略已被广泛采用。但是,采用这种策略也有不足之处,由于产品的定价是被动地适应市场,而不是积极主动地参与市场竞争,因此,企业可能难以灵活地适应瞬息万变的市场状况。

2)心理定价策略

心理定价策略是指在充分考虑旅游消费者不同的消费心理,特别是对不同产品价格的不同心理反应的基础上,区别不同旅游产品而采取的灵活的定价策略。心理定价策略主要有以下4种:

(1)尾数定价策略

尾数定价策略又称非整数定价策略,是指企业在定价时有意保留产品价格的角、分尾数,制定一个不同于整数的价格。例如,1元一件的产品可以定价为0.99元或0.98元,这种定价会使消费者在心理感受上产生差异,一是会使消费者认为这种价格是通过准确计算得来的,对价格产生信任感,感觉物有所值;二是会使消费者认为0.99元是角的概念,而不是元,造成便宜的感觉;三是可以满足消费者购物图吉利的心理,根据不同民族或地区的人们对数字的喜好不同,可采用不同的尾数,如中国人喜欢价格以数字"6""8"结尾,美国人喜欢以数字"9"作尾数等。

(2)整数定价策略

与尾数定价策略正好相反,整数定价策略是指企业有意将产品价格定为整数,以显示产品具有一定质量。整数定价多用于价格较贵的产品,而对于价格较贵的产品,消费者一般更注重其产品质量,而不在乎角、分上的差异。此外,对那些产品成本难以具体计算的产品,更应以整数定价。如旅游景点的门票价格,就应以整数定价。

（3）声望定价策略

声望定价策略是指具有一定声望的旅游企业对具有较高知名度和较高信誉的旅游产品制定高价。这种策略主要是针对消费者求名、求胜、现实优越感的心理而制定的，适用于那些经营时间比较长、在同行中声望较高、口碑较好的产品。例如，在本地区享有盛誉的老字号饭店、曾接待过国内外政要的饭店等，游客选择其入住，更多的是要表明自己的地位，显示自己的优越感。因此，饭店管理人员就应对客房制定高价，这是合乎顾客要求的。如果降低价格，反而不能激发客人的购买兴趣。

（4）招徕定价策略

招徕定价策略是指企业有意识地把一部分产品价格定得很低。其目的是通过这些低价产品吸引更多的游客前来购买以便连带销售其他产品，从整体上提高企业的销售收入，增加盈利。例如，某些旅游购物品经销商店，会把店中的几种物品价格定得很低，吸引游客前来消费，进而带动对其他物品的销售。这样，即使部分产品不盈利甚至亏损，商店也可以从其他物品的价格和销量中得到补偿和盈利。

3）折扣定价策略

折扣定价策略是指旅游企业在产品交易的过程中，保持产品的基本标价不变，而通过对实际销售价格的调整，把一部分利润转让给消费者，鼓励消费者购买，并以此来扩大产品销售量，维护和提高市场占有率。折扣定价策略主要有以下 3 种：

（1）季节折扣策略

季节折扣是指旅游厂商在经营过程中，当产品在销售淡季时给予游客一定的价格折扣。旅游产品的季节性很强，采用季节性折扣策略可以使旅游厂商的设施和服务在淡季时能被充分利用，有利于旅游厂商的常规经营。在发达国家，很多饭店不仅在旅游淡季时采用打折的降价策略，而且在周初、周末，当空房数量增多时，也灵活采用折扣策略，以吸引家庭度假游客。使用季节折扣要注意，折扣价格的最低优惠度一般不应低于旅游产品的成本，尤其是变动成本。

（2）数量折扣策略

数量折扣策略是指根据顾客购买旅游产品的数量或金额来决定的所打折扣的幅度，购买的数量越多、金额越大，折扣率就越高，这是鼓励消费者大量购买并频繁购买的一种折扣策略。

（3）现金折扣策略

现金折扣又称付款期限折扣，是指旅游企业对现金交易或按期付款的旅游产品购买者给予价格折扣。企业采用这种定价策略，目的是鼓励旅游消费者按时付款或提前付款，以便尽快收回资金，加速资金周转。给旅游消费者的现金折扣率一般要高于同期银行贷款利率。

4）阶段定价策略

阶段定价策略是指根据产品生命周期的不同阶段，即导入期、成长期、成熟期和衰退期，利用每个阶段产品的不同质量、成本、供求关系等对价格的影响和要求,所制定的有利于本企业的一种价格策略。这种定价策略若运用得当,可扩大产品的销售,增强产品的竞争力,延长产品的生命周期,为企业求得最大的经济利益。在产品导入期,价格策略主要有高价和低价;在产品成长期,原来的高价和低价逐步转为正常价格;在产品的成熟期,如果产品的利润水平过高,可适当降低价格,以保护产品的竞争力;在产品的衰退期,应着眼于最大限度地挖掘产品在生命周期最后阶段的经济效益。因此,总的还是采用低价策略。根据具体情况,可分别采取维持价格和驱逐价格两种策略。

4.4　旅游产品价格的监管

价格管理是国民经济管理的重要组成部分。可以说,当今世界上,几乎没有一个国家对市场价格不实施一定的干预政策,只是表现为干预程度、干预形式不同而已。

4.4.1　旅游产品价格监管的作用

1)促进旅游市场机制作用的发挥,维护竞争秩序

市场机制是资源有效配置的基本机制之一。只有在国家合理有效的干预下,市场机制才能正常运转,竞争才能有效充分展开。价格是市场机制的核心,完全自由的价格调节并不能保证价格体系的合理化,混乱的价格极易导致价格体系的崩溃,导致资源配置的失衡。完全依靠市场价格的波动来调节经济活动具有很大的盲目性,在很多情况下不一定能反映市场供求的真实情况。因此,国家必须采取有效的管理措施,对市场价格的波动实施一定程度的干预,以保证市场体制的正常运转,维护市场竞争的正常进行。

2)防止旅游市场价格大起大落,保持旅游业稳定发展

在市场经济条件下,价格的起伏涨落是由市场供求关系所决定的。旅游也是十分敏感的行业,由于某种原因而导致市场上的供求关系发生急剧变化的现象会经常发生,从而造成市场上价格的大起大落,这对于社会经济正常运行和旅游业的稳定发展都极其不利。因此,政府对市场价格进行有效的管理,给予正确的引导,是完全必要的。

3)加强旅游市场价格管理,保护广大消费者的利益

在激烈的市场竞争中,一些企业往往不是采用正当手段去获取利益,而是采取一些不正当的手段牟取暴利。突出的是采取价格欺骗的方式,这是某些旅行社在经营中经常采用的手段。由于旅游活动的异地性,旅游者一旦参加了某一旅游团,他对产品购买的选择权就基本结束,而在旅游活动中是否能真实地实现原有的承诺,游客在购买时是无法得到证实的。因此,为了防止旅游活动过程中价格欺诈现象的发生,维护游客的利益,政府有关部门必须

对旅游价格进行有效的管理和监督。

4.4.2 旅游产品价格监管的形式和手段

1)旅游产品价格监管的形式

（1）市场调节价

市场调节价是指由经营者自主制定,通过市场竞争形成的价格。对市场调节价的理解应当把握以下几点：

①市场调节价是由市场主体即经营者制定。这种市场主体就是市场经济条件下自负盈亏、自主经营的经营者,他们依据生产经营成本和市场供求状况等决定自己经营产品的价格。

②市场调节价是由经营者在经营过程中自主制定的价格。所谓自主,一是表示市场调节价,它是经营者按照自己的意愿制定和调整的价格;二是表示经营者在制定价格时,主要依据生产经营成本和市场供求关系来决定价格的高低,经营者的定价权力不受任何单位和个人的干涉。

③市场调节价是一种竞争性的价格。经营者具有自主的定价权,这只是市场调节价发挥作用的必要条件,而不是充分条件。让市场调节价发挥合理配置资源的作用还要求经营者之间有充分的竞争关系。因为经营者有了自主权后,就要寻找一种对自己有利的经营条件,经营者之间将会产生排他性。如果没有竞争,经营者的定价自主权就可能变成垄断权。

④市场调节价又是经营者依法制定的价格。经营者虽然是自主制定价格,不受任何单位和个人干涉,但经营者必须是在遵守国家的法律、法规、规章和有关政策的前提下,自主制定价格,不能实施任何违法行为。

（2）政府指导价

政府指导价是指由政府价格主管部门或其他相关部门,按照定价权限和范围规定基准价及其浮动幅度,指导经营者制定的价格。对政府指导价的理解应当把握好以下3点：

①政府指导价的定价主体是双重的,即由政府和经营者共同制定价格,其中,第一主体是政府,第二主体是生产经营者。

②第一定价主体即政府必须按照规定的定价权限和范围,先制定一个基准价及其浮动幅度。

③政府指导价是两个定价主体结合的产物。政府制定一个基准价及其浮动幅度后,经营者可以在这一基准价及其浮动幅度的范围内自主制定价格。

（3）政府定价

政府定价是指由政府价格主管部门或者其他相关部门,按照定价权限和范围制定的价格。对政府定价的理解应当把握好以下3点：

①定价主体是政府,是单一主题而不是双重主体。

②政府定价也必须按规定的定价权限和范围进行。

③政府对产品和服务直接制定价格,有很大的强制性和相对的稳定性。

一般说来,只有垄断性的、稀缺的、需要保护的、关系社会稳定和公益性行业的价格需要保留政府定价权。

(4)价格管制

价格管制是指政府根据形势和既定政策,运用行政权力直接规定某些产品的价格或价格变动幅度,并强制执行。这种价格管制不仅不受市场影响,反而影响市场,从而调整供求关系,以满足国家管理的需要和大众的根本利益。价格管制主要有最高限制价格、最低支持价格、双面价格管制和绝对价格管制4种类型。

最高限制价格是指政府对某一产品设定市场最高价,这一设定通常小于市场均衡价格,导致供给的减少,需求大于供给会产生排队、黑市交易、限额购买等现象,造成社会福利的损失,增加社会成本。最低支持价格是指政府对某一产品设定市场最低价,这一设定通常高于市场均衡价格,导致供过于求。由于多出的部分常由政府购买,如农业,因此,导致政府支出的增加,使政府背上沉重的包袱。两者都会造成资源配置的无效率。双面价格管制是指同时规定最高限价与最低限价。绝对价格管制是指政府对某些产品直接规定的价格。

另外,政府还经常采取配额和颁发许可证的形式,通过调控供给量进而影响价格。

价格管制是一把双刃剑。管制价格的确定,应根据价格管制的目标、市场供求关系、货币供应量、利率、汇率水平等多种因素科学确定,否则可能既达不到价格管制的预期目标,又破坏市场机制的自动发挥,对整体经济运行造成不必要的冲击。

2)旅游产品价格监管的手段

旅游产品价格管理的手段比较多,主要有经济手段、行政手段、法律手段。其中,经济手段是价格管理的主要手段。

(1)经济手段

价格管理中的经济手段,包括政府运用货币投入、银行利率、投资、信贷、税收、补贴及重要物资储备等经济政策和经济手段对市场价格进行有计划的指导和调节,间接控制商品价格的相对水平和物价总水平。比如,当经济发生衰退萧条时,实行扩张性的宏观财政政策和货币政策,以求通过刺激总支出或总需求来使价格回升并加速经济增长;当经济中出现不合理的商品比价关系及由此而导致的资源配置不当时,对那些价格过低和盈利过少的行业或产品,或给予财政补贴,或减免税收,或提供较低利息率的贷款,或是政府组织收购,增大需求力量。

(2)行政手段

价格管理中的行政手段是指运用行政命令,采取行政强制手段来管理和协调各种价格关系的一种方法,如传统的价格监审制、定价许可证制、提价申报制等各种行政规章制度。在有些领域出现法律监督和经济手段干预不够有效的情况下,国家将动用行政力量和权力来直接介入有关价格的决定,即对价格进行直接干预。例如,在旅游旺季因部分旅游产品价格疯涨或某些旅游企业恶性价格战而影响了旅游市场的健康发展,国家可以采取行政手段进行干预。

(3)法律手段

价格管理中的法律手段是指国家通过制定有关价格法律规范来实现对价格的管理。价格法律规范包括价格法律、法令、条例、决定、规定及管理办法等法规形式,国家可以将有关价格的方针、政策,有关管理价格的经济手段、行政手段,有关控制价格机制运行所要遵循的准则,通过法律形式固定下来,赋予其法律效力,使之具体化、条文化、定型化和规范化,实现以法治价。众多的法规条例可以形成一张密实的大网,使企业被紧紧地置于其中,迫使其定价行为和经营行为规范化,并符合国家利益和社会利益。

4.4.3　旅游产品价格监管的内容和组织形式

旅游产品价格的监督检查是指县级以上各级人民政府价格主管部门及受其委托的组织对管理对象执行价格法律、法规、规章和政策情况进行的监督检查活动。

1)价格监督检查的主要内容

(1)宣传国家价格法律和政策,保证其贯彻实行

国家价格法律和政策是国家实行宏观经济管理目标及价格水平控制目标的首要保证,其正确贯彻实施,依赖于全体公民对国家价格法律、政策的认识水平和贯彻国家价格法律、政策的自觉性。因此,开展价格监督检查工作,既要监督检查价格法律、政策的执行情况,及时纠正和处理价格违法行为,又要大力宣传,加强各方面自觉守法的意识,维护法律和政策的严肃性。

(2)监督中央和地方各项价格调控措施的贯彻落实

中央和地方各项价格调控措施是促进国民经济两个根本性转变,实现经济建设的持续、健康发展的重要手段,需要有计划、有步骤地贯彻落实。价格监督检查,通过查处各种价格越权行为和价格违法行为,发挥着推动和保障价格调控措施贯彻落实的作用,从而保证各项任务的顺利完成。

(3)建立完善的价格监督检查网络,有效地规范价格行为

促使商品生产企业积极与监管部门良性互动,建立价格收费目录清单,搞好明码实价工作。通过网络、报纸等平台发布游客普遍关注的景区景点、旅游服务项目收费等价格信息,增强价格监测预警能力,为市场创建一个公开、透明、平等的竞争环境,增强经营者价格诚信的信誉度,促进和保障市场经济的健康发展,切实维护好消费者的价格权益,增强市场监管能力。一旦发现价格运行中的苗头性、倾向性问题,要采取有力措施并加以研究分析,及时解决问题。

(4)加强领导,搞好队伍建设

建立一支高素质的价格监督检查队伍,是我国价格监督检查顺利有效实施的可靠保证,各级组织都要为此而努力。

2)价格监督检查的组织形式

(1)国家监督

国家监督是指各级政府的物价检查机构对价格的监督检查,这是价格监督的主要形式。我国从1983年开始建立各级省、市、县物价检查所,它们是物价监督检查的行政执法机关。

国家监督具有法定性、严格的程序性、强制性和直接效力性等特点。

（2）社会监督

社会监督是指由国家机关以外的社会组织和公民（如消费者组织、新闻媒体、居民或村民委员会及消费者个体等）对价格行为进行的不具有直接法律效力的监督检查。其具有广泛性、标志性和启动性（其积极、主动的监督方式可能引发和启动国家监督机制的运行，导致带有国家强制性的监督手段的运用）的特点。不足之处是缺乏强制性和震慑性。

（3）企业内部监督

企业内部监督是指企业价格管理机构或人员对本单位执行物价政策和纪律的情况实行监督。它与价格的国家监督、社会监督一样，是物价工作的一项重要和必要的内容。企业内部监督的优点是对情况比较了解，能够有的放矢。其缺点是有些监管人员工作缺乏主动性、责任心，对内部违纪现象不闻不问，甚至说情袒护。

本章小结

- 旅游产品价格是游客为满足旅游活动的需要所购买的旅游产品价值的货币表现形式。单项旅游产品和包价旅游产品其价格都是由成本和盈利构成，但成本所含内容不一样。

- 根据不同的划分标准，旅游产品价格可以分为：基本旅游产品价格和非基本旅游产品价格；统包价格、小包价格和单项旅游产品价格；国内旅游价格和国际旅游价格；旅游差价和旅游优惠价。

- 由于旅游产品具有不同于一般产品的特殊性，因此，决定了旅游产品价格具有复杂性、波动性和垄断性的特征。

- 旅游市场竞争分为完全竞争、垄断竞争、寡头垄断、完全垄断4种类型，不同类型的竞争状况对旅游产品价格的制定有重大影响。

- 旅游产品价格的形成是价值理论、市场供求关系、市场竞争状况、政府的经济政策共同作用的结果。旅游产品价格的影响因素分为可控因素和不可控因素。可控因素包括旅游产品成本、旅游产品特色、推销能力和定价目标；不可控因素包括旅游目的地国家或地区自然条件与季节性差异、通货膨胀、不同国家货币的币值和汇率等。

- 旅游产品价格制定的目标有产品目标、利润目标、竞争目标和营销目标。旅游产品的定价方法主要有成本导向定价法、需求导向定价法、竞争导向定价法。旅游产品的定价策略主要有新产品定价策略、心理定价策略、折扣定价策略、阶段定价策略等。

- 旅游产品价格监管可以促进旅游市场机制的正常运转，维护竞争秩序，防止旅游市场价格大起大落，保持旅游业稳定发展，加强旅游市场价格管理，保护广大消费者的利益。旅游产品价格监管的形式主要有市场调节价、政府指导价、政府定价和价格管制4种形式。价格监管的手段主要有经济手段、行政手段和法律手段。价格监督检查的主要内容有宣传国家价格法律和政策，保证其贯彻实行;监督中央和地方各项价格调控措施的贯彻落实,确保价格改革和管理任务的实施;建立完善的价格监督检查网络,有效地规范价格行为;加强领导,搞好队伍建设。价格监督检查的组织形式主要有国家监督、社会监督和企业内部监督。

思考题

1. 旅游产品价格的构成要素有哪些?

2. 旅游市场竞争的类型分为哪几种,不同竞争状况定价的侧重点是什么?

3. 旅游产品的定价原则和目标有哪些?

4. 旅游产品的定价方法和策略有哪些? 如何根据不同市场条件,选择相应的定价策略?

5. 《中华人民共和国旅游法》规定"旅行社不得以不合理的低价组织旅游活动",结合旅游市场案例,谈谈不合理低价游的原因及管理措施。

6. 结合我国的旅游政策法规,分析政府价格监管对促进旅游市场健康发展的作用。

【案例分析】

重点国有景区门票要降价了①

为促进旅游业高质量发展,就完善国有景区门票价格形成机制、进一步增强居民消费意愿,释放旅游消费需求,促进旅游综合消费能级提升,更好满足人民美好生活需要,针对一些地方仍存在部分国有景区门票价格偏高,景区配套服务价格不合理,经营者随意涨价、强制捆绑消费等情况,国家发改委采取一系列措施予以治理。2018年6月发布《关于完善国有景区门票价格形成机制降低重点国有景区门票价格的指导意见》(以下简称"指导意见"),2020年7月发布《关于持续推进完善国有景区门票价格形成机制的通知》,2021年9月发布《关于开展降低重点国有景区门票价格"回头看"工作的通知》,推进重点国有景区降低门票价格,不得提高景区内交通运输等其他游览服务价格,变相增加游客负担。

《指导意见》指出,风景名胜区、自然保护区、文物保护单位、国家公园等是全民所有公共资源,依托这些资源建设的国有景区,应充分体现社会效益,坚持社会效益与经济效益相统一。完善门票价格管理,就是要扭转一些景区过度追求经济效益,重开发、轻保护,忽视社会

① 资料来源:根据中国政府网发布的相关政策整理。

效益和生态效益的局面,逐步向更加注重社会属性、生态属性转变,回归公共资源景区的本质。推进门票价格改革必须秉持旅游为民、旅游惠民理念,按照逐步实现公共资源全民共享、景区服务费用游客合理分担的取向,充分体现公共资源建设的国有景区公益属性。国有景区门票价格形成机制分两步走:2018年,在推进完善国有景区门票价格形成机制同时,降低重点国有景区门票价格要取得明显成效;到2020年,要基本健全以景区正常运营成本为基础,科学、规范、透明的景区门票价格形成机制。

摆脱"门票依赖症",理顺国有景区的功能定位只是第一步,加强国有景区门票定价制度建设才是关键一招。过去,用红头文件禁止价格上涨的监管方式曾频频出招,但这种行政命令式的"一刀切"收效甚微,甚至催生了不少捆绑销售、变相涨价的门票涨价新花招。为了根治"门票依赖症",《指导意见》提出合理界定门票定价成本构成。将门票定价成本严格限定在景区游览区域范围内直接为游客提供基本游览服务所发生的设施运行维护、人员薪酬、财务费用、固定资产折旧等方面的成本支出,以及自然、文化遗产等资源保护支出。科学定价一定要摸清成本,不同景区差异性客观存在,成本不同。明确门票价格合理构成,才能推动国有景区形成既覆盖成本又体现品牌价值的合理票价。

门票价格监管不仅不搞"一刀切",还要实现动态化。《指导意见》要求,建立门票定期评估调整机制。门票价格制定后,每3年进行一次评估,根据景区游客数量变化、运营成本变动、收支节余等情况,以及社会各方面意见,及时调整门票价格。建立健全景区价格失信惩戒机制,将景区扰乱价格秩序行为,作为景区及其主要负责人不良信用记录纳入全国信用信息共享平台,实施失信联合惩戒。部署各地、各景区开展"回头看"工作。要坚持自查与巡查相结合,重点检查与全面检查相结合,发现问题与整改落实相结合,必要时可联合市场监管、文化旅游等部门成立工作专班,统筹推进、务求实效。对发现的问题要切实整改、立行立改。

讨论题:

根据案例,谈一谈国家发改委为什么要推进重点国有景区降低门票价格? 怎样才能科学合理地进行景区门票定价? 降低重点国有景区门票价格有何意义?

拓展阅读

1. 国家发展改革委关于完善国有景区门票价格形成机制降低重点国有景区门票价格的指导意见

2. 国家发展改革委办公厅关于持续推进完善国有景区门票价格形成机制的通知

3. 国家发展改革委办公厅关于开展降低重点国有景区门票价格"回头看"工作的通知

第5章
旅游消费

【学习目标】

- 掌握旅游消费相关概念、旅游消费效果的衡量和评价方法；
- 理解旅游消费转型升级的表现及其途径；
- 能够分析旅游消费的合理化，进行旅游消费效果评价；
- 能够认识到旅游活动对促进人的全面发展、实现美好生活的价值作用。

【导入案例】

有序引导旅游领域绿色消费①

绿色消费是各类消费主体在消费活动全过程贯彻绿色低碳理念的消费行为。近年来，我国促进绿色消费工作取得积极进展，绿色消费理念逐步普及，但绿色消费需求仍待激发和释放。2022年1月，国家发展改革委等七部门联合印发《促进绿色消费实施方案》（以下简称《方案》）提出，到2030年，绿色消费方式成为公众自觉选择，绿色低碳产品成为市场主流，重点领域消费绿色低碳发展模式基本形成。针对旅游消费领域，《方案》提出，将有序引导旅游领域的绿色消费。

旅游业在经济社会高质量发展中发挥着十分重要的作用，绿色发展是旅游业转型升级的必由之路，旅游绿色消费是倒逼生产方式绿色转型的重要推动力。可以从以下几个方面来有序引导旅游领域绿色消费：制定大型活动绿色低碳展演指南，引导优先使用绿色环保型展台、展具和展装，加强绿色照明等节能技术在灯光舞美领域应用，大幅降低活动现场声光电和物品的污染、消耗；完善机场、车站、码头等游客集聚区域与重点景区景点交通转换条件，推进骑行专线、登山步道等建设，鼓励引导游客采取步行、自行车和公共交通等低碳出行方式；将绿色设计、节能管理、绿色服务等理念融入景区运营，降低对资源和环境消耗，实现景区资源高效、循环利用；促进乡村旅游消费健康发展，严格限制林区耕地湿地等占用和过度开发，保护自然碳汇；制定发布绿色旅游消费公约或指南，加强公益宣传，规范引导景区、旅行社、游客等践行绿色旅游消费。

---

① 资料来源：有序引导文化和旅游领域绿色消费［N］.中国旅游报，2022-01-28.（有调整）

促进绿色消费是旅游消费领域的一场深刻变革,要深刻认识绿色消费的意义,必须在旅游消费全周期全链条全体系深度融入绿色理念。

5.1 旅游消费概述

5.1.1 旅游消费的含义

人类消耗生产资料和消费资料来满足自身需要的所有行为与过程都是消费。广义上的消费既包括生产消费也包括生活消费,狭义上的消费仅指生活消费。生活消费是最终消费,是人们消费已生产出的物质资料和服务来满足自己需要的行为,包括满足基本生存需要的消费和享受与发展需要的消费两个方面。其中,基本生存需要的消费是为了维持最低生活需要所必需的最低限度消费;享受与发展需要的消费是为了提高文化素质、智力体力而进行的消费。

改革开放以来,我国的国内旅游消费和国际旅游消费都取得了举世瞩目的成就,对旅游消费概念的研究最早可追溯到 20 世纪 80 年代中期,但对什么是旅游消费,不同的学者存在着不同的定义。主要有两种认识:一是从消费对象角度把旅游消费界定为各种物质产品和服务消费的总和;二是从消费行为角度把旅游消费界定为一种"行为和活动"。这两种定义分别从动态和静态、结果与行为过程进行了分析。因此,旅游消费是指人们在旅行游览过程中为满足个人享受和发展需要而支付货币购买各类旅游产品的行为和活动。旅游消费具体有以下 3 个方面的性质:

1) 旅游消费是一种高层次消费

人类的消费层次包括生存消费、享受消费、发展消费 3 个层次。旅游过程中的消费活动既存在基本的生存需要消费,也存在享受与发展需要的消费。基本的生存消费是任何时候都需要的内容,从旅游消费的初衷和目的来看,旅游消费是人们在基本生存需要得到满足后产生的一种较高层次的消费需要,属于满足享受与发展需要的消费。

2) 旅游消费是一种精神消费

从消费内容上看,旅游消费包括精神和物质两个方面,既包含有形的以商品形式存在的物质产品,也包含无形的以文化形式存在的非物质产品,还包括无形的以服务劳务形式存在的服务产品。旅游消费是为了满足人们精神享乐而进行的消费活动,其中的物质形态旅游产品的消费只是极少的一部分,以物质形态产品为载体的精神产品和服务产品才是游客真正的消费内容。

3) 旅游消费是一种个人消费

从消费主体上看,旅游消费具有个体性特征,属于个人消费的范畴。游客是否选择旅游消费、什么时候消费、消费什么旅游产品、消费层次与消费量怎样等诸多旅游要素,都取决于游客个人的旅游消费倾向、旅游消费习惯、旅游消费能力、旅游消费水平等,最终的旅游消费效果也因人而异。

5.1.2 旅游消费的特点

旅游消费是社会、经济发展到一定阶段的产物,在人们消费中的比例越来越大。旅游消费涉及领域广泛,消费内容多元,具有与一般物质产品和服务产品消费不同的特征。

1)旅游消费的综合性

旅游消费是一个连续的动态过程,贯穿在整个旅游活动之中,综合性是旅游消费最显著的特点。从旅游消费对象看,旅游产品本身就是一个由旅游资源、旅游设施、旅游服务等多种要素构成的综合体,既包含物质因素,也包含精神因素;既有物质形态,又有服务形态;既有劳动产品,又有非劳动的自然创造物等。从旅游消费内容看,旅游活动涉及政治、经济、文化等广泛领域,消费内容包含食、住、行、游、购、娱等诸多方面,是综合性消费活动。从旅游消费的参与部门看,许多经济部门和非经济部门均参与了旅游消费的实现过程,旅游消费是通过众多行业、部门共同作用才得以顺利实现,这从另一个侧面反映了旅游消费的综合性特点。从消费体验看,游客通过旅游消费获得的需要及满足也具有明显的综合性。旅游消费的过程不仅是游客获得精神、物质享受的过程,也是游客增长见识,扩大视野,使体力和智力得到充分的发展,提高游客素质的一条重要途径。

2)旅游消费的服务(劳务)性

旅游消费是一种以服务(劳务)为主的消费。虽然旅游消费中包含一定量的物质产品,但从总体上看,服务消费占主导地位。旅游服务消费是由各种不同的服务组合成的总体,主要包括导游服务、餐饮服务、住宿服务、文化娱乐服务、交通服务、购物服务等。旅游服务一般不体现在一定的物质产品中,也不凝结在无形的精神产品中,而是以劳务活动的形式存在,从而构成旅游产品的特殊形式。旅游服务消费不仅在量上占绝对优势,而且贯穿于游客从常住地到旅游目的地、旅游目的地参观游览、再返回常住地整个旅游消费活动过程的始终。

3)旅游消费的波动性

旅游消费的波动性源于旅游活动对自然环境和社会突发事件的敏感性和较强的恢复弹性。一是旅游消费具有明显的季节性波动特征,因为旅游资源发挥其最大效用的时间往往是特定的,使得旅游消费需求集中在一定时间中,旅游发展表现出明显的淡旺季差异。二是旅游消费容易受到经济形势、国际关系、自然灾害等许多因素的影响,需求弹性比较大。同时,因为旅游消费的成本不高,还是一种极具恢复弹性的消费,所以在经济形势趋紧时,旅游消费成为地方政府刺激需求、扩大消费的重要手段。三是旅游消费的评价没有统一标准,一般具有差异性。因为游客的背景及个性差异明显,所以对同一旅游产品的质量评价有较大的不同。旅游消费的服务(劳务)性特征也加剧了旅游消费评价的差异。

4) 旅游消费的体验性

旅游消费在本质上是精神消费,无论出于什么样的旅游目的,面对任何吸引物,经历了何种旅游行程,旅游消费都给游客带来了一种不同于平常的体验。旅游消费体验过程始于消费之前,贯穿整个旅游行程,并延续到消费之后。同时,旅游消费是一种积极的消费体验,游客参与各类旅游消费,全过程地进行旅游体验,了解新的文化、获得新的知识,实现个人的全面发展。

5) 旅游消费的异地性

旅游消费的异地性是由旅游活动的本质所决定的,旅游服务是无形的、不可转移的,因此,游客必须离开常住地,将自己在目的地之外的经济收入用于在目的地的消费。其经济意义在于游客的消费活动对旅游目的地的影响远远超过对其惯常生活环境的影响,对于目的地而言,游客具有在空间上离开其"个体经济利益中心"的"非居民"身份。旅游消费的异地性也带来了可能的高风险,导致旅游消费购买必然很谨慎,对旅游市场监管和品质保障体系提出了更高的要求。同时,正是因为旅游消费的异地性,也使得旅游消费表现为一种流动性消费,这种流动性特征不仅使旅游消费能够拉动多种产业增长,而且能使不同地区经济受益,有利于国民财富在不同区域间的分配。

5.1.3　旅游消费的作用

旅游消费是一种经济活动,也是一种文化活动,对经济、社会、文化、生态等方面的发展具有重要的作用。

1) 旅游消费能够体现旅游经济的运行效果

旅游经济的运行过程就是旅游产品的生产、交换、消费诸环节周而复始地不断进行的过程,只有各个环节之间相互衔接、平衡协调,旅游经济运转才能顺利进行,而旅游消费是决定旅游经济顺利运行的关键点。一方面,旅游消费是旅游需求得以实现和满足的必要条件。人们产生了旅游需求之后,必须通过购买旅游产品进行旅游消费,才能实现需求的满足,并且,当一般旅游需求得到满足后,又会产生更高层次的消费需求。另一方面,旅游消费真正连接了旅游供给与旅游需求双方,是旅游产品的价值得以实现的过程,也是对旅游经济运行效果的最终体现。正因为有旅游消费,旅游产品的生产才有了目的和对象。如果没有旅游消费,旅游产品的价值就不能实现。此外,通过旅游消费还可以显示整个旅游经济结构是否合理,旅游经济效益是否理想。

2) 旅游消费能够促进旅游产业及相关产业的发展

旅游产业的各种要素及其组织都是围绕旅游消费来进行的,旅游消费需求决定着旅游产品生产,旅游消费的规模决定着旅游产业的发展规模,是旅游产业发展的原动力。同时,旅游消费是一种融合物质消费、服务消费与精神消费为一体的综合性消费,消费对象广泛,与旅游产业外部的多个行业直接相关,对相关产业的带动性比较强。一方面,旅游消费促进了相关产业的发展,拉长了产业链条,具有很强的波及效应和倍增效应。扩大旅游消费,能优化消费结构,从而促进产业结构的优化升级,形成新的经济增长点。另一方面,旅游消费是综合性的最终消费,对扩大内需的贡献比较直接,是扩张社会总消费和带动消费规模增长的有效途径。相对于其他消费商品来说,旅游消费形式多种多样,可以满足不同层次、不同群体的消费需求,最终形成的有购买力的旅游需求总量相当庞大,且有可多次重复消费的特点。

3)旅游消费能够促进人的身心健康和社会和谐

旅游消费是发展性消费,通过扩大旅游消费,不仅仅具有拉动内需、促进现代服务业发展等经济功能,还具有提高居民健康水平、文化修养,实现社会调控等非常广泛的社会功能。通过旅游消费,游客能开阔视野,陶冶情操,得到美的享受,有利于恢复、发展人的智力、体力。高质量的旅游消费,不仅能提高消费质量和层次,而且能提高人的素质,促进人的全面发展。旅游消费是人们进入小康乃至富裕阶段之后较高层次需求的表现形式,作为构建和谐社会的重要元素,旅游消费有着其他产业所不可替代的社会功能和作用。尤其是在经济困难、失业加剧时期,放松身心、积累学识和培养新的技能等积极的旅游休闲形式成为首选,成为人力资本积累和再生产的重要途径。

4)旅游消费能够促进文化传承和文明进步

发展旅游消费,能丰富社会文化,促进社会文明和社会全面进步。"读万卷书,不如行万里路。"我国古代一些文人、诗人,他们通过旅游写下了大量不朽的篇章,极大地丰富了中国文化。明代大旅行家徐霞客遍游祖国名山大川,北至燕鲁,南达云南,写下名著《徐霞客游记》,受到后人的称赞。著名诗人李白在诗中自述:"五岳寻仙不辞远,一生好入名山游。"他有很多诗是通过旅游写的。还有杜甫、白居易等大诗人,也是如此。可见,旅游对发展中国文化有着不可磨灭的作用。至于当代,发展旅游消费,对于发展消费文化、弘扬社会文明的作用,更是不言而喻了。旅游文化是社会文化一个重要组成部分。发展旅游消费,能发掘、弘扬优秀的民族文化,能传播各地、各国优秀文化,有利于培育社会文化机体,提高社会文化水平,促进社会全面进步。

5.2 旅游消费结构

5.2.1 旅游消费结构的分类

人们要满足自身存在和发展的需要,满足物质和文化生活的需要,就要消费各种不同类型的消费资料。在旅游消费过程中,游客所消费的各种不同类型的旅游产品及相关消费资料的比例关系和构成状态就是旅游消费结构。根据不同的分类标准,旅游消费结构可以分为以下不同的类型:

1) 旅游活动"六要素"消费

按旅游体验活动过程的环节,旅游消费被分解为食、住、行、游、购、娱六大要素。"六要素论"是旅游经济研究中普遍采用的分类,也是在通过比较研究方法进行消费结构合理性和高度化判断时的主要标准。游客在其旅游消费过程中,因为个人的旅游目的、兴趣爱好、可自由支配收入、闲暇时间等因素的影响和制约,在旅游消费中表现出不同比例的饮食、住宿、交通、游览、购物、娱乐方面的支出等。从六大要素的角度考察游客的消费结构特征,有助于判断旅游地的性质,分析旅游发展所带来的经济效益及其来源构成,从而制定适当的旅游发展政策。

2) 基本旅游消费和非基本旅游消费

按照旅游消费对旅游活动的重要程度,旅游消费可分为基本旅游消费和非基本旅游消费。基本旅游消费是指进行一次旅游活动所必需的、基本稳定的消费,如旅游住宿、餐饮、交通、游览等方面的消费;非基本旅游消费是指并非每次旅游活动都需要的且具有较大弹性的消费,如旅游购物、娱乐、通信等消费。

3) 实物消费和劳务消费

按照游客所消费对象的物质形态,旅游消费可分为实物消费和劳务消费。实物消费是指游客在旅游过程中消耗的物质产品,包括食品饮料、客房易耗品、购买的纪念品、日用品等实物资料;劳务消费主要是指游客在旅游过程中所消耗的活劳动,包括交通运输服务、饭店住宿服务、餐饮服务、导游服务等。旅游消费对象有的是有形产品,有的是无形服务,还有的是两者的结合。这种结构特点使旅游消费与一般产品消费有很大的区别。对于旅游产品中实物形态的消费,消费对象确切的物理属性和特点使消费感受和评价具有客观的基础;对于纯粹劳务的质量进行评价,完全依赖于服务者和被服务者对服务效果的主观预期;而对借助于物质设施提供的劳务服务,又往往是以上两种情况的综合。

4) 生存性消费、享受性消费和发展性消费

按照旅游消费满足人们旅游需求的不同层次,旅游消费可分为生存性消费、享受性消费和发展性消费。生存性消费是指用于满足人们基本生理需要而进行的消费;享受性消费是指人们在物质生活领域、精神生活领域谋求舒适、惬意和满足而作出的支付选择;发展性消费是指为保证人们的体力和智力在现有水准之上不断获得发展而进行的消费,是人们为谋求机能和智能的进步而选择的一种积极支付。因此,生存性消费是人们的最基本的消费,享受性消费和发展性消费是较高层次的消费。在游客实际的消费结构中,这3种类型的消费实际上并不是截然对立和孤立的,在大多数情况下三者浑然一体,很难严格划分。在满足游

客生存需求过程中必须满足其享受和发展的需要,而在满足游客享受与发展的需要过程中又掺杂着生存需求的满足。例如,消费饭店产品时既要得到基本生理需求的满足,同时,也要求获得精神享受上的满足。进行这种划分,对分析人们消费水平的提高,比较不同阶层和社会集团人们的消费状况很重要。

此外,旅游消费还可以按游客旅游消费的方式划分为散客旅游消费和团体旅游消费,按旅游客源市场划分为不同国家和地区游客消费结构,以及根据游客旅游目的、旅游人口结构、旅游季节和旅游行为划分为不同的旅游消费结构。

5.2.2　旅游消费结构的影响因素

旅游消费和游客的旅游需求及旅游产品的生产或供给密不可分,影响旅游需求和旅游供给的诸多因素都会对旅游消费结构产生影响。

1)游客因素

(1)收入水平

收入水平决定着消费水平,也决定着旅游消费结构的变化。旅游消费是满足人们高层次需求的消费,即使人们有了旅游的愿望,也只有当人们的收入在支付其生活费用之后尚有结余时,即存在一定的可自由支配收入时,才能使外出旅游的愿望变为现实。游客的可自由支配收入水平越高,旅游消费层次也会越高,旅游消费需求的满足程度也会越充分。

(2)游客特征

游客在性别、年龄、民族、兴趣、职业、经济收入、文化程度、消费观念、社会地位、家庭结构、习俗、常住地的地理位置及自然条件等方面的差异,都不同程度地影响着旅游消费结构。游客的偏好不同,在进行旅游消费行为决策时会表现出不同的特点。在不同的消费观念、消费心理影响下,不同群体的游客也会表现出不同的旅游消费行为。

2)旅游产品因素

(1)旅游产品结构

旅游产品结构决定着旅游消费结构,决定着游客的消费水平和消费数量。旅游产品是综合性的产品,内部结构是否合理,生产部门是否协调发展,都影响着旅游消费结构。如果向游客提供住宿、餐饮、交通、游览、娱乐和购物等产品和服务的各相关部门的结构不合理,就会导致整体旅游产品中各构成要素比例失调。例如,交通工具缺乏、运力紧张,导致进不去出不来,或者进来了又散不开;饭店档次结构不合理,高星级饭店多而集中,造成高星级饭店供过于求,一部分游客买不到合适的住宿产品。这些情况都会破坏旅游产品的整体性,无法很好地满足游客的需求。

(2)旅游产品质量

满足游客需求不但需要一定数量的旅游产品,而且需要高质量的旅游产品。如果旅游产品的质量低劣、使用价值小,则不能满足游客的消费需求,甚至损害消费者利益,这必然要影响到旅游消费的数量和结构。提高旅游产品质量,使游客得到物质上和精神上的充分满足,可以激发游客多停留、多消费,提高游客的重游率。

(3)旅游产品价格

在其他条件不变的情况下,价格对消费水平和消费结构的影响较大。旅游产品的需求价格弹性大,价格变化影响消费需求数量,对消费结构必然产生作用。当旅游产品的价格上涨而其他条件不变时,人们就会把旅游产品的消费转向其他替代品的消费,使旅游消费数量减少;反之,人们又会把用于其他耐用品的消费转向旅游。当旅游产品内部某一部分的价格上涨时,游客会减少对这部分产品及与其成互补关系的产品的支出,或改变支出方向,从而改变其旅游消费结构。因此,旅游产品价格的变化不仅影响旅游消费构成,而且影响旅游需求量的变化。

3)旅游地社会经济发展水平

旅游地的社会经济发展水平决定了旅游产品的供给能力,对旅游消费结构的影响也非常明显。如果旅游地的产业结构特别是向旅游业提供服务的各相关产业部门的结构搭配不合理,没有形成一个相互协调、平衡发展的产业体系,就会导致旅游产品比例失调,各构成要素发展不平衡,不仅不能满足旅游需求,反而会造成供求脱节,破坏旅游产品的整体性。一个经济较为发达的旅游地,各项旅游设施齐全、旅游产品丰富,游客的消费内容与结构也不同于经济水平较低的旅游地。随着高科技的发展,新兴产业的不断出现,新的旅游产品不断开发,也会不断开拓新的旅游消费领域,促进消费结构的优化升级。

5.2.3　旅游消费结构的合理化

旅游消费结构合理化是旅游消费结构由不合理状态逐步向合理状态调整或变迁的过程,是旅游消费结构不断提升的动态发展过程,它的目的是追求合理的消费结构。由于消费的变化受一系列社会经济因素的影响,当这些因素变化时,旅游消费结构也会发生变化。旅游消费结构合理化是相对的,合理的旅游消费结构,应满足以下要求:

1)旅游消费内容的多样化

旅游消费内容的多样化是指旅游消费的内容要丰富多彩,方式要生动活泼、多种多样,这是实现旅游消费水平提高和结构优化的基础。旅游消费是一种包含较多精神内容的高层次的生活方式,它的合理发展要给游客以新颖、舒适、优美、健康的感受,能够激发人们热爱生活、追求理想、奋发向上、努力学习的情感和动机,能不断提高人们的思想、文化、艺术修养,用丰富多彩的旅游活动内容和服务项目来充实游客的精神世界。因此,要丰富旅游消费的内容,打破以单一产品结构的旅游消费体系,满足消费者各种各样的需要,提高消费水平。

2)旅游消费结构的不断优化

旅游消费内容的多样化必然会推动旅游消费结构不断优化。旅游消费结构的优化是指各类旅游消费所占比例的合理化,如食、住、行、游、购、娱各要素之间及其各自内部的支出比例要适当。旅游消费的内容要体现出旅游消费的经济性、文化性、精神享受性等特点,既要有参观游览、学习访问,又要有各种能让游客参与其中,亲身体验的娱乐活动;既有利于游客消除疲劳、增进健康,又有利于游客增长知识、修身养性、促进体力和智力的发展。

3) 旅游消费市场的供求平衡

由于受时间、地点、经济、政治、社会心理等多种因素的影响和制约,旅游消费需求具有较大的弹性。但是,旅游产品的供给能力一旦形成,则具有一定的刚性或稳定性。因此,合理的旅游消费结构,应保证在旅游淡季和旅游"温冷点"地区有一定的消费规模,以提高旅游设施的利用率,充分发挥旅游消费对旅游业及相关行业的带动和促进作用。同时,要尽量保证在旅游旺季和旅游"热点"地区,旅游消费的水平和消费结构应与旅游地或旅游地在某段时间内的供给能力相适应。

4) 旅游消费环境的保护和改善

良好的旅游消费环境既是高品位旅游资源,也是高质量的旅游产品的重要组成部分,还是使旅游消费得以顺利有效进行的必要条件。追求清新、舒适、宁静、安全的自然和社会环境往往是游客出门旅游的重要动机。因此,合理的旅游消费有利于环境保护和生态平衡。在进行旅游产品开发时,应加快开发能促进环境保护的旅游产品,适当限制或剔除不利于环境保护的旅游产品,引导消费结构朝着有利于环境保护的方向发展。通过旅游活动的开展,增强游客对旅游资源和旅游环境的保护意识,激发游客主动维护和改善环境,促进旅游消费环境良性发展。

5) 旅游消费促进人的全面发展

旅游业发展的根本目的是提升人民群众品质生活,通过旅游促进人的全面发展。随着旅游功能的不断外溢,旅游的社会功能受到越来越多的关注。旅游消费是一项综合性的消费,是旅游发展的重要组成部分,是实现人全面发展的关键环节。现实的发展证实,旅游消费可以促进心身健康,增进亲情友情,提高文化素养,培养审美趣味,这些社会功能在休闲旅游、生态旅游、文化旅游中已经得到了很好的实现,明显促进了消费者的身心健康和全面发展,提高了旅游消费的综合效益。

5.3 旅游消费效果

5.3.1 旅游消费效果的含义和分类

旅游消费效果是指在旅游消费过程中,游客消费一定量旅游产品与其所获得的身心方面的满足之间的对比关系。由于消费和生产是经济活动的两个相互对应的方面,因此,对旅游消费效果的分析可以从旅游需求和旅游供给两方面进行。

从旅游需求看,旅游消费效果主要是一种心理现象,是游客在旅游消费过程中,通过消耗一定的时间、金钱和体力等所得到的旅游愉悦、心理感受,更多的是一种主观评价。从旅游供给方面看,旅游消费效果是旅游企业通过消耗一定物质产品和活劳动后,向游客提供旅游产品而获得相应的旅游收入、旅游声誉及影响力等,是旅游经营者的"投入"与"产出"的关系。基于需求方面的分析主要是一种微观层次的分析,而基于供给方面的分析主要是一种宏观层次的分析。一般情况下,投入可以用花去了多少货币或占用了多少时间等进行比较精确的计量。但游客在旅游过程中,满足了某种需要,体力、智力得到了恢复和发展,却难以计量。

通常,可以从不同角度对旅游消费效果进行分类。

1) 宏观旅游消费效果和微观旅游消费效果

按旅游消费的研究对象划分,旅游消费效果可以分为宏观旅游消费效果和微观旅游消费效果。宏观旅游消费效果是把所有旅游消费作为一个整体,从社会角度研究旅游产品的价值和使用价值,分析旅游消费资料的利用状况、游客的满足程度、旅游消费对社会生产力及再生产的积极影响,以及对社会经济发展所起的促进作用等。微观旅游消费效果是从旅游消费个体的角度来考察,是指游客通过旅游消费,在物质上和精神上得到满足的程度,如旅游消费能否达到及在多大程度上达到游客预期目标,游客能否及在多大程度上获得需求的最大满足等。

2) 直接旅游消费效果和间接旅游消费效果

从一定的消费收入与所取得的成果之间关系的密切程度划分,旅游消费效果可分为直接旅游消费效果和间接旅游消费效果。直接旅游消费效果是指一定的旅游消费投入直接取得的旅游消费成果,如游客花钱乘车实现了空间位移,花费一定的时间和金钱而获得游览的满足等。间接旅游消费效果是指一定的旅游消费投入,其旅游消费效果并不直接显示出来,而是潜在地反映出来,如旅游消费可以陶冶情操,提高人们的素质,需要通过人们的工作生活实践,才能具体体现出来。

3) 短期消费效果和长期消费效果

根据旅游消费效果产生的时间不同,可以从时间上将旅游消费效果分为短期消费效果和长期消费效果。有些旅游消费支出,其消费效果可以很快表现出来,如饮食、住宿、交通等;有些旅游消费支出,其消费效果当前不明显,主要是在长远效果上反映出来,如文化修养、可持续发展等。短期旅游消费效果是指随着旅游活动的进行和旅游消费的支出,给游客、旅游经营者和旅游目的地所带来的现实利益效果等。长期旅游消费效果是指旅游消费的支出所产生的是一种长期的潜在利益效果,通常在以后较长一段时间内才能体现出来。

总之,旅游消费效果是一个包含丰富内容的范畴,只有从不同角度、不同方面进行比较分析,才能得出关于旅游消费活动的综合性效果。

5.3.2　旅游消费效果的衡量

对旅游消费效果的衡量,可以分为两个层次:一是从旅游消费(需求)方面衡量,即对游客的旅游消费满足程度的衡量;二是从旅游产品生产(供给)方面衡量,即对旅游目的地向旅游者提供旅游产品消费,从而得到旅游收入的消费效果的衡量。

1)游客旅游消费效果的衡量

游客旅游消费效果最直接的体现是游客消费的最大满足,是游客在支出一定时间和费用的条件下,通过旅游消费获得的精神上与物质上的最佳感受,是游客在旅游过程中所获得的个人感受与主观愿望的最大相符程度,即游客觉得"不值""值"还是"超值"。要努力提高旅游消费效果,使游客感到"物有所值"或"超值"。这样,游客才会重复购买旅游产品,多次光临旅游目的地进行旅游消费,使旅游业得到持续、稳定的发展,进而带动旅游相关行业和部门的发展。

从微观层次看,旅游消费效果作为一个主观的心理评价,可以用游客通过旅游消费获得的满足或效用来说明。旅游消费效用是指游客在消费旅游产品时所得到的满足程度,是对旅游消费的心理感受和主观评价。根据序数效用理论,一个理性的游客会在既有的收入约束下对其所面临的旅游消费产品组合进行选择,以便获得最大效用。可以用无差异曲线和游客的预算线来分析游客的最大化效用,以此作为衡量消费效果的标准之一。另外,由于人们收入有限,都是以有限的旅游消费支出获得最大的旅游消费满足,因此,旅游消费预算也是衡量旅游者消费效果的一个方面。

2)旅游目的地旅游消费效果的衡量

在一定时期内,游客的消费支出和旅游目的地的收入密切关联,游客在旅游目的地的消费越多,旅游目的地的收入也就越多。因此,可以把所有旅游消费作为一个整体,通过分析游客在旅游目的地的消费支出来衡量旅游目的地的旅游消费效果。它是旅游供给方面的衡量,其衡量指标主要有旅游消费总额、人均旅游消费额、旅游消费率和旅游消费结构。

旅游消费总额是指在一定时期内,所有游客在旅游目的地进行旅游活动过程中所支出的货币总额。它从价值形态上反映了游客整体在旅游目的地消费的旅游产品的总量。旅游消费作为社会消费总额的重要组成部分,也是构成社会总需求的重要部分。它可以用来判断旅游目的地的旅游经济规模、资源利用状况,尤其是劳动资源的利用状况等。

人均旅游消费额是指在一定时期内,游客在旅游目的地的从事旅游活动过程中,平均每位游客支出的货币金额,它反映了游客在某一旅游目的地的旅游消费水平。由于旅游业涉及多个行业和企业,因此旅游消费额的计算采用抽样调查和常规统计相结合,即一般通过抽样调查得到人均旅游消费额,再与常规统计的游客人数相乘得到旅游消费总额。

旅游消费率是指在一定时期内,一个国家和地区的游客的消费支出与该国家和地区个人消费支出总额的比例,它反映了一个国家和地区在一定时期内游客对旅游消费的强度和水平。

旅游消费结构是指游客在旅游活动过程中,对于食、住、行、游、购、娱等消费的比例关系。旅游消费结构不仅反映了游客消费的状况和特点,还为旅游目的地国家和地区合理配置旅游资源、开发旅游产品提供了科学的依据。

5.3.3　旅游消费效果的评价

1)旅游消费效果的评价原则

旅游消费的目的是满足人们享受与发展的高层次需求,旅游消费的最大满足不仅包含物质消费的最大满足,还包含游客精神需要的最大满足。因此,对旅游消费效果的评价具有复杂性特点,不仅以是否满足了游客的几个限制因素为标准,还要符合以下原则:

(1)旅游产品价值和使用价值的一致性

在市场经济条件下,旅游产品作为消费资料进入消费领域,满足人们的消费需要,不仅要求在使用价值上必须使游客能够得到物质与精神的享受,还在价值量上要以社会必要劳动时间来衡量。对国际游客来说,旅游产品的价值量则要以国际社会必要劳动时间来衡量,其价格要能正确反映旅游产品的价值。旅游产品价值和使用价值的一致性还要求,游客应获得与其所支付的货币量相对应的物质产品和精神产品方面的满足程度,这样才能实现游客消费的最大满足。因此,应努力提高旅游产品的质量和旅游服务的水平,这样才能在更好地满足游客需要的同时实现更高的交换价值。

(2)微观旅游消费效果与宏观旅游消费效果的一致性

旅游消费的效果既要考虑微观层面的游客对旅游产品消费的满意程度,又要考虑宏观层面的旅游产品消费对经济社会的影响。一方面,宏观旅游消费效果是以微观消费效果为基础的,微观旅游消费效果则以宏观旅游消费效果为根据;另一方面,两者之间的矛盾也是客观存在的,微观旅游消费效果反映个人的主观评价,需要有针对性地设计组合旅游产品与项目,满足不同游客。同时,还应根据国家的旅游发展政策,分析研究游客的心理倾向及消费行为,引导旅游消费,向游客提供健康向上的旅游产品,给游客以新颖、舒适、优美、健康的感受,以求得微观消费效果与宏观消费效果的统一。

(3)旅游消费效果与生产效果、社会效果的统一

旅游消费的对象往往就是生产成果,生产的经济成果直接影响消费效果,考察消费效果也要兼顾生产资料的经济效果。旅游产品的开发,在最大限度满足旅游消费需求、追求消费效果时,也要考虑自身的经济效果,但不能只顾自身的经营成果和经济效益,无视游客的旅游消费感受。旅游消费活动不仅是满足人们物质和精神需要的经济行为,也是一种社会行为。因此,评价旅游消费效果还要注意其社会效果,对不利于游客的身心健康,造成有害社会效果的,应坚决予以摒弃。旅游消费做到既充分利用各种资源和优美环境,又能保护资源和生态平衡,推动地区社会经济的可持续发展。综上所述,旅游消费效果要与生产、社会效果统一。

（4）短期旅游消费效果与长期旅游消费效果的一致性

旅游消费对游客个人和经济社会既会产生短期消费效果，又会产生长期消费效果。因此，在评价旅游消费效果时，必须坚持短期与长期旅游消费效果的一致性。

2）旅游消费效果的评价方法

一般情况下，旅游消费效果的评价可以通过游客的旅游消费满意程度及旅游消费支出的综合性效果进行评价。评价方法有定性评价方法和定量评价方法。常用游客问卷调查和旅游消费统计分析两种方法进行评价。

（1）游客问卷调查法

问卷调查法是指运用统一设计的问卷向调查对象了解情况和搜集资料的研究方法。问卷调查法以邮寄方式、当面作答或者追踪访问方式填写，从而了解被调查者对某一现象或问题的看法和意见。问卷调查法关键在于编制问卷、选择被调查者和结果分析。游客旅游消费效果是游客的心理感受和主观评价，是一种心理现象的反映，而对心理现象的评价通常无法用定量方法，只能采用定性方法进行。因此，对游客的旅游消费效果分析一般都是采用游客问卷调查法。通过使用设计好的调查问卷，对游客进行抽样调查，然后进行汇总分析，评价游客在某旅游目的地旅游消费的满意程度。

（2）旅游消费统计分析法

旅游消费统计分析法是指运用统计学的原理和方法，通过对旅游消费的规模、速度、结构等指标的分析研究，认识和揭示旅游消费支出的变化规律和发展趋势，从而作出评价的研究方法。通常对旅游消费总支出和人均旅游消费支出进行统计分析和评价。

旅游消费总支出的评价是指对一定时期内某一地区用于旅游消费支出的货币总额与消费结构的统计分析和评价。通过旅游消费总支出的评价，可以了解旅游客源市场的旅游消费支出水平，也可以了解旅游消费的总体现状和发展趋势，为市场开拓和旅游产品开发提供依据。人均旅游消费支出的评价是指对一定时期内某一地区平均每个人旅游消费支出与消费结构的统计分析和评价。通过人均旅游消费支出的评价，可以对旅游客源地人均旅游消费支出进行分析，也可以对游客在旅游目的地的实际消费支出进行分析，在实践中一般采用后者。通过人均旅游消费支出及消费结构的统计分析和评价，可以掌握旅游消费支出的水平和趋势，了解旅游消费的结构和变化，为开拓旅游市场和开发旅游产品提供依据。

5.4　旅游消费转型升级

5.4.1　旅游消费转型升级的表现

转型是事物的结构形态、运转模型和人们观念的根本性的转变过程，升级是指从较低的级别升到较高的级别的过程。转型是从一种形态转向另一种形态,升级是从一个低的层次进入高一级的层次,转型升级则是转型和升级同时发生的过程。我国旅游经济运行正在从大众旅游发展的初级阶段向中高级阶段演化,旅游业的转型升级是多方面、多层次的。从不同的角度分析,旅游业的转型升级表现出不同的特点。旅游消费的转型升级是旅游产业转型升级的重要方面。旅游消费的转型升级通过消费水平、消费对象、消费方式、消费环境等多个角度表现出来,这也构成了现阶段旅游消费的重要特征。

1) 旅游消费水平逐步提高

2015 年,我国旅游市场的规模超过 40 亿人次,旅游消费总量近 1 万亿美元,对国民经济和社会就业的综合贡献率均超过了 10%。旅游产业的高速发展,使得旅游消费迅速普及,旅游进入大众旅游时代,由少部分人的生活追求变成大多数人的所能所爱,全体国民对旅游休闲价值的认识逐步提高。《国民旅游休闲纲要(2013—2020 年)》实施以来,我国旅游休闲环境持续优化,公共服务体系更加完善,产品和服务质量显著提升,与相关业态融合程度不断加深,旅游休闲内容持续拓展延伸。

2) 旅游消费环境不断优化

人们外出旅游的主要动机是追求一个清新、舒适、宁静、安全的自然环境和社会环境,良好的旅游环境是使旅游消费得以顺利有效进行的必备条件。同时,旅游消费环境的不断优化,也会继续刺激居民外出旅游。我国旅游业经过几十年的发展,首先是旅游消费的生态环境得到了改善,增强了人们对自然资源和历史文物的保护意识,激发了游客主动地维护和改善环境;其次是旅游消费的市场环境和服务水平明显改善,跨区域的交通设施快速发展,旅游公共服务建设和便民服务措施进一步优化,旅游市场监管不断增强,保障了游客的权利和满意度。

3) 旅游消费产品不断多样化

从旅游消费产品看,各种类型各种层次的产品层出不穷。尽管观光旅游仍然是我国旅游市场,特别是大众旅游市场的重要组成部分,但已不再是市场的主体产品。休闲度假旅游、特种旅游、养生康体旅游、修学旅游、商务旅游等新型旅游产品快速发展,一系列旅游新业态正在快速形成,使旅游产品类型更加丰富,正在不断推动旅游消费以观光旅游为主,向观光、休闲、度假并重转变。许多旅游目的地推出类似“商务+温泉”“商务+高尔夫”等模式的旅游产品,使各种旅游产品组合的方式更加多元化。

4) 旅游消费方式不断多元化

从旅游消费方式看,在旅行社组织的团队旅游人次数稳步增长的同时,散客旅游已经成为旅游方式的主体。特别是自驾车旅游的兴起,使旅游方式的总体格局发生了很大转变。同时,互联网培育了新的旅游消费组织形式,加上在线旅游的移动变革,散客化、自由行出游趋势明显,俱乐部旅游、网上拼团旅游等新的旅游方式在年轻人中大受欢迎。随着体验性、休闲性等现代元素渗入传统的旅游方式,私人定制旅游这种全新的旅游消费方式正在日益兴起。

5.4.2　旅游消费转型升级的意义

1)有利于促进旅游产业的转型升级

在市场经济中,消费的转型升级是产业和经济转型升级的重要动力。因此,适应消费者的变化,满足消费者需求,是各市场经营主体需要主动去做的。旅游业也如此。游客需求的不断变化和个性化,促使旅游企业转变经营理念,充分运用信息技术,整合各类要素,不断更新产品,创新服务,旅游产业内部要素不断融合,与外部产业关联逐步密切,推动旅游产业转型升级,旅游经济体系走向完善。

2)有利于促进游客旅游品质的提升

旅游消费是人们的高层次消费,随着游客休闲度假需求快速增长,对基础设施、公共服务、生态环境的要求越来越高,对个性化、特色化旅游产品和服务的要求也越来越高,旅游需求的品质化趋势日益明显。旅游业正是通过旅游产品的丰富、旅游环境的优化、旅游服务的便利等,带给游客更大的消费效果和满足感,增强游客的旅游体验,提升旅游品质。

3)有利于促进社会消费结构的升级

旅游业已成为国民经济战略性支柱产业,随着全面建成小康社会持续推进,旅游已经成为人民群众日常生活的重要组成部分,旅游消费在居民消费中所占比例不断增大。适应游客旅游消费需求,推进旅游消费转型升级,对社会消费的转型升级作用明显,有利于消费结构的优化升级,带动国民经济转型升级。

5.4.3　旅游消费转型升级的途径

积极推动旅游消费的转型升级,需要从以下4个方面不断完善:

1)推动旅游产品创新

产品是消费的保障,旅游产品创新是引导旅游消费转型升级的重要力量。要充分发挥旅游业关联面广的特点,推动旅游与城镇化、新型工业化、农业现代化和现代服务业的融合发展,推进文化和旅游深度融合发展,延伸旅游产业链条,拓展旅游发展新领域,加大优质旅游产品和服务供给,以新业态、新服务、新配套来创新旅游产品,引导旅游消费向更文明、更健康的方向发展。

2)健全旅游消费相关法律法规及政策

相关法律法规及政策是旅游消费转型升级进行的重要保障,需要各级政府、组织作好政策措施方面的配套。《中华人民共和国旅游法》的公布实施,为旅游消费市场治理、保障游客正当权益发挥了突出作用。今后,应切实落实职工带薪休假制度,制定带薪休假制度实施细则或实施计划,保障劳动者休闲的权力。同时,还应加大旅游消费的财政支持力度,拓展旅游开发的投融资渠道,强化人才智力支撑,进一步满足居民旅游休闲消费升级需求。

3) 提升旅游服务水平

旅游服务水平是旅游消费转型升级的重要支撑。在游客可支配收入与时间一定的情况下,潜在旅游需求能在多大程度上转化为现实旅游需求,与旅游服务水平和消费环境密切相关。提供旅游公共服务,已经成为对旅游消费进行有效引导、调控的一种手段。在推进旅游消费转型升级过程中,随着旅游市场新业态不断涌现,消费者需求呈高品质、多样化的新趋势,既要考虑旅游需求的激发,更要把重点放在旅游服务水平的提升上。今后,还应在提升旅游信息化水平,完善旅游配套设施,构建方便、快捷的交通集散体系,建设旅游集散中心、咨询中心等方面作出努力。优良的旅游消费环境不仅有利于增加旅游消费,同时,也能够给旅游消费的转型升级创造一个良好的空间。

4) 倡导绿色旅游消费

为实现碳达峰、碳中和,消费领域必须进行绿色变革。培育绿色理念,促进绿色消费,是推动经济高质量发展的内在要求。绿色建筑、绿色出行、绿色饮食……多样的绿色消费应运而生,正悄然渗透到衣食住行的各个方面。绿色旅游消费是旅游者在旅游过程中尊重环境伦理,注重保护旅游资源和环境,低能耗、低污染、最大限度节约资源和能源的消费方式。要在社会上倡导绿色旅游消费风尚,比如个人出行中携带环保行李、住环保旅馆、选择二氧化碳排放较低的交通工具等,对旅游者进行绿色旅游消费教育和引导,使绿色旅游消费成为高素质旅游者的象征。同时,积极开发森林康养、生态观光、自然教育等绿色旅游产品,倡导旅游景区将绿色设计、节能管理、绿色服务等理念融入景区运营,推进骑行专线、登山步道等建设,鼓励引导游客采取步行、自行车和公共交通等低碳出行方式。

本章小结

- 旅游消费是指人们在旅行游览过程中为满足个人享受与发展需要而支付货币购买各类旅游产品的行为和活动。从消费层次上看,旅游消费是一种高层次消费;从消费内容上看,旅游消费是一种精神消费;从消费主体上看,旅游消费是一种个人消费。旅游消费内容包含食、住、行、游、购、娱等诸多方面,具有综合性、服务(劳务)性、波动性、体验性、异地性等特点。

- 在旅游消费过程中,游客所消费的各种不同类型的旅游产品及相关消费资料的比例关系和构成状态就是旅游消费结构。旅游消费是一种弹性较大的消费,游客的收入水平和个性特征、旅游产品结构、质量、价格、旅游地社会经济发展水平等诸多因素都会对游客的旅游消费结构产生影响。旅游消费合理化就是旅游消费由不合理状态逐步向合理状态调整或变迁的过程,目的是追求合理的消费。

- 旅游消费效果是指在旅游消费过程中,游客消费一定量旅游产品与其所获得的身心方面的满足之间的对比关系。对旅游消费效果的分析可以从旅游需求和旅游供给两方面进行。旅游消费的目的是满足人们享受与发展的高层次需求,旅游消费的最大满足不仅包含物质消费的最大满足,还包含游客精神需要的最大满足。

- 旅游业的转型升级是多方面、多层次的,从不同的角度分析,旅游业的转型升级表现出不同的特点。旅游消费的转型升级是旅游产业转型升级的重要方面。

思考题

1. 什么是旅游消费?旅游消费有哪些特点?

2. 什么是旅游消费结构?如何对旅游消费结构进行分类?

3. 如何实现旅游消费结构的合理化?

4. 旅游消费转型升级的途径有哪些?

5. 在数字技术深入应用的趋势下,你认为旅游消费会出现哪些新的变化?

6. 结合自身旅游体验,谈一谈你对旅游消费促进人的全面发展、助力美好生活方面作用的理解。

【案例分析】

文化和旅游部开展国家级夜间文化和旅游消费集聚区建设工作①

2021 年 7 月,文化和旅游部办公厅发布《关于开展第一批国家级夜间文化和旅游消费集聚区建设工作的通知》,提出通过集聚区遴选,推动提质升级增效,不断提升集聚区的引领带动作用,繁荣夜间文化和旅游经济,促进文化和旅游消费加快发展,培育经济新增长点,更好满足人民日益增长的美好生活需要。

一、工作思路

依托各地现有发展情况良好、文化和旅游业态集聚度高、夜间消费市场活跃的街区(含艺术街区,剧场、博物馆、美术馆、文化娱乐场所集聚地等)、文体商旅综合体、旅游景区、省级

---

① 资料来源:根据文化和旅游部网站关于国家级夜间文化和旅游消费集聚区的相关文件及通知整理。

及以上文化产业示范园区商业区域等,分批次遴选、建设200家以上符合文化和旅游发展方向、文化内涵丰富、地域特色突出、文化和旅游消费规模较大、消费质量和水平较高、具有典型示范和引领带动作用的国家级夜间文化和旅游消费集聚区(以下简称"集聚区")。集聚区建设不搞大拆大建,严禁"形象工程""政绩工程""面子工程"。

二、建设条件要求

(一)四至范围明确。有明确四至范围,街区、旅游景区、省级及以上文化产业示范园区商业区域的占地面积应不超过3平方千米,文体商旅综合体商业面积应不低于1万平方米。

(二)业态集聚度高。文化和旅游业态集聚,产品和服务供给丰富,夜间文化和旅游消费人次及消费规模较大。街区、文体商旅综合体、省级及以上文化产业示范园区商业区域内夜间营业商户中的文化类商户数量或营业面积应占比不低于40%;旅游景区提供夜间游览服务的天数较多,夜间营业的文化娱乐设施项目数量或游览面积应占比不低于40%。

(三)公共服务完善。夜间社会治安、照明、卫生、交通、移动通信情况良好;夜间出行便利度较高,有基本满足消费者夜间出行需求的公共交通服务;区域范围内及周边区域合理设立基本满足消费者夜间停车需求的停车位。

(四)品牌知名度较高。区域内夜间文化和旅游消费活动形式多样、内容丰富,形成集聚效应、品牌效应,在本地居民及外地游客中具有较高的知名度和较强的吸引力。街区、文体商旅综合体、省级及以上文化产业示范园区商业区域内文化类商户营业收入较高;旅游景区经营状况较好,年旅游人次、年营业收入及盈利水平较高。

(五)市场秩序规范良好。文化和旅游市场秩序良好,消费环境诚信守法、文明有序、健康绿色,消费者夜间消费维权便利。近3年(营业不足3年的自营业之日起)区域范围内文化和旅游企业、项目和设施在内容安全、生产安全、食品安全、生态环境等方面没有出现较大违法违规问题。

(六)政策环境良好。所在地级市、副省级市或直辖市市辖区(县)重视发展夜间文化和旅游经济,合理规划文化和旅游消费场所设施空间布局,推进包容审慎监管,营造良好营商环境,引导市场主体创新夜间文化和旅游消费业态;对申报对象予以重点扶持,制定实施资金奖补等优惠政策。

三、实施过程

2019年8月,国务院办公厅发布《关于进一步激发文化和旅游消费潜力的意见》,《意见》指出,要大力发展夜间文旅经济,并明确提出"到2022年,建设200个以上国家级夜间文旅消费集聚区"的任务。

2021年7月,文化和旅游部办公厅发布《关于开展第一批国家级夜间文化和旅游消费集聚区建设工作的通知》,明确集聚区建设的工作思路、遴选要求、工作程序、组织实施等内容。

2021年11月,文化和旅游部公布第一批国家级夜间文化和旅游消费集聚区名单。

2022年2月,文化和旅游部办公厅发布《关于开展第二批国家级夜间文化和旅游消费集聚区申报工作的通知》。

2022年8月,文化和旅游部公布第二批国家级夜间文化和旅游消费集聚区名单。

2023 年 8 月 3,文化和旅游部办公厅发布《关于开展第三批国家级夜间文化和旅游消费集聚区建设工作的通知》。

建设国家级夜间文化和旅游消费集聚区要注重引导集聚区范围内文化和旅游商户在指定区域、规定时段从事夜间经营活动,丰富文化和旅游消费场景的产品供给,着力提升夜间服务质量,构建主客共享的文化和旅游消费新场景,培育夜间消费氛围,营造良好消费市场环境,打造富有文化内涵和人文气息的产业空间、生活空间、艺术空间、消费空间,促进文化和旅游消费加快发展。

讨论题:

根据案例,谈一谈你对夜间文化和旅游消费作用的认识,如何丰富夜间旅游业态、促进夜间文化和旅游经济发展。

拓展阅读

1. 国家发展改革委等部门印发《促进绿色消费实施方案》
2. 第一批和第二批国家级夜间文化和旅游消费集聚区名单
3. 国家级夜间文化和旅游消费集聚区建设指引

第6章
旅游产业融合与新业态

【学习目标】

- 掌握产业关联的概念、关联方式及产业关联分析工具；
- 掌握产业融合的概念、类型及产业融合的经济效应；
- 认识旅游产业关联的特点及其波及效果；
- 认识旅游产业融合的特点及其发展趋势；
- 认识旅游产业融合发展与旅游新业态创新；
- 理解文化和旅游融合发展的意义，能够运用旅游讲好中国故事。

【导入案例】

大力发展体育文化旅游产业

2016年，原国家旅游局、国家体育总局印发《关于大力发展体育旅游的指导意见》，2017年7月联合主办"全国体育旅游产业发展大会"，联合发布了我国首批"国家体育旅游示范基地"创建单位名单、首批"国家体育旅游精品赛事"名单和《"一带一路"体育旅游发展行动方案》，并联合多部门共同推出《汽车自驾运动营地发展规划》。

自2021年起，国家体育总局、文化和旅游部联合开展国家体育旅游示范基地认定工作，截至2023年12月，国家体育旅游示范基地已有74家，其中第一批47家(2021年)、第二批14家(2022年)、第三批13家(2023年)。通过打造具有丰富体育文化内涵、辐射带动作用强、经济和社会效益突出的示范基地，丰富旅游体验、传播体育文化、促进体育产业和旅游产业高质量发展。

2022年1月，文化和旅游部、发展改革委、体育总局联合印发《京张体育文化旅游带建设规划》，提出要运用好北京冬奥遗产，坚持体育牵引、文化赋能、旅游带动，坚持特色发展、全季运营、打造品牌，着力丰富体育赛事、体育旅游、健身休闲产品供给，吸引和聚集国内外高端产业资源、消费人群，打造后奥运经济高质量发展的"增长极"，把京张体育文化旅游带建设成环境优美的旅游带、产业集聚的经济带和融合发展的示范带。

2021年12月，国务院印发的《"十四五"旅游业发展规划》中提出，要实施体育旅游精品示范工程,以北京冬奥会、冬残奥会等重大体育赛事为契机,打造一批有影响力的体育旅游精品线路、精品赛事和示范基地,规范和引导国家体育旅游示范区建设。大力推进冰雪旅游发展,完善冰雪旅游服务设施体系,加快冰雪旅游与冰雪运动、冰雪文化、冰雪装备制造等融合发展,打造一批国家级滑雪旅游度假地和冰雪旅游基地。

2023年9月,体育总局、文化和旅游部联合发布"2023年国庆假期体育旅游精品线路",张家口崇礼户外体育旅游线路、淮安运河"百里画廊"体育旅游线路、杭州烟雨桐洲水陆空体育旅游线路、张家界户外运动体育旅游线路、贵港"韵动荷城,露营天堂"体育旅游线路、巴南人文山水体育旅游线路、乐山"动观峨眉山"体育旅游线路、黔东南"村BA""村超"体育旅游线路、大理苍山洱海体育旅游线路、敦煌丝路古道特色体育旅游线路、唐蕃古道特色体育旅游线路、银川贺兰山东麓运动休闲线路等12条体育文化旅游主题线路入选。

大力发展体育文化旅游,通过打造一批有代表性、有影响力的体育旅游精品景区、线路、赛事、目的地,对促进体育产业与旅游产业融合发展、提升体育公共服务水平和体育消费品质、推动我国旅游业高质量发展有重要意义。

拓展阅读

2017年国家体育旅游示范基地名单
2021年国家体育旅游示范基地名单
2022年国家体育旅游示范基地名单
2023年国家体育旅游示范基地名单

6.1 产业关联

6.1.1 产业关联的含义

从国内的产业经济学教材来看,关于产业的定义有两个层面的含义:一是在产业组织层面上,认为产业是指生产同类或具有密切替代关系产品的企业的集合。这类企业在同一市场上发生着垄断与竞争的关系,分析的是同一产业内部企业之间的市场关系。二是在产业结构层面上,认为产业是指使用相同原材料、相同生产技术,生产具有相同用途或特征的企业的集合。不同类别的企业集合之间产生了市场供求关系和技术关联关系,分析的是不同产业之间的结构关系。

在任何一个社会经济系统中都存在着许多不同的产业,社会化大生产使得产业内和产业间的专业化分工与协作日益发展,各个产业发展相互影响、相互制约、相互促进,产业间存在着广泛的、复杂的和密切的技术经济联系。

产业关联又称产业联系,是指产业之间的技术经济联系和数量比例关系。这里的技术经济联系,主要是指按照投入产出的技术矩阵关系划分的联系方式,如产业的前向关联、后向关联、旁侧关联,以及产业间的直接关联、间接关联等。产业关联在经济活动中表现为产业之间的投入产出关系和供给需求关系。在产业经济活动中,一个产业的存在和发展通常需要其他产业为其提供产品投入,同时,该产业又把自己的产出作为一种市场供给提供给其他产业,以满足其他产业生产的需求。正是由于这种错综复杂的投入与产出、供给和需求关系,形成产业间的关联关系,因此,一般认为,产业关联的实质是产业间的供求关系。

6.1.2　产业关联方式

产业关联方式指的是产业间发生联系的方式,具体表现为产业间联系的纽带和产业间联系方式的类型。

1)产业间联系的纽带

产业关联以产业间各种投入品和产出品为连接纽带,这种连接纽带是产业间发生联系的依托和载体,构成产业间联系的实质性内容。产业间联系的纽带主要有以下5种方式:

(1)产品、劳务关联

在社会化分工和社会再生产过程中,一些产业部门为另一些产业部门提供产品或劳务,也就是说,一个产业的产出品,为其他产业生产提供了投入品,如原材料、半成品、设备等。产业间的产品、劳务联系反映的是产业间的供给与需求关系,是产业间最基本的联系。原因在于:第一,产业间其他方面的关联都是在此关联基础上派生出来的;第二,产业间相互提供的产品、劳务数量比例要均衡,是各产业部门间协调发展的本质表现;第三,社会劳动生产率和经济效益的提高,最终归结为产业间提供产品或劳务质量的提高和成本节约。

(2)生产技术关联

"生产技术是第一生产力",技术进步是推动产业间关联发展最活跃、最积极的因素。一般而言,生产技术关联是与各产业间产品、劳务关联紧密联系在一起的。在实际生产过程中,不同产业部门对生产技术的要求不同,一个产业部门要依据自身的生产技术特点及产品结构特性等因素,对所需相关产业的产品和劳务提出各种工艺、质量等特定要求,而不是被动接受这些相关产业的产品和劳务。这样,生产技术作为产业间关联的重要依托,不仅直接影响产业间产品和劳务的供求比例关系,其发展变化还有可能影响相关产业的发展变化,或者影响到产业间的依存度。

(3)价格关联

产业间的价格关联是产业间产品和劳务关联的货币表现,其重要作用主要表现在以下3个方面:第一,价格关联使得不同产业间产品和劳务的关联,可以用统一的价格形式进行度量与比较,从而使投入产出模型的建立成为可能;第二,价格关联在替代性产业间引入了竞争机制,优化了经济资源的配置方式,从而有助于产业间的优胜劣汰和社会劳动生产率的提高;第三,以价格来度量产业间的关联,为产业间比例关系分析、产业结构变动分析等提供了有效的计量手段。

（4）劳动就业关联

产业间的劳动就业关联，在西方经济学中被称为投资乘数在就业中的作用。社会化大生产，使得产业间"关联效应"客观存在，产业间的劳动就业机会也必然相互影响、相互制约。某一产业的发展，在一定程度上会增加该产业，进而增加相关产业的劳动就业机会。反之，某一产业的衰退也必然会引起该产业自身及相关产业中劳动就业机会的减少。

（5）投资关联

社会化大生产要求各产业部门之间协调进步，某一产业的发展变化必然涉及与其相关的其他产业。这样，要想靠增加投资来发展某一产业，则需要考虑相关产业对该产业的制约作用，从而导致增加投资以确保其相关产业的发展。

2）产业间关联方式的类型

产业关联的方式可分为以下 3 种类型：

（1）前向关联和后向关联

前向关联是指一种产业的产品在其他产业中的利用而形成的产业关联，是通过产品供给联系与其他产业部门发生的关联。也就是说，有些产业的产出品通过供给关系成为其他产业的投入品，则该产业具有前向关联作用。后向关联是指一种产业在其生产过程中需要从其他产业获得投入品而形成的产业关联，是通过要素需求联系与其他产业部门发生的关联。

一个产业的前向关联和后向关联关系，一般是由产业的技术特点决定的。钱纳里和渡边曾根据特定产业的前向关联和后向关联效应的大小，把产业分为 4 类：最终初级品产业，是前、后向关联度都低的产业；中间初级产品产业，是前向关联度高而后向关联度低的产业；中间制造品产业，是前、后向关联能力都很高的产业；最终制造品产业，是前向关联度低而后向关联度高的产业。旅游消费是最终市场消费，在一定意义上讲，旅游业是提供旅游产品的最终制造品业，旅游产业是后向关联度高而前向关联度低的产业，对后向关联产业的拉动能力和区域经济的辐射能力强。

（2）直接关联和间接关联

直接关联是指在社会再生产过程中，两个产业部门之间存在着直接提供产品、提供技术的联系。间接关联是指在社会再生产过程中，两个产业部门之间不发生直接的生产技术联系，而是通过其他一些产业部门的作用而发生的间接联系。例如，旅游业与农业，既有间接关联关系，又有直接关联关系。一方面，农业生产农产品投入餐饮业，为餐饮业提供了农产品服务，农业与餐饮业产生直接关联关系。餐饮业作为服务业为旅游业提供游客接待业服务，向旅游业提供餐饮服务。旅游业通过餐饮业这一中介部门，影响到农业的发展，与农业之间产生间接关联关系。另一方面，随着全要素旅游的发展，农业资源转化为特色旅游资源，通过对农业景观的旅游开发，形成休闲农业、观赏农业等现代新型农业，创新农业旅游、乡村旅游新业态,旅游业与农业产生直接产生关联。

(3)单项关联与多项循环关联

随着社会分工和专业化生产的不断深化,在现代经济活动中发生的产业关联,不仅表现为前向关联或后向关联,而且往往是前、后向关联并存或循环关联。单向循环关联是指产业关联链条从某一产业开始,沿单一方向前向延伸,而最后又回到这一产业。例如,"煤—炼钢—制造采矿设备—采煤"构成单向循环产业关联。多项循环关联是指一个产业的产业关联链条同时指向许多个方向,形成一个立体交叉的产业关联网络。例如,旅游产业综合性强,关联性大,旅游活动包括食、住、行、游、购、娱等多个要素,旅游业作为一个为旅游活动提供产品和服务的产业,实质上是一个涉及餐饮住宿业、交通运输业、景区游览业、商贸流通业、文化娱乐业、康体运动业等多行业的综合部门,与农业、工业、服务业之间存在着复杂多样的产业关联关系网络。

上述各种形式的产业关联,从不同侧面对产业之间的关联关系进行了不同描述,在很大程度上是相互交叉和相互包括的。在社会再生产过程中,随着技术的进步和经济的发展,一方面,新的生产部门不断产生;另一方面,旧的产业部门不断分化,由此造成中间产品的交易环节和交易数量不断扩大和增长,致使各产业之间的依存和联系不断深化,任何一个产业都要通过生产上的技术经济联系,与众多的其他产业建立起投入产出关联和供求关系,由此形成一个无限延伸、交叉重叠的产业关联链条。

6.1.3　产业关联分析工具

美国经济学家里昂惕夫创立的投入产出法有效地揭示了产业间技术经济联系的量化比例关系,成为产业关联分析的基本方法。

1)投入产出表

投入产出法的主要分析工具是投入产出表。在国民经济体系中,各个产业的基本经济职能就是向市场提供不同的产品和服务,以满足社会扩大再生产的各种需求。各种产品和服务的生产是由各个微观市场主体通过各自独立的生产经营活动完成的,为此,须购买必需的投入品,包括原材料、燃料、动力、设备、劳动力等。另外,生产出来的产品和服务,又会流向其他企业或产业部门,成为其他企业或产业部门的投入品。因此,投入是指生产一定数量产品和劳务对所需原材料、燃料、动力、设施设备、劳动力等各种生产要素的消耗;产出是指产品和服务生产出来后所分配的去向和流向,也就是使用方向和数量,又称流量。

(1)投入产出表的形式

投入产出表是一个纵横交错的棋盘式表格,它以矩阵的形式,记录了一个经济体系中所有产业部门的各种投入的来源和各种产出的流向,反映一个国家或地区在某一时期内各产业部门的经济活动及其经济技术联系。投入产出表有实物型和价值型两类。表 6.1 为一个简化了的价值型投入产出表。

表 6.1　简化了的价值型投入产出表

投入(供给部门) ＼ 产出(需求部门)		中间产品 x_{ij} (中间需求)				最终产品 y_i (最终需求)		总产出 (总产值)
		部门 1	部门 2	…	部门 n	积累 K	消费 W	
物质消耗	部门 1	x_{11}	x_{12}	…	x_{1n}	K_1	W_1	X_1
	部门 2	x_{21}	x_{22}	…	x_{2n}	K_2	W_2	X_2
	⋮	⋮	⋮	⋮	⋮	⋮	⋮	⋮
	部门 n	x_{n1}	x_{n2}	…	x_{nn}	K_n	W_n	X_n
新创造价值	劳动报酬 社会纯收入	N_1	N_2	…	N_n			
总投入(总产值)		X_1	X_2		X_n			

在表 6.1 中,横行代表产出,反映各个产业部门的产出结构,以及这些产品的销售去向或分配流向,每一横行的总计就是相应产业部门在一定时期内的总产值;纵列代表投入,反映各个产业部门的投入结构,即各产业部门为了生产,从包括本部门在内的各个产业部门购进原材料,以及为使用这些原材料支付的利息、工资等,每一纵行的总计就是相应产业部门在一定时期内的总投入。

横行包括中间产品和最终产品两大部分,反映了社会产品的分配和使用流向;纵列包括物质消耗的价值转移和新创造价值两部分,反映了社会总产品的价值构成。纵横交叉,构成一张投入产出表,清晰地反映了各产业部门之间的技术经济数量关系,以及社会总需求与总供给之间的结构关系。

(2)投入产出表中的平衡关系

在投入产出表中,可以按行、按列,以及按行与列之间的关系,建立起平衡关系。

①按行建立平衡关系:各行的中间产品+各行的最终产品=各行的总产出。其计算公式为

$$\begin{cases} x_{11}+x_{12}+\cdots+x_{1n}+y_1=X_1 \\ x_{21}+x_{22}+\cdots+x_{2n}+y_2=X_2 \\ \vdots \\ x_{n1}+x_{n2}+\cdots+x_{nn}+y_n=X_n \end{cases}$$

即

$$\sum_{j=1}^{n} x_{ij} + y_i = X_i (i,j = 1,2,\cdots,n)$$

②按列建立平衡关系:各列的物质消耗转移价值+各列的创新价值=各列的总投入。其计算公式为

$$\begin{cases} x_{11}+x_{21}+\cdots+x_{n1}+N_1=X_1 \\ x_{12}+x_{22}+\cdots+x_{n2}+N_2=X_2 \\ \vdots \\ x_{1n}+x_{2n}+\cdots+x_{nn}+N_n=X_n \end{cases}$$

即

$$\sum_{i=1}^{n} x_{ij} + N_j = X_j \qquad (i,j=1,2,\cdots,n)$$

③按行与列之间的关系建立平衡关系:横行各产业部门的总产出等于纵列各产业部门的总投入。其计算公式为

$$\sum_{j=1}^{n} x_{ij} + y_i = \sum_{i=1}^{n} x_{ij} + N_j \qquad (i,j=1,2,\cdots,n)$$

2)投入产出模型

根据投入产出表提供的数据,可以通过建立数学分析模型,进一步对各产业部门间的技术经济联系作出更明细的分析和更准确的说明,这就是建立投入产出模型。

投入产出模型由系数、变量的函数关系组成的数学方程组构成。其模型建立一般分为两步:①依据投入产出表计算各类系数;②在此基础上,依据投入产出表的平衡关系,建立投入产出的数学函数表达式,即投入产出模型。

(1)各类系数的计算

各类系数包括直接消耗系数、直接折旧系数、国民收入系数、劳动报酬系数、社会纯收入系数、直接劳动消耗系数、完全消耗系数等。

①直接消耗系数。也称投入系数,是指单位产品的消耗量,即生产单位 j 产品所直接消耗的 i 产品的数量。其计算公式为

$$a_{ij}=\frac{x_{ij}}{X_j} \qquad (i,j=1,2,\cdots,n)$$

式中, a_{ij} 为由 j 部门生产 X_j 产品,每单位产品生产所直接消耗的 i 部门的产出量 x_{ij} ,称为进入 j 部门的 i 部门产品的投入系数。

用矩阵形式表示,则为

$$A = Q\widehat{X}^{-1}$$

$$A = \begin{bmatrix} a_{11} & a_{12} & \cdots & a_{1n} \\ a_{21} & a_{22} & \cdots & a_{2n} \\ \vdots & \vdots & & \vdots \\ a_{n1} & a_{n2} & \cdots & a_{nn} \end{bmatrix}$$

$$Q = \begin{bmatrix} x_{11} & x_{12} & \cdots & x_{1n} \\ x_{21} & x_{22} & \cdots & x_{2n} \\ \vdots & \vdots & & \vdots \\ x_{n1} & x_{n2} & \cdots & x_{nn} \end{bmatrix}$$

$$\widehat{X}^{-1} = \begin{bmatrix} \dfrac{1}{X_1} & 0 & \cdots & 0 \\ 0 & \dfrac{1}{X_2} & \cdots & 0 \\ \vdots & \vdots & & \vdots \\ 0 & 0 & \cdots & \dfrac{1}{X_N} \end{bmatrix}$$

矩阵 A 就是直接消耗系数矩阵,描述了一种产品生产对其他产品的直接消耗,反映了投入产出表中各产业部门之间的直接联系程度。

②完全消耗系数。各产业部门产品和服务的生产,在生产过程中除了直接消耗相关部门的产品外,还与其他一些产业部门产生间接的联系。在复杂的生产活动过程中,各产业部门产品和服务的生产不仅存在直接消耗,也存在间接消耗。完全消耗系数是这种直接消耗联系和间接消耗联系的全面反映,它能够全面、深刻地反映各产业部门之间的内在联系。

完全消耗系数是指某产业部门单位产品生产对各产业部门产品的直接消耗和间接消耗的总和。也就是说,完全消耗系数是直接消耗与间接消耗之和。其计算公式为

$$b_{ij} = a_{ij} + \sum_{k=1}^{n} b_{ik} a_{kj} \qquad (i,j=1,2,\cdots,n)$$

式中,b_{ij} 表示完全消耗系数;a_{ij} 表示直接消耗系数;$b_{ik}a_{kj}$ 表示一种产品通过中间产品 $k(k=1,2,\cdots,n)$ 对于另一种产品的间接消耗。

用矩阵表示,即为:

$$B = (I - A)^{-1} - I (推导过程略)$$

$$B = \begin{bmatrix} b_{11} & b_{12} & \cdots & b_{1n} \\ b_{21} & b_{22} & \cdots & b_{2n} \\ \vdots & \vdots & & \vdots \\ b_{n1} & b_{n2} & \cdots & b_{nn} \end{bmatrix}$$

$(I-A)^{-1}$ 是 $(I-A)$ 的逆矩阵。

完全消耗系数又称逆矩阵系数,描述的是当某一个产业部门的生产发生一个单位变化时,导致各产业部门由此引起的直接和间接产出水平发生变化的总和。

(2)投入产出模型

①按横行的平衡关系建立投入产出模型。由直接消耗系数 $a_{ij} = \dfrac{x_{ij}}{X_j}$,得到 $x_{ij} = a_{ij}X_j$,代入按行建立的平衡关系式,得投入模型为

$$\begin{cases} a_{11}X_1 + a_{12}X_2 + \cdots + a_{1n}X_n + y_1 = X_1 \\ a_{21}X_1 + a_{22}X_2 + \cdots + a_{2n}X_n + y_2 = X_2 \\ \qquad\qquad\qquad \vdots \\ a_{n1}X_1 + a_{n2}X_2 + \cdots + a_{nn}X_n + y_n = X_n \end{cases}$$

用和式符号表示上述投入产出方程组,数学公式为

$$\sum_{j=1}^{n} a_{ij}X_j + Y_i = X_i \qquad (i,j = 1,2,\cdots,n)$$

移项得

$$X_i - \sum_{j=1}^{n} a_{ij}X_j = Y_i \qquad (i,j = 1,2,\cdots,n)$$

写成矩阵形式,则得

$$(I-A)X = Y$$

式中

$$(I-A) = \begin{bmatrix} 1-a_{11} & -a_{12} & \cdots & -a_{1n} \\ -a_{21} & 1-a_{22} & \cdots & -a_{2n} \\ \vdots & \vdots & & \vdots \\ -a_{n1} & -a_{n2} & \cdots & 1-a_{nn} \end{bmatrix}$$

$$X = \begin{bmatrix} X_1 \\ X_2 \\ \vdots \\ X_n \end{bmatrix}; Y = \begin{bmatrix} Y_1 \\ Y_2 \\ \vdots \\ Y_n \end{bmatrix}; I = \begin{bmatrix} 1 & 0 & \cdots & 0 \\ 0 & 1 & \cdots & 0 \\ \vdots & \vdots & & \vdots \\ 0 & 0 & \cdots & 1 \end{bmatrix}$$

$(I-A)$ 称为里昂惕夫矩阵,其经济含义:矩阵中的纵列表明每种产品的投入与产出关系;每一列都说明某产业部门生产一个单位产品所要投入各相应产业部门的产品数量;负号表示投入,正号表示产出,对角线上各元素表示各产业部门的产品扣除自身消耗后的净产出。由此可知,矩阵$((I-A))$把 X 和 Y 的关系揭示出来了,即揭示了总产出与最终产品之间的相互关系。

②按纵列的平衡关系建立投入产出模型。同理,将 $x_{ij}=a_{ij}X_j$,代入按列建立的平衡关系式,得投入模型为

$$\begin{cases} a_{11}X_1 + a_{21}X_1 + \cdots + a_{n1}X_{n1} + N_1 = X_1 \\ a_{21}X_2 + a_{22}X_2 + \cdots + a_{2n}X_n + N_2 = X_2 \\ \qquad\qquad\qquad \vdots \\ a_{n1}X_n + a_{n2}X_n + \cdots + a_{nn}X_n + N_n = X_n \end{cases}$$

用和式符号表示上述投入产出方程组,数学公式为

$$\sum_{i=1}^{n} a_{ij}X_j + N_j = X_j \qquad (i,j = 1,2,\cdots,n)$$

移项得

$$X_j - \sum_{i=1}^{n} a_{ij}X_j = N_j \qquad (i,j = 1,2,\cdots,n)$$

写成矩阵形式,则得

$$(I-C)X = N$$

证明过程略。

这一形式投入产出模型的经济含义:揭示了各个产业部门总产值的价值构成,以及总产

值与国民收入之间的函数关系。

6.1.4 产业关联程度及波及效果

1)产业关联程度

产业关联程度是指在产业体系中各产业之间的相互依存程度,是反映产业体系内在结构及其质量的一个概念,也是判断一个经济体系发展水平的重要指标。一般来讲,在较发达的经济体系中,各个产业之间不仅关联密切,比例关系协调,还能形成具有一定长度和宽度的产业链与价值创造链。而在欠发达的经济体系内,产业关联松散,结构失调,且难以形成产业链和价值链。

产业关联度的高低反映在生产过程中就是中间产品使用的多少。越是专业化分工程度高的生产过程,越是依赖对中间产品的使用,中间产品交易反映了产业间联系的内容。因此,用来反映产业关联程度的指标通常有:产业中间投入率和中间需求率指标,产业直接关联系数和完全关联系数指标。

产业直接关联系数和完全关联系数是产业直接消耗系数和完全消耗系数的另一种表达形式,前文已作阐述。

中间投入率是指各产业部门的中间投入和总投入之比,即各产业在生产活动中,为生产单位产值的产品,需要从其他产业购入的中间投入占总投入的比重,反映了该产业的生产要素来源分布。用公式表示为

$$E_{ij} = \frac{Z_{ij}}{M_j}$$

式中,E_{ij} 表示产业 i 对产业 j 的中间投入率;Z_{ij} 表示产业 j 向产业 i 购入的中间投入量;M_j 表示产业 j 的投入总量。

E_{ij} 数值越大,说明产业 j 对产业 i 的依存程度越大,产业 j 与产业 i 的关联程度越高;反之亦然。

中间需求率是各产业部门对某一产业产品的中间需求量占该产业部门所能提供的总产出的比重。用公式表示为

$$F_{ij} = \frac{Z_{ij}}{N_j}$$

式中,F_{ij} 表示产业 i 对产业 j 的中间需求率;Z_{ij} 表示产业 i 对产业 j 的中间需求量;N_j 表示产业 j 所能提供的总产出。

F_{ij} 数值越大,说明产业 i 对产业 j 的依存程度越大,产业 i 与产业 j 的关联程度越高;反之亦然。

2)产业关联效应及波及效果

在产业体系中,各产业之间相互关联,当某一产业或产业经济运行中某一方面发生变化时,必然会因为各产业之间的关联关系传导到其他产业或产业经济的其他方面,这就是由产

业关联而产生的产业关联效应及波及效果。

产业关联效应是指一个产业的生产、产值、技术等方面的变化,通过它的前向关联关系和后向关联关系对其他产业部门产生直接或间接的影响。前向关联效应是指某一产业在生产、产值、技术等方面发生变化所引起它下游产业部门的变化,如导致下游产业新技术的出现、新产品的生产、新市场的开发、新兴产业部门的创建等;后向关联效应是指某一产业在生产、产值、技术等方面发生变化所引起它上游产业部门的变化,如导致上游供给部门调整发展战略、变革生产组织、提高产品质量、改善经营管理、推进技术创新等。

在现实的产业经济运行中,没有一个产业是孤立运行的,没有一种变化是孤立发生的。当某一产业的某一方面发生变化时,必然会因为各产业间的关联关系传导到产业的其他方面或其他产业乃至整个产业经济体系,这种揭示某一方面发生变化时所产生的对其他方面的影响,就是通常所说的波及效果分析。波及效果分析一般从最终需求发生变化和某一产业发生变化两种情况来考察。

第一种情况:最终需求发生变化所产生的波及效果。由于各产业之间存在着关联关系,当某一部门的最终需求发生变化时会引起相关产业一系列的变化。这种变化可以用投入产出分析法中的里昂惕夫"逆矩阵系数"或"生产诱发系数"来表示。"逆矩阵系数"是表示某一产业发生变化所引起的其他产业部门产出变化的总和的系数。运用投入产出表,通过计算可以得到一个"逆矩阵系数表",即反映最终需求发生变化所产生的波及效果的系数表。生产诱发系数也是一个用来分析最终需求变动对产业的影响作用的,是指由某一最终需求发生变化所诱致的某一产业生产的变化。其计算公式为

$$W_{ij} = \frac{Z_{ij}}{Y_j} \qquad (i,j=1,2,\cdots,n)$$

式中,W_{ij} 表示第 i 产业部门的最终需求 j 产品的生产诱发系数;Z_{ij} 表示各产业部门对最终需求 j 产品的生产诱发额;Y_j 表示最终需求 j 产品的变化额。

第二种情况:某一产业发生变化所产生的波及效果。这种情况考察的是某一产业发生变化对其他产业带来的影响,即一个产业发生变化所引起的其他相关产业的变化。在产业经济学中,通常把一个产业影响其他产业的程度称为影响力,把一个产业受其他产业影响的程度称为感应力。运用投入产出表,根据逆矩阵系数表可以计算出产业影响力系数和产业感应度系数。其计算公式为

$$某产业的感应系数 = \frac{该产业横行逆矩阵系数的平均值}{全部产业横行逆矩阵系数的平均值的平均数}$$

$$某产业的影响力系数 = \frac{该产业纵列逆矩阵系数的平均值}{全部产业纵列逆矩阵系数的平均值的平均数}$$

经计算,某产业的上述两个系数,如果大于1,则表明该产业的感应系数或影响力系数在全部产业中居于平均水平以上;如果小于1,则表明在全部产业中居于平均水平以下。

说明:

所谓逆矩阵,是指里昂惕夫矩阵 $(I-A)$ 的逆矩阵 $(I+A)^{-1}$。逆矩阵系数表就是具体的 $(I+A)^{-1}$ 矩阵,即

$$(I-A)^{-1} = \begin{bmatrix} A_{11} & A_{21} & \cdots & A_{1n} \\ A_{21} & A_{22} & \cdots & A_{2n} \\ \vdots & \vdots & & \vdots \\ A_{n1} & A_{2n} & \cdots & A_{nn} \end{bmatrix}$$

逆矩阵系数表是用来计算产业关联效应的波及效果总量的系数表,逆矩阵系数表的系数就是$(I+A)^{-1}$中的每个元素。其经济含义是:当某一产业部门的生产发生一个单位变化时,导致各产业部门由此引起的直接和间接地使产出水平发生变化的总和。

6.2　产业融合

6.2.1　产业融合的含义

产业融合是相对于产业分立的一个概念。产业是一种社会分工现象,它随着社会分工的产生而产生,并随着社会分工的发展而发展。产业分立一直以来是产业发展的主体特征,产业分立的根本表现是产业间存在明显的产业边界。有的学者将产业边界分为技术边界、产品边界、业务边界和市场边界。相对产业分立而言,产业融合可以看成产业边界被打破后出现的产业发展新形态。

所谓产业融合,一般被定义为:不同产业或同一产业内的不同行业部门相互渗透、相互交叉,最终融为一体,逐步形成新的产业发展形态的过程。

当前,新一代信息技术与产业深度融合,正在引发影响深远的产业革命,形成新的生产方式、产业形态、商业模式和经济增长点。例如,电子商务新零售、互联网金融支付、3D打印、智能制造等新的产业形态的产生与发展,正是新技术对传统产业融合再造而创造的"互联网+流通""互联网+金融""互联网+制造"等产业发展新模式。

6.2.2　产业融合的类型与特征

1)产业融合的类型

产业融合是产业发展出现的新趋势,从产业间或行业间的渗透或嵌入方式来看,可划分为3种类型:高新技术的渗透融合、产业间的延伸融合和产业内部的重组融合。

（1）高新技术的渗透融合

高新技术的渗透融合是指高新技术作为一种先进的技术手段或生产方式向其他产业渗透,嵌入其他产业之中,打破原有产业边界,促成两个或多个产业相互交叉与融合,或形成新的产业形态。如20世纪90年代以后,特别是进入21世纪后,迅速发展起来的电子商务和现代物流业,是典型的移动互联信息技术向传统的流通业、运输仓储业渗透,嵌入信息技术手段,变革商业运作模式而产生的新兴产业形态。高新技术间的相互渗透也是一种产业融合方式。高新技术向传统产业的渗透融合促进了传统产业的改造升级。

（2）产业间的延伸融合

产业间的延伸融合是指通过产业间的功能互补和延伸实现产业间的融合。服务业与第一产业和第二产业融合发展是产业间延伸融合的典型事例。例如,金融、法律、管理、咨询、培训、研发、设计、策划、广告、展览、销售、客服、信息等服务活动向第二产业的延伸和渗透,使服务在第二产业中的比重和作用越来越大,成为第二产业提高附加值、增强竞争力的重要影响因素,制造业服务化逐步成为趋势。服务业向第一产业延伸和渗透,形成生产、加工、销售、服务一体化的现代农业生产经营服务体系,实现第一、第二、第三产业融合发展。这种类型的融合通过赋予原有产业新的附加功能和产业链拓展,形成更具竞争优势的融合型产业新体系。

（3）产业内部的重组融合

产业内部的重组融合是指发生在各个产业内部的重组和整合,形成新业态新产品,适应市场新需求。例如,在农业内部,以生物链为纽带,整合农作物种植、山地林果、畜牧养殖、水域渔产等资源要素,创造了生态农业新形态;在制造业内部,基于供应链思想和价值链的创造,整合上下游的生产要素,重构相关企业之间的市场关系,以目标市场为导向配置产业链资源,创造了不同于纵向一体化或横向一体化的新型产业组织结构形态。

2) 产业融合的特征

产业融合化的重要特征是专业边界模糊化。在这种情况下,会出现两种新的变化:一是产品的可替代性增大;二是产品的差异化增大。原本两种不具有替代性的产品,在产业融合发生后可能转变为具有替代性,如相机和手机原本是两个功能不同的产品,当拍照技术被植入手机后,手机对相机具有了替代性。产品差异化既可以是产品自然特性存在的差异,也可以是消费者主观感觉上的差异。尽管某些融合的产品在客观特性上已经没有差别,但消费者主观上的认定和偏好不同,从而出现差异化。这种倾向引导着企业追求产品的差异化,满足市场的多样化、个性化需求。这些新变化表明,传统的市场边界正发生着游移,出现了交叉、跨界和模糊化。

6.2.3 产业融合的动因

产业间的关联性和对效益最大化的追求是产业融合发展的内在动力。从当今世界产业融合实践看,推动产业融合的因素是多方面的。

1) 技术创新对产业融合的影响

技术创新是产业融合的内在驱动力。技术创新开发出了具有替代性或关联性的技术、工艺和产品,通过渗透扩散融合到其他产业之中,其他产业引入新技术改变了原有产品和服务的生产技术路线,改变了原有产业的生产成本函数,从而为产业融合提供了动力。同时,技术创新又改变了市场的需求特征,给原有产业的产品带来了新的市场需求,为产业融合提供了市场空间。重大技术创新在不同产业之间的扩散导致了技术融合,技术融合使不同产业形成了共同的技术基础,并使不同产业的边界趋于模糊,最终促使产业融合现象的产生。

20 世纪 70 年代开始的信息技术革命改变了人们获得文字、图像、声音 3 种基本信息的时间、空间和成本。随着信息技术在各产业的融合,以及企业局域网和宽域网的发展,各产业在顾客管理、生产管理、财务管理、仓储管理、运输管理等方面大力普及在线信息处理系统,使顾客可以随时随地获得自己所需要的信息、产品、服务,致使产业间的界限趋于模糊。

产业融合在 20 世纪 90 年代以来成为全球产业发展的浪潮,其主要原因就在于各个领域发生的技术创新,以及将各种创新技术进行整合的催化剂和黏合剂——通信与信息技术的日益成熟和完善。作为新兴主导产业的信息产业,近几年来以每年 30% 的速度发展,信息技术革命引发的技术融合已经渗透各产业,导致了产业的大融合。技术创新和技术融合是当今产业融合发展的催化剂,在技术创新和技术融合基础上产生的产业融合是"对传统产业体系的根本性改变,是新产业革命的历史性标志",成为产业发展及经济增长的新动力。

2)市场竞争对产业融合的影响

市场竞争的压力和对范围经济的追求是产业融合的企业动力。企业在不断变化的竞争环境中不断谋求发展扩张,不断进行技术创新,不断探索如何更好地满足消费者需求以实现利润最大化和保持长期的竞争优势。当技术发展到能够提供多样化的满足需求的手段后,企业为了在竞争中谋求长期的竞争优势便在竞争中产生合作,在合作中产生某些创新来实现某种程度的融合。利润最大化、成本最低化是企业不懈追求的目标。产业融合化发展,可以突破产业间的条块分割,加强产业间的竞争合作关系,减少产业间的进入壁垒,降低交易成本,提高企业生产率和竞争力,最终形成持续的竞争优势。企业之间日益密切的竞争合作关系和企业对利润及持续竞争优势的不懈追求是产业融合浪潮兴起的重要原因。

范围经济是指扩大企业所提供的产品或服务的种类会引起经济效益增加的现象,反映了产品或服务种类的数量同经济效益之间的关系。其最根本的内容是以较低的成本提供更多的产品或服务种类为基础。范围经济意味着对多种产品进行共同生产相对于单独生产所表现出来的经济,一般是指由于生产多种产品而对有关要素共同使用所生产的成本节约。假定分别生产两种产品 A,B 的成本为 $C(A)$ 与 $C(B)$,而当两种产品联合生产时,其总成本为 $C(A,B)$,则联合生产带来的范围经济可表示为:$C(A,B)<C(A)+C(B)$。不同产业中的企业为追求范围经济而进行多元化经营、多产品经营,通过技术融合创新改变了其成本结构,降低了其生产成本;通过业务融合形成差异化产品和服务;通过引导顾客消费习惯和消费内容实现市场融合,最终促使产业融合。

3)跨国公司对产业融合的影响

跨国公司的发展成为产业融合的巨大推动力。一般来说,只有超巨型的国际直接投资,才能实现并支持跨国生产经营的实力与能力。因此,每一个跨国公司的产生和发展,实际上就是国际金融资本的融合、产业融合的发展史。跨国公司根据经济整体利益最大化的原则参与国际市场竞争,在国际一体化经营中使产业划分转化为产业融合,正在将传统认为的"国家生产"产品变为"公司生产"产品。可以说,跨国公司是推动产业融合发展的主要动力。

4) 放松管制对产业融合的影响

放松管制为产业融合提供了外部条件。经济规制是政府对自然垄断性产业和强外部性产业实行的包括企业进入和价格行为在内的干预方式。这种规制,是政府利用强制力量阻止投资流向特定产业领域,是形成产业进入壁垒的主要原因,阻碍要素的市场化流动和资源的市场化配置,阻碍新企业进入的竞争效应和产业融合的发生。为了让企业在国内和国际市场中更有竞争力,产品占有更多的市场份额,一些发达国家放松管制和改革规制,取消和部分取消对被规制产业的各种价格、进入、投资、服务等方面的限制,为产业融合创造了比较宽松的政策和制度环境。一旦政府放松管制,各产业可以通过创新制造方法或供给方式,相互进入或部分进入相关产业的经营领域,管理创新、技术进步、放松管制相结合,使产业融合变为现实。例如,电信、广播电视和出版三大产业,在产生融合之前,三大产业部门各自有其特定的技术手段、业务范围和服务标准,产业的技术边界、业务边界和市场边界清晰,政府管制的内容和方式也各不相同。政府管制的放松、信息技术进步使得信息资源数字化,促成电信、广播电视、出版三大产业融合。

6.2.4　产业融合的经济效应

产业融合化是产业发展呈现出的一种新经济现象,产业融合发展本质上更是一种产业组织方式的创新,产业融合导致的新型产业组织形态、新型产业产品形态、新型产业经营形态,对产业发展和经济增长产生着重要影响。从产业融合发展实践来看,产业融合的经济效应主要表现在以下 3 个方面。

1) 产业融合促进传统产业转型发展

高新技术对传统产业的渗透融合是一种典型的产业融合方式。例如,产业融合催生的新零售。运用互联网、大数据、云计算、人工智能等先进技术手段,对传统的商品生产、流通和销售过程进行转型升级,促进线上服务、线下体验和现代物流配送深度融合,产生了新零售商业模式。互联网、大数据、人工智能等先进技术在商品流通领域的应用,推动了传统的生产企业、流通企业、物流企业转型升级。智慧旅游是高新技术与旅游业融合发展的典范,以互联网、大数据、云计算、人工智能等先进技术为支撑,以旅游信息服务为基础,旅游的服务智慧化、管理智慧化和营销智慧化发展,推动旅游产业从传统服务业向现代服务业转型发展,促进产业结构升级。由此可知,产业融合为传统产业的技术创新与技术进步提供了契机,为传统产业的产品创新和服务创新开辟了更广阔的空间,为传统产业赋予了新的生命周期和竞争活力。

2）产业融合促进产业结构优化升级

由技术创新、市场竞争、企业发展、政府管制放松等因素引起的产业融合发展改变了原有产业之间的相互关系以及产业的市场结构和市场行为，从而使原有产业的资本构成、生产成本、要素需求和市场绩效发生了重大变化，有利于传统产业的技术改造和新兴产业的形成。高新技术对传统产业的渗透融合表现在对传统产业的技术改造和产品升级上，使传统产业的劳动密集型和资本密集型特征明显削弱，而技术密集性和知识密集性特征逐步增强，提高传统产业的生产率水平，促进传统产业的产品创新和服务创新，开辟新的市场空间，赋予传统产业以新的竞争活力。因此，产业融合对促进产业结构由低级向高级转化具有重要的推动作用。

3）产业融合促进公司组织结构变革

在信息化的产业融合条件下，传统的公司组织结构已不能适应现代产业融合发展的需要，必须在信息的搜集、存储、处理及分配方式上进行重大变革，对公司的业务流程进行整合再造，构建网络型企业组织结构成为产业融合的微观组织基础。网络型组织结构是一种只有很小的中心组织，依靠与外部组织的合作、业务外包，以合同契约为基础进行产品设计、制造、分销、服务或其他重要业务的经营活动的组织结构形式（见图6.1）。

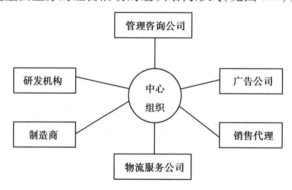

图6.1　网络型企业组织结构

在这种组织结构中，中心组织机构与外部的各个经营单位之间通过契约关系的建立和维持，形成一种互利共赢、分工协作、诚信履约机制来进行密切合作。网络型企业组织的业务活动大部分是外包、外协，公司的管理机构只是一个核心的经理团队，负责公司业务开展及外部协作机构关系的协调。

6.3　旅游产业关联与融合发展

6.3.1　旅游产业关联

旅游产业关联是指旅游产业内部各部门之间和旅游产业与其他产业之间的技术经济联系以及数量比例关系。旅游活动过程中食、住、行、游、购、娱六要素的综合性和旅游产业多部门的集合性,决定了旅游产业内部关联和外部关联的复杂性。按照我国《国家旅游及相关产业统计分类表(2018)》,可将旅游产业关联分为 3 个层次,即旅游业内部各部门间的关联、旅游及相关产业间的关联和旅游业与其他产业的关联。

1)旅游业内部各产业部门间的关联

按照我国《国家旅游及相关产业统计分类表(2018)》,旅游业包含 7 个产业部门大类,分别是旅游出行、旅游住宿、旅游餐饮、旅游游览、旅游购物、旅游娱乐和旅游综合服务,构成旅游业内部产业部门体系。旅游业内部各部门间的关联是指旅游业内部各部门间的技术经济关系。

从旅游业的供给结构来看,旅游业直接为旅游活动六要素:食、住、行、游、购、娱提供产品和服务,以满足旅游者完成旅游体验的消费需求。基于此,旅游业内部的旅游交通、旅游住宿、旅游餐饮、旅游游览、旅游购物、旅游娱乐、旅游综合服务等各部门,以满足共同的旅游市场需求为纽带,相互分工协作,相互配套补充,形成以食、住、行、游、购、娱为基础的产业链条和产品服务供给体系,支持和服务旅游活动的开展,形成旅游业专业化分工协作型内部关联结构(见图 6.2)。

图 6.2　旅游业专业化分工协作型内部关联结构

2)旅游及相关产业部门间的关联

按照我国《国家旅游及相关产业统计分类表(2018)》,旅游相关产业包括两个产业部门大类:一是旅游辅助服务,包括游客出行辅助服务、旅游金融服务、旅游教育服务和其他旅游辅助服务 4 个种类;二是政府旅游管理服务,包括政府旅游事务管理和政府涉外旅游事务管理两个种类。政府旅游管理服务是政府从事的与旅游相关的综合行政事务管理服务,以及从事的旅游签证、护照等涉外事务管理服务,是政府直接干预旅游活动的一种行政手段。旅游辅助服务是由相关产业部门为旅游业提供的产品投入和劳务服务,形成旅游业及其相关产业具有投入产出关系的关联结构(见图6.3)。

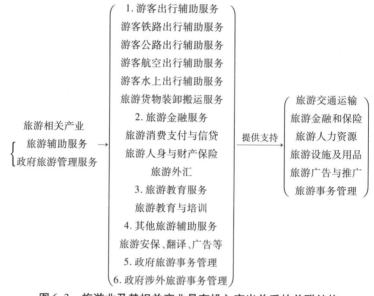

图6.3　旅游业及其相关产业具有投入产出关系的关联结构

3)旅游与其他产业部门间的关联

旅游业与其他产业部门之间的关联是旅游业的一种外部关联关系。旅游业与其他产业部门之间的关联表现为两种方式:一是以投入产出方式表达的关联关系,即旅游产业发展需要其他产业为其提供投入品而发生的关联。如农业为旅游业发展提供农产品投入,工业为旅游业发展提供旅游设施等工业品投入,文化产业为旅游产业发展提供文化产品投入等。二是以产业链延伸方式表达的关联关系,即旅游产业与其他产业相互渗透、相互交叉,形成旅游新业态而发生的关联。如依托农业生产和农业景观开发而形成的农业旅游项目,从农业产业来看,农业的产业链延伸了,在农业生产农产品原有属性不变的基础上,新增了农业旅游环节,农业附加值提高了;从旅游业来看,农业生产活动和农业生态景观转变为旅游资源了,经旅游开发,形成旅游新业态,旅游新产品和旅游新的经营形式,丰富了旅游产业的内涵,拓展了旅游产业链和价值链。这是一种产业关联的高级形态,即旅游产业融合。

从旅游市场需求结构来看,在大众化旅游阶段,旅游需求更加多样化、个性化和优质化。适应大众化旅游发展需要,我国的旅游业正在加快改革创新,优化旅游产品结构,创新旅游产品体系,推进传统的景点旅游发展模式向区域资源整合的全域旅游发展模式转变。树立全要素旅游资源理念,将农业、林业、工业、科技、文化、体育、健康医疗、房地产等产业资源纳入旅游资源视阈下予以开发,形成农业旅游、生态旅游、工业旅游、文化旅游、科技旅游、体育旅游、医疗旅游、房地产旅游等多样化的旅游新业态和旅游新产品,旅游产业与其他产业交叉渗透,形成产业链延伸型关联发展结构(见图6.4)。这种产业间的延伸关联发展,既丰富了旅游产业内涵,创造了旅游产业新业态与新产品,也提升了关联产业的产业链和附加值,赋予了关联产业新的产业特征与功能,对促进产业结构优化升级具有重要的作用。

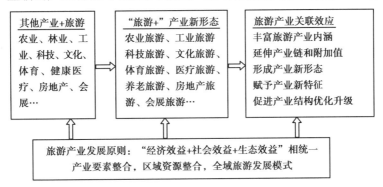

图 6.4　旅游业产业链延伸型外部关联结构

6.3.2　旅游产业融合

旅游产业不仅综合性强,而且具有极强的产业渗透性,与其他产业之间总是有着千丝万缕的关系,具有天然的融合属性。在产业资源的供给上,任何要素都可以作为旅游资源予以开发,旅游资源具有全要素资源特征,因此旅游产业可以向任何一个产业延伸渗透。在产业发展的时空维度上,旅游需求的发展性和空间的流动性,旅游供给的空间区域性和不可移动性,两者相互影响、相互作用,旅游供求关系这一矛盾运动导致旅游产业边界的不确定性,旅游产业的跨界融合成为发展趋势。旅游产业融合是指旅游产业与其他产业或旅游产业内部各产业部门之间发生相互关联和渗透,形成新的旅游业态。

1) 旅游产业的技术融合

旅游产业的技术融合突出表现为信息技术与旅游业的融合。信息技术与旅游业的融合发展成为推动旅游产业变革,提升旅游产业素质,引领旅游市场消费的关键因素。云计算、物联网、移动终端通信和人工智能等先进技术的集成,是新一代信息技术的集成创新和应用创新,对旅游业的渗透融合引发旅游产业的变革与创新,促进智慧旅游的建设与发展。物联网技术、云计算技术、移动终端通信技术和人工智能技术是智慧旅游的关键技术,这四大技术相互关联与有机集成形成智慧旅游的核心能力,从而使智慧旅游能够向应用对象提供各种价值供给,如满足海量游客的个性化需求,实现旅游公共服务与公共管理的有效整合,为旅游企业(特别是中小旅游企业)提供服务(见图6.5)。

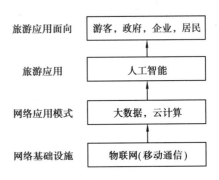

图 6.5　智慧旅游的核心能力及应用

2) 旅游产业的资源融合

旅游产业的资源融合表现为全要素旅游资源的开发和利用。例如,整合农业资源开发农业旅游项目,使原本属于农业范畴的要素和行为成为旅游活动的内容,实现了农业资源与旅游产业的融合。整合文化资源开发文化旅游项目,使原本属于文化产业范畴的要素和行为成为旅游活动的内容,实现了文化资源与旅游产业的融合。整合工业生产资源开发工业旅游项目,使原本属于工业范畴的要素和行为成为旅游活动的内容,实现了工业资源与旅游产业的融合。旅游产业资源融合,一方面,有利于推动产业资源在其他产业与旅游产业之间的配置与整合,对提高产业资源利用率、促进产业链的延伸和产业附加值的提高具有重要意义;另一方面,有利于诱发产业变革和业态创新,创造新产品和新服务,带动产业转型升级和结构优化。

3)旅游产业的功能融合

旅游产业的功能融合表现为旅游产品功能的一致性。旅游业不仅具有经济效益、社会效益和生态效益,还具有促进人的全面发展的教育、运动、健康等多元价值功能。旅游与教育、运动、医疗等资源相结合,能够促进教育活动、体育运动、医疗保健等原有属性与旅游价值功能的叠加提升,形成以旅游形式呈现的研学旅游、体育旅游、医疗旅游等旅游新业态,实现教育、体育、医疗与旅游的融合一体化。2021年12月,国务院印发的《"十四五"旅游业发展规划》提出,推动研学实践活动发展,创建一批研学资源丰富、课程体系健全、活动特色鲜明、安全措施完善的研学实践活动基地,为中小学生有组织研学实践活动提供必要保障及支持;大力推进冰雪旅游发展,完善冰雪旅游服务设施体系,加快冰雪旅游与冰雪运动、冰雪文化、冰雪装备制造等融合发展,打造一批国家级滑雪旅游度假地和冰雪旅游基地;充分结合文化遗产、主题娱乐、精品演艺、商务会展、城市休闲、体育运动、生态旅游、乡村旅游、医养康养等打造核心度假产品和精品演艺项目。

6.3.3 文旅融合

文化和旅游产业具有天然的融合性。文化和旅游统一于人的全面发展和社会进步,文化为旅游提供内容,让旅游的内涵更加丰富、更富魅力;旅游为文化提供渠道,以旅游为载体和平台,促进文化的传播、传承与交流,推进文化走向市场,实现经济效益和社会效益。

2018年3月,原国家旅游局和原文化部合并,组建文化和旅游部,文旅融合发展成为我国文化产业与旅游业发展的新指向。2020年《中共中央关于制定国民经济和社会发展第十四个五年规划和二〇三五年远景目标的建议》,明确提出了"繁荣发展文化事业和文化产业""推动文化和旅游融合发展"。2021年我国文化和旅游"十四五"相关规划明确了文旅融合高质量发展的目标、内容和路径,提出要坚持"以文塑旅、以旅彰文"的原则,"推动文化和旅游深度融合、创新发展""推进数字经济格局下的文化和旅游融合",建设一批国家文化产业和旅游产业融合发展示范区。

基于文化、旅游产业的互补性及产业经济的"外溢效应",文旅融合能够互为支撑、相互促进、共同发展。新时代条件下,文化与旅游的相互渗入、互为支撑、协同并进、深入融合,对满足人民追求高品质旅游和美好生活需求有重要意义。

1）文旅融合的作用与价值

提升旅游文化内涵,有利于弘扬与传承中国文化。文旅融合既是旅游经济高质量发展和提升文化影响力的必然选择,也是推进社会主义文化建设和文化强国建设的重要路径。依托文化资源培育旅游产品、提升旅游品位,深入挖掘地域文化特色,将文化内容、文化符号、文化故事融入景区景点,把社会主义先进文化、革命文化、中华优秀传统文化纳入旅游的线路设计、展陈展示、讲解体验,让旅游成为人们感悟中华文化、增强文化自信的过程。例如,依托非遗馆、非遗传承体验中心(所、点)、非遗工坊等场所培育一批非遗旅游体验基地,推动非遗有机融入旅游产品和线路,实现更好传承传播。长城、大运河、长征、黄河、长江国家文化公园的建设,生动呈现了中华文化的独特创造、价值理念和鲜明特色,树立和突出了各民族共享的中华文化符号和中华民族形象。

丰富优质旅游供给,促进旅游新业态的产生。文旅融合的结果是新业态的产生,不同类型的文化与旅游融合会产生不同的业态类型。适应大众旅游时代新要求,推进旅游为民,推动构建类型多样、分布均衡、特色鲜明、品质优良的旅游供给体系,推动文化和旅游业态融合、产品融合、市场融合。例如,依托博物馆、非遗馆、国家文化公园、世界文化遗产地、文物保护单位、红色旅游景区等文化资源,发展文化遗产旅游。依托全国红色旅游经典景区,弘扬伟大建党精神、井冈山精神、长征精神、延安精神、西柏坡精神等革命精神,形成红色旅游。

创造多元价值功能,有利于发挥多重效益。文旅融合既能够创造经济收益,为旅游目的地带来福祉;也能够增进文化创造和旅游体验分享价值,有利于文化传承与创意产品开发。例如,革命老区、民族地区、边疆地区和欠发达地区发挥特色旅游资源优势,形成了一批红色旅游融合发展示范区、休闲农业重点县、美丽休闲乡村、少数民族特色村镇、民族文化旅游示范区、边境旅游试验区和跨境旅游合作区,促进了当地发展。博物馆、文化馆、图书馆、美术馆、非遗馆等依托馆藏特色,开发文化和旅游创意产品,打造形成了新型公共文化服务空间。

2）文旅融合的主要方式

文旅融合是多种因素作用的结果,不仅包括企业行为、市场需求变化等产业内部因素,还受到经济发展、政府政策支持、新技术等外在环境因素的影响,因而在不同因素主导下形成了不同的融合类型和模式。从产业实践来看,文旅融合可以通过"文化+旅游""旅游+文化""文旅+其他"等不同方式,实现全产业链的融合发展。

"文化+旅游"的融合方式。文化的价值链向旅游延伸,对文化资源进行旅游开发,实现文化价值的旅游化转换。例如,长城文化旅游,是长城遗产+旅游的融合模式,长城文化遗产与旅游业融合,形成长城文化旅游景区,推动长城文化遗产的旅游化利用。

"旅游+文化"的融合方式。在旅游产业价值链中融入文化元素,增加旅游产品的文化内涵,提升游客旅游体验的文化品质,从而提高游客的满意度和旅游的市场竞争力,实现旅游的文化性。例如,地质公园、森林公园、湿地公园等自然保护地旅游,在开发利用自然生态和风景名胜区的游憩功能的同时,融入地域文化元素,提升生态旅游的吸引力和文化特色,扩大生态旅游产品供给和高质量旅游服务的提供。

"文旅+其他"的融合方式。文旅融合深度发展还要积极和其他产业相结合。例如,"文旅+创意产业",以特定文化为基础,通过文化创意,设计独特的旅游 IP,让游客参与其间并获得愉悦体验,形成文化创意旅游;文旅+农业形成农业文化旅游;文旅+工业形成工业文化旅游;文旅+健康产业形成健康旅游等。文旅与其他产业融合,充分发挥文化资源优势,将形成更多新型文旅业态,既推进旅游业创新发展,也促进文化的保护和传承。

6.4　旅游新业态

6.4.1　旅游新业态的含义

1) 旅游业态

"业态"一词产生于日本,早期主要运用于零售行业,通常是指零售店向确定的顾客群提供确定的商品和服务的具体形态,是零售活动的具体形式。例如,零售业态包括超市、便利店、购物中心、专卖店、仓储式商场等不同形式。简单来说,零售业的业态就是指零售店卖什么、卖给谁和如何卖的具体经营形式。我国从 20 世纪 80 年代开始引入"业态"一词,并逐渐在商业中推广应用。

随着旅游产业的深度发展和分工细化,传统的"产业"和"行业"概念难以描述旅游业的发展状态。旅游业和零售行业有一定的共性,同样面临着非常激烈的市场竞争,都是直接面向消费者的经营活动。因此,旅游学者将描述商业的"业态"一词引入旅游业。将"业态"引进旅游业,是旅游经济高度发展的必然结果,"业态"原有的内涵也必然在旅游经济的运用中发生变化。

从业态的含义及以往的研究和实践,可以认为旅游业态是旅游企业及相关组织机构为适应旅游市场需求变化,在提供旅游服务时对各项旅游要素进行不同组合而产生的不同经营形式,表现为在产品类型、组织管理方式和经营方式等方面呈现出来的具体形态。旅游业态一般包括旅游产品形态、旅游组织形态、旅游经营形态等内容。

2) 旅游新业态

随着人们需求的不断变化和市场竞争的加剧,旅游业进入了一个转型升级的阶段,传统旅游业态有了新发展和新突破,产生了旅游新业态。旅游本身就是一个求新、求异的体验过程,旅游新业态的产生就是旅游企业及相关组织机构根据时代和潮流的变化,不断研究旅游者的新需求,进行灵活经营、组织创新,生产出更适合旅游需求的新产品的过程。旅游新业态的产生是以旅游业综合性和广泛关联、融合的特性为基础进行的,当旅游业与工业、农业、服务业等各产业部门的关联融合发展到一定程度时,就会形成比较稳定发展态势的旅游新业态模式。

综合来看,旅游新业态是指在对原有旅游业态不断进行创新和改造的基础上,经过产业内和产业间的关联、融合、演化、创新而形成新的业态形式。相对于过去已存在的旅游业态来说,新出现或过去没有的业态就称之为旅游新业态,表现为组织形式、经营方式、产品形态等多方面的改变和创新,是旅游产业发展的新生力量和动力。

3) 旅游新业态形成的一般过程

需求侧的变化直接对供给侧文旅产品类型和产品形式的多元化提出了新要求,形成了旅游、文化与其他业态跨界融合的市场动力。随着国民收入、社会福利水平以及受教育程度的稳步提高,旅游市场需求呈现个性化、多元化,出现定制化消费、理性消费、沉浸体验式消费等新趋势,这些致使传统旅游产业衍生具有专业化、个性化的旅游新业态,不断推动多种产业融合创新。

旅游新业态的形成适应了游客需求,融合了多种产业和要素,代表着旅游业的发展方向,与互联网技术、物联网技术、大数据等密切结合。就其形成过程来看,首先,表现为旅游各行业内部的衍生发展和要素整合,如旅行社经营从线下走向线上、旅游住宿的业态整合创新等;其次,逐步扩展到行业之间的交叉渗透,即在旅游业内部的跨界发展,如旅游交通和旅行社的一体化、旅游景区与旅游娱乐的联合、旅游酒店与会展业的联动发展等;再次,旅游业开始与工业、农业、服务业等各产业、行业的紧密关联、融合,使旅游业态在更大层面上展开,如旅游与地产、旅游与体育、旅游与文化创意的融合等,形成了体育旅游、地产旅游、工业旅游、农业旅游等业态;第四,新技术的广泛应用催生旅游新业态。大数据、云计算、物联网、区块链及5G、北斗系统、虚拟现实、增强现实等新技术在旅游领域的应用普及,增强了旅游产品的体验性和互动性。例如,沉浸式演艺旅游、数字博物馆建设、"云旅游"等,极大地满足了旅游者需求。

旅游业态的发展经历了横向逐步拓展、纵向不断深化以及自我更新的过程,由城市到乡村,从行业内到行业间,再从行业间过渡到产业间,产业范围上不断拓宽,空间范围不断扩大。

6.4.2 旅游新业态的基本特征

1) 旅游产品服务的多元化

旅游新业态带来一系列新的旅游产品和服务,使得旅游者的消费内容多元化,旅游业的服务对象不断扩大。传统的旅游业态主要是为观光游客服务,随着旅游成为人们生活的常态,各种生活、生产活动都可以成为旅行的内容,旅游活动内容随之丰富,医疗保健旅游、节事节庆旅游、修学培训旅游等新业态由此产生,专项旅游产品层出不穷。传统旅游业通过旅行社组织旅游活动,主要面向团队游客。随着旅游者组织形式的改变,散客旅游的比重越来越多,自驾游、自助游、各种俱乐部等形式的旅游层出不穷,不同的旅游形式让旅游者以不同的方式组织起来,形成不同旅游需求的旅游消费团体。

2) 旅游要素的灵活组合

旅游要素是旅游产品的基本内容,在旅游新业态的产生和成熟过程中,旅游要素被以多种方式重新组合,旅游要素的功能得以加强,满足了游客的新需求,增加了旅游业的收入。例如,携程网是旅游电子商务的代表,但携程不仅提供旅游信息服务,而且整合了一系列的要素,提供交通、金融和咨询等旅游服务,节省了游客的时间,实现了整个旅游要素企业的共赢。为满足自驾游游客的需求逐步产生的自驾车营地,不仅提供交通配套服务,还提供住宿、餐饮、购物、娱乐等服务要素,使自驾游营地成为一个具备多种功能的服务中心。分时度假作为一种旅游新业态,改变了住宿服务这一旅游要素的提供方式,把出售房间使用权变为把房屋产权分时段出售,满足了游客自主安排度假时间随时入住的需求。旅游要素的空间组合表现为旅游及其相关产业在一定区域的集聚,这种旅游产业集聚,有助于提升旅游目的地的知名度和竞争力。

3) 旅游经营形态的数字化

旅游新业态的出现与科技的发展密不可分,大数据、人工智能等被广泛运用到旅游发展中。新技术的突飞猛进改变了人们的生活方式,也深刻地改变着人们的旅游理念、旅游活动及旅游形式。对旅游者而言,互联网促使人们可以自己设计旅游活动,催生了自助游,扩大了散客数量,而旅游新业态的产生恰恰迎合了这些因网络而改变的需求。对于旅游企业和旅游目的地而言,表现在旅游电子商务蓬勃发展、智慧旅游大力建设和数字虚拟旅游广泛应用等方面,利用人工智能、大数据技术开展精准营销,利用位置定位提供针对性个性化服务。以元宇宙技术为支撑,基于 VR/AR/MR 等技术的沉浸式传播为旅游主客互动带来新方式。例如,"云旅游"通过短视频、直播、Vlog、VR 虚拟场景等方式让游客可以通过移动终端去到世界各地;"云游长城"小程序,用 VR 的形式让游客"漫步"在长城上,并体验各种修缮长城的游戏,了解了长城的修缮工作,宣传了长城的保护知识。

6.4.3　旅游新业态的主要类型

1) 旅游产品新业态

旅游产品新业态是指旅游企业根据市场需求融合新的要素或应用新的技术、创新产品内容而开发出来的新型旅游产品。新产品是新业态产生的条件。没有新产品,也就谈不上新业态。一个新型的旅游产品的出现往往会引起旅游新业态的产生和发展,甚至会引发更深层次的需求。技术进步是旅游产品新业态产生的主导因素,新技术的注入为旅游产业创造了巨大的增长空间。每次交通工具的变革都给旅游发展带来巨大变化,旅游活动与交通工具结合形成新的旅游产品形态,如自驾游、高铁旅游、邮轮旅游、游艇旅游、自行车游、太空旅游等。各种旅游要素融合、产业融合是旅游产品新业态产生的重要渠道。旅游业快速发展使其与其他行业的融合程度逐渐加深,产生了许多新的旅游业态,如工业旅游、农业旅游、影视旅游、乡村旅游、体育旅游等。今后,为适应大众化旅游的发展,各类旅游产品新业态还将不断翻新,规模不断扩大,更好地满足旅游者需求。

2)旅游产业组织新业态

旅游产业组织新业态是指旅游经营者根据市场竞争和市场发展的要求等,创新出的新旅游组织形式,是对原有旅游产业或企业组织机构形式、组织过程的创新。中小型旅游企业连锁化扩张,大型旅游企业集团化发展,出现了超大型旅游集团的战略联盟和跨国经营,旅游产业结构和企业行为发生变化,也反映了旅游企业业务流程的重组和再造。例如,为了适应大众旅游时代的需求,我国的经济型酒店得到了迅猛发展,出现了如家连锁酒店、中国民俗酒店联盟等旅游联合体,企业组织形式呈现连锁化和网络化特征;各具特色的民宿、家庭旅馆、主题餐厅等特色旅游组织形态涌现;各种特色小镇、田园综合体、旅游综合体极大地满足了游客需求,全域旅游整体推进。还有多类型企业之间融合、合作发展的新组织形态,如会展旅游集团、景观房产企业、旅游装备制造业等,在空间上集聚的旅游产业园、旅游产业集群等。

3)旅游经营形式新业态

旅游经营形式新业态是指旅游业管理者和旅游企业经营者通过改变经营方法、完善经营手段、增加新的投资等使旅游行业和企业更加适应市场发展需要的新业态发展模式。在经营方式上,旅游企业运用特许经营、合同管理、战略联盟等经营方式使企业获得规模扩张,虚拟化经营成为可能。在市场规模不断扩大之后,旅游企业经营的专业化、精细化分工越来越普遍,旅游服务外包现象快速发展,旅游专业服务公司出现,个性化、量身定制的旅游服务得以实现,旅游企业为其他企业提供专业的会展、商务等专业服务成为可能。旅游发展的大好前景吸引了各个领域的投资商,他们结合自身的行业特点,发挥自身的资金优势、营销优势,能够"跳出旅游看旅游",推动旅游业转型升级。另外,旅游企业营销手段推陈出新,结合新技术的新型营销途径和方式广泛运用。

6.4.4 旅游新业态的产生机制

旅游新业态的产生是多种因素共同作用的结果,既有内生性因素,也有外生性的诱发原因。

1)旅游需求是主要动力

大众旅游时代的旅游者涵盖了不同层次的人群,旅游动机及消费水平等不尽相同,旅游需求也不一样。同时,随着时代的发展,旅游者的需求不断更新,人们更加注重旅游过程中的体验性、参与性、生态性、娱乐性,追求独特与新颖。传统型的观光游览旅游产品已经不能满足所有旅游者的消费需求了,许多注重旅游者体验和参与、回归自然和放松身心的旅游新业态应运而生,如娱乐性的主题公园、探险旅游、摄影采风等。现代都市生活的巨大压力使回归自然、体验乡村、享受户外成为人们出游的重要动机,推动了乡村旅游、生态旅游的大力发展。旅游企业根据旅游需求的发展态势,不断开发出个性化、专门化的旅游产品来满足市场需求,商务旅游、医疗旅游、宗教旅游、度假旅游等特色旅游产品不断涌现。旅游者根据自身消费水平和消费方式选择相应档次和类型的产品,旅游市场出现了豪华游、自助游、自驾游、背包客等不同业态。

2)旅游市场竞争是重要推力

由于很多旅游资源具有一定的共性,产品同质化较明显,针对大众市场的旅游产品又具有易复制性的特点,更容易陷入同质化的低层次竞争之中。旅游业资金和技术壁垒较低,可进入性较好,旅游市场上各类主体企业数量众多,使得旅游企业在产品开发、产品特色、服务创新和营销策划等方面竞争日益激烈。旅游企业只有时刻关注旅游市场的趋势和动向,不断提高自身的核心竞争力,才能站住脚跟生存下来。近年来,旅游企业管理者借用流通企业的竞争工具不断创新经营方式和经营手段,对旅游产品进行更新、改造,许多旅游新型业态逐步形成。

3)产业关联与融合是主要过程

旅游业综合性强、关联性大、带动面广,其内部产业要素包含多个行业部门,与外部其他产业有着广泛的关联与融合共生关系。无论是行业内部各要素的关联融合,还是旅游业与其他产业的渗透融合,都催生出了许多新型的旅游业态,不仅满足了旅游者的多样化需求,也提高了企业的服务能力。在此过程中,旅游产业关联与融合发展为旅游新业态产生提供了客观基础,而旅游业态的创新程度也反映了旅游业的关联与融合程度,旅游新业态的创新与形成正是通过市场主体之间相互作用和旅游产业的关联与融合发展来完成。

4)技术和政策是主要保障

随着时代的发展、社会的进步,科学技术的发展更是日新月异,尤其是网络信息技术的创造和应用,是促进旅游新业态形成的又一关键因素。旅游目的地信息系统、酒店管理信息系统等推动了旅游业管理经营的技术革新,互联网技术与旅游结合所形成的在线旅游推动了旅游电子商务的快速发展,科学技术还被纳入旅游生产要素中,声光电技术在各类科技馆的大量应用形成了科普旅游,载人航天技术与旅游结合形成了太空旅游等。科技的进步给人们的生活、学习、工作、休息等都带来了重大的变化,对经济运行和旅游运营方式产生了革命性的影响。技术的不断进步、创新和变革是新型旅游业态产生的有力保障因素。另外,政府层面政策法规的不断完善创新和行业协会的有力推动,为旅游新业态的发展提供了良好的外部环境。

当前,旅游产业规模逐步扩大、产业结构不断优化,旅游新业态经过产业间不断发展、演变、融合、创新,逐渐成为构建整个大旅游业的新生力量和主力军。在时间维度上表现为同时递进、并行发展,在空间维度上表现为不断延伸、逐步扩展。旅游新业态的出现并不是完全取代原有业态,而是对原有业态的补充、更新、拓展,这无疑对优化产业结构、提升产业能级、促进产业转型有着重大意义。

本章小结

- 产业关联又称产业联系,是指产业之间的技术经济联系和数量比例关系。产业关联方式主要有产品、劳务关联,生产技术关联,价格关联,劳动就业关联,投资关联等。

- 产业关联程度是指在产业体系中各产业之间的相互依存程度,是反映产业体系内在结构及其质量的一个概念,也是判断一个经济体系发展水平的重要指标。用来反映产业关联程度的指标通常有产业中间投入率和中间需求率指标,产业直接关联系数和完全关联系数指标。

- 产业融合是指不同产业或同一产业内的不同行业部门相互渗透、相互交叉,最终融为一体,逐步形成新的产业发展形态的过程。它可划分为3种类型:高新技术的渗透融合、产业间的延伸融合和产业内部的重组融合。产业融合化实质上是一种产业组织方式的创新,是产业发展呈现出的一种新经济现象,对促进传统产业转型发展、产业结构优化升级、公司组织结构变革具有重要意义。

- 旅游产业关联是指旅游产业内部各部门之间和旅游产业与其他产业之间的技术经济联系以及数量比例关系。旅游产业关联分为3个层次,即旅游业内部各产业部门间的关联,旅游及相关产业间的关联和旅游业与其他产业的关联。

- 旅游产业融合是指旅游产业与其他产业或旅游产业内部各产业部门之间发生相互关联和渗透,形成新的旅游新业态。旅游产业融合的方式多种多样,主要有技术融合、资源融合、功能融合等形式。

- 文化和旅游产业具有天然的融合性。文化和旅游统一于人的全面发展和社会进步,文化为旅游提供内容,让旅游的内涵更加丰富、更富魅力;旅游为文化提供渠道,以旅游为载体和平台,促进文化的传播、传承与交流,推进文化走向市场,实现经济效益和社会效益。从产业实践来看,文旅融合可以通过"文化+旅游""旅游+文化""文旅+其他"等不同方式,实现全产业链的融合发展。

- 旅游新业态是指在对原有旅游业态不断进行创新和改造的基础上,经过产业内部或产业间的关联、融合、演化、创新而形成新的业态形式。相对于过去已存在的旅游业态来说,新出现或过去没有的业态则称为旅游新业态。它包括旅游产品新业态、旅游产业组织新业态、旅游经营形式新业态。

思考题

1. 阐述产业关联的含义、产业关联方式和类型。

2. 反映产业关联程度的指标有哪些？理解其含义。

3. 简要分析产业关联效应及其波及效果。

4. 结合旅游产业的特点，分析旅游产业的关联关系及其关联效应。

5. 简述产业融合的含义及类型。

6. 结合产业融合实践，分析推动旅游产业融合发展的主要因素。

7. 结合旅游产业融合实践，分析旅游产业融合发展的主要方式及其融合效应。

8. 什么是旅游新业态？旅游新业态是怎样形成的？请运用学过的知识进行分析。

9. 什么是文旅融合？结合文旅融合产业案例，分析发展旅游在保护文化遗产、弘扬中华文化方面的作用。

【案例分析】

《中国制造2025》——信息技术与制造业融合发展①

2015年5月8日，国务院印发《中国制造2025》，这是我国实施制造强国战略第一个十年的行动纲领，提出以加快新一代信息技术与制造业深度融合为主线，以推进智能制造为主攻方向，培育有中国特色的制造文化，实现制造业由大变强的历史跨越。

加快推动新一代信息技术与制造技术融合发展，把智能制造作为两化深度融合的主攻方向；着力发展智能装备和智能产品，推进生产过程智能化，培育新型生产方式，全面提升企业研发、生产、管理和服务的智能化水平。

研究制定智能制造发展战略。编制智能制造发展规划，明确发展目标、重点任务和重大布局。加快制定智能制造技术标准，建立完善智能制造和两化融合管理标准体系。强化应用牵引，建立智能制造产业联盟，协同推动智能装备和产品研发、系统集成创新与产业化。促进工业互联网、云计算、大数据在企业研发设计、生产制造、经营管理、销售服务等全流程和全产业链的综合集成应用。加强智能制造工业控制系统网络安全保障能力建设，健全综合保障体系。

加快发展智能制造装备和产品。组织研发具有深度感知、智慧决策、自动执行功能的高

---

① 资料来源：中国政府网，新华网，作者整理。

档数控机床、工业机器人、增材制造装备等智能制造装备以及智能化生产线,突破新型传感器、智能测量仪表、工业控制系统、伺服电机及驱动器和减速器等智能核心装置,推进工程化和产业化。加快机械、航空、船舶、汽车、轻工、纺织、食品、电子等行业生产设备的智能化改造,提高精准制造、敏捷制造能力。统筹布局和推动智能交通工具、智能工程机械、服务机器人、智能家电、智能照明电器、可穿戴设备等产品研发和产业化。

推进制造过程智能化。在重点领域试点建设智能工厂/数字化车间,加快人机智能交互、工业机器人、智能物流管理、增材制造等技术和装备在生产过程中的应用,促进制造工艺的仿真优化、数字化控制、状态信息实时监测和自适应控制。加快产品全生命周期管理、客户关系管理、供应链管理系统的推广应用,促进集团管控、设计与制造、产供销一体、业务和财务衔接等关键环节集成,实现智能管控。加快民用爆炸物品、危险化学品、食品、印染、稀土、农药等重点行业智能检测监管体系建设,提高智能化水平。

深化互联网在制造领域的应用。制定互联网与制造业融合发展的路线图,发展基于互联网的个性化定制、众包设计、云制造等新型制造模式,推动形成基于消费需求动态感知的研发、制造和产业组织方式。建立优势互补、合作共赢的开放型产业生态体系。加快开展物联网技术研发和应用示范,培育智能监测、远程诊断管理、全产业链追溯等工业互联网新应用。实施工业云及工业大数据创新应用试点,建设一批高质量的工业云服务和工业大数据平台,推动软件与服务、设计与制造资源、关键技术与标准的开放共享。

加强互联网基础设施建设。加强工业互联网基础设施建设规划与布局,建设低时延、高可靠、广覆盖的工业互联网。加快制造业集聚区光纤网、移动通信网和无线局域网的部署和建设,实现信息网络宽带升级,提高企业宽带接入能力。针对信息物理系统网络研发及应用需求,组织开发智能控制系统、工业应用软件、故障诊断软件和相关工具、传感和通信系统协议,实现人、设备与产品的实时联通,精确识别,有效交互与智能控制。

旅游产业关联分析

国内学者对于旅游产业关联的研究主要基于投入产出法分析产业间的关联关系,并依据经济效应评价指标分析关联程度所能产生的波及效应。吴三忙基于投入产出模型利用中国国家统计局公布的1997年、2002年、2007年3年中国投入产出表数据分析显示[1]:

①从与旅游业后向关联的具体产业来看,中国旅游业与"吃、住、行"相关产业的后向关联度明显高于其他产业,表明"吃、住、行"相关产业能否有效供给旅游业发展所需要的产品和服务,对旅游业发展具有较大影响作用。同时,也表明在中国旅游消费结构中用于餐饮、住宿、交通等基本旅游消费仍占有较大比重,而用于娱乐、购物、文化体验等非基本旅游消费比重较低,旅游消费结构需进一步改善优化。数据分析还显示旅游业与各产业的完全后向关联度比直接后向关联度更高,表明旅游业发展对国民经济各产业发展不仅存在直接的需求拉动作用,而且也存在明显的间接需求拉动作用。

②从与旅游业前向关联的具体产业来看,中国旅游业与第二产业、旅游业自身、信息传

---

① 吴三忙.产业关联与产业波及效应研究——以中国旅游业为例[J].产业经济研究(双月刊),2012(1).

输和商业服务业、公共管理和社会组织、教育等产业部门的前向关联度较高,表明旅游业发展对这些产业发展的供给推动作用明显,或者说这些产业发展对旅游业的需求拉动作用较大。数据分析还显示旅游业与各产业的完全前向关联度比直接前向关联度更高,表明国民经济各产业发展对旅游业发展既存在直接的需求拉动作用,也存在较为明显的间接需求拉动作用。

③从旅游业的产业波及效应来看,对比中国旅游业的影响力和感应度,前者大于后者,在时间变化发展趋势上旅游业的影响力不断提高,而旅游业的感应度出现小幅下降,表明旅游业对国民经济的拉动作用明显大于受国民经济发展的拉动作用,且旅游业发展对各产业的关联影响和辐射作用不断提高,日益成为促进国民经济增长的新的经济增长点。

讨论题:

1. 信息技术与制造业深度融合对我国经济增长方式的转变和制造业强国建设有何重要意义?

2. 旅游产业融合对促进我国产业结构转型升级和满足居民日益增长的旅游需求有何作用? 为什么各国各地区都在大力发展旅游业?

拓展阅读

1. 国家旅游及相关产业统计分类(2015)
2. 国家旅游及相关产业统计分类(2018)

第7章
旅游项目投融资

【学习目标】

- 了解旅游项目的含义及类型,掌握旅游投融资的含义及特点;
- 了解不同旅游投融资主体及其行为特征,熟悉主要旅游融资渠道和平台;
- 掌握旅游投资决策的程序和方法、旅游投资项目评价方法;
- 能够简单撰写项目投资建议书和可行性分析报告框架,进行旅游项目基础评价;
- 能够把绿色发展理念、中华优秀传统文化贯彻于旅游项目投融资决策过程。

【导入案例】

深化旅游与金融合作,构建高水平投融资服务体系①

由文化和旅游部主办的全国文化和旅游项目建设暨投融资大会2023年11月在上海召开,总结近年来文化和旅游项目建设与投融资工作,研究部署下一阶段重点任务。这是我国首次召开全国文化和旅游项目建设暨投融资大会。

会议指出,当前我国进入新发展阶段,新一轮科技革命不断催生新产品、新业态、新模式,人民群众对文化和旅游产品供给提出更高要求,旅游投资项目正从高速度增长向高质量发展转变。全力抓好文化和旅游项目建设,既是稳定旅游经济增长的当务之急,也是增强发展后劲的长远之策。在项目建设过程中要以高质量项目建设带动投资增长和产业结构优化,以高质量供给引导新需求,更好地推动供需匹配衔接。要充分认识金融、社会资本对文化和旅游项目建设及产业发展的重要推动作用,持续深化文化、旅游与金融合作,构建高水平投融资服务体系。实施好重大文化产业项目带动战略,做好项目谋划论证和储备工作,扎实盘活和提升旅游存量项目,做优做强增量项目。要用足用好财税金融政策,实现融资投资双优化,开创文化和旅游项目建设与投融资工作新局面。

推动文旅业与金融业加强对接,有助于培育新的经济增长点,更是促进文旅深度融合高质量发展的有效途径。

---

① 资料来源:全国文化和旅游项目建设暨投融资大会在沪召开[N].中国旅游报,2023-11-14.(节选,有调整)

7.1 旅游投融资概述

7.1.1 旅游项目的含义及类型

1)旅游项目

在社会经济发展中,项目是指一项独特的主题性工作,小到一次聚会、一次郊游,大到一场文艺演出、一项建筑工程、一次开发活动等都可以称为项目。

旅游项目是旅游投融资中使用十分广泛的一个概念。例如,旅游景区的开发、旅游住宿、交通设施的建设、旅游节庆活动等,都可以称为旅游项目。人们通常所指的旅游项目主要涉及旅游资源开发建设和经营两个方面,因资金量巨大而与旅游投融资具有密切关系。旅游项目作为旅游投融资的客体,随着旅游投融资行为的日益频繁,旅游投融资项目开始普遍存在。具体而言,旅游项目是指在一定时间和区域内,为实现旅游发展目标进行投资建设,从而取得利润的基本建设单位。旅游项目是一项复杂的、具有相当规模和价值的、有明确目标的一次性任务和工作,能够较为持久地吸引和满足游客的相应需求,为投资者带来经济回报。在旅游开发与投融资中,如果以旅游项目贯穿始终,能更好地实现区域旅游的发展目标,实现旅游资源、技术和人力的有效利用,使投资企业最大限度地实现投融资目的。

2)旅游项目的类型

(1)旅游基本建设项目和旅游更新改造项目

旅游项目按其建设性质可以划分为旅游基本建设项目和旅游更新改造项目两类。旅游基本建设项目是指在一个总体设计或初步设计范围内,由一个或几个旅游单项工程所组成的,经济上实行独立核算、行政上有独立组织形式,实行统一管理的旅游基本建设单位,主要属于固定资产的外延扩大再生产。它可以是一个独立工程,也可以是多个单项工程。旅游基本建设项目按建设性质又分为旅游新建项目、旅游扩建项目、旅游改建项目、恢复建设项目等类型。

旅游更新改造项目是指具有已被批准的独立设计文件或独立发挥效益的计划方案,并列入更新改造计划的全部工程,主要属于固定资产的内涵扩大再生产。如宾馆为适应旅游客源市场的发展对客房、餐厅进行的重新装修等。相对于基本建设项目来说,旅游更新改造项目具有投资少、时间短、收效快的特点。

(2)旅游经营性项目、旅游公共性项目和旅游公益性项目

旅游项目按其功能属性可以划分为旅游经营性项目、旅游公共性项目和旅游公益性项目3种类型。旅游经营性项目是指提供各种旅游服务直接用于满足游客需求的旅游项目,

其主要特点是能够从旅游经营活动中获取盈利。旅游经营性项目投资是一种直接旅游投资,因此,必须严格进行投资可行性研究,综合评估旅游项目的投资回收期、投资净现值和投资内部报酬率等财务指标。

旅游公共性项目是指与旅游发展密切相关的公共性项目。由于公共性旅游项目除了提供给游客使用外,还能够为非游客提供服务,使其只能从旅游经营活动中收回部分投资,因此,对旅游公共性项目的投资往往是一种间接旅游投资。一般也要进行投资可行性研究,以保证实现旅游公共性项目投资的预期效果。

旅游公益性项目一般是指虽然与旅游发展相关,但更多的是为公众服务,而且不能够直接产生经济效益的投资。旅游公益性项目是一种纯公共性投资,其投资效益主要体现在外部社会效益上。虽然旅游公益性项目不完全是为游客服务,但游客同样也能享受其开发建设的成果,因此,也可视为一种间接性旅游投资项目。

(3)不同建设内容的旅游项目

旅游项目按其建设内容可以划分为旅游景区景点项目、旅游饭店餐饮项目、旅游娱乐项目、旅游交通项目、旅游商品项目、旅游教育和其他项目等类型。旅游景区景点项目是指依托旅游资源所进行的旅游景区景点的开发,包括旅游景区基础设施建设和服务设施建设等。旅游饭店餐饮项目是指以接待旅游者住宿、餐饮为主的各种旅游设施建设项目。旅游娱乐项目是指为旅游者提供各种旅游休闲、娱乐活动及特种游乐活动的开发与建设项目。旅游教育和其他项目是指包括以培养、培训各类旅游专业人才为主的学校、旅游培训中心,以及提供游客咨询服务、医疗救援服务等旅游配套设施建设项目。此外,随着旅游需求多样化和个性化的发展,一些有别于传统旅游模式的旅游新业态项目日益增多,如各种户外运动项目、旅游节庆活动和商务会展场所等,逐渐成为旅游项目建设的重要内容。

(4)大型、中型和小型旅游项目

旅游项目按其规模大小可以分为大型、中型和小型旅游项目。一般而言,总投资突破1亿元的项目称为大型项目;总投资在3 000万元以上1亿元以下的项目称为中型项目;投资额在3 000万元以下的项目称为小型项目。

7.1.2 旅游投融资的含义及特点

1)旅游投融资的含义

旅游投融资是为完成旅游项目建设而进行的一系列投资和融资行为的总和,是经济主体通过各种途径、运用各种手段筹措资金与运用资金所进行的各种活动。满足人们的旅游需求,就要为游客提供旅游设备、设施和服务,进行旅游资源的开发等一系列建设活动,这需要大量资金的运作和投入。旅游投融资实质是对资金这种稀缺资源的配置过程,其主要任务是通过资金由不平衡到平衡的运动,提高资金运用效益,是旅游经济运行的重要组成部分。为了更清晰地对其进行了解,需要分别对投资与融资的概念进行论述。

旅游投资是指在一定时期内,根据旅游市场发展的状况,旅游经济行为主体的法人或自然人把一定数量的资金、实物或管理方式投入某一旅游项目之中,以获得一定收益的行为。旅游投资是一种资本的形成和扩张过程,是旅游业扩大再生产的物质基础。游客所需的食、住、行、游、购、娱六大要素,每一方面都需要投入必要的资金。一般来说,凡是用来发展旅游业的资金,都属于旅游投资范畴。

旅游融资是指旅游经济主体通过各种途径和相应的手段取得旅游项目建设资金的过程。融资有广义和狭义之分。广义的融资,是指货币资金的融通,当事人通过各种方式到金融市场上筹措或贷放资金的行为;狭义的融资,是企业的资金筹集行为与过程,是指旅游经营者从自身的生产经营现状及资金运用状况出发,经过科学的预测和决策,通过一定的渠道,并采用一定的方式筹集旅游开发建设资金的过程。在旅游活动商业化的今天,旅游业要满足不断变化和日益增加的旅游需求,必须增加旅游投入,大力开发旅游新产品。

2)旅游投资与融资的关系

旅游融资是筹集资金的活动,主要解决资金的来源问题;而旅游投资是对旅游行业的资产投入,主要解决资金的去向问题,即资金的有效配置。投资与融资是资金活动不可分割的两个环节,两者的关系是需求与供给的关系。融资是投资的先行性活动,没有融资就不能形成投资过程;投资则是融资的目的,没有投资活动,融资就失去了存在的意义。确切地说,投资活动引起融资,通过融资弥补投资资金的不足。旅游投资与融资既是相互独立,又是相互联系、相互影响的。投资决定融资,旅游项目投资者的背景、财务状况,投资项目的预期经济效益和风险水平等情况决定融资的结构、条件等。同时,融资制约着投资,如果没有便利的融资渠道,投资者有再好的设想,也无法实施项目的投资活动。项目的投资与融资是一个整体的过程,习惯上将两者合称为投融资。投融资是旅游企业经营活动中最重要的工作之一,融资活动的成效直接关系到投资效果的好坏。

3)旅游投融资的特点

(1)复杂性和综合性

旅游项目在投融资方面的复杂性和综合性是由旅游业的综合性所决定的。旅游业是集食、住、行、游、购、娱六大要素于一体的综合性产业,它向游客提供的是多种产品和服务的综合,其产品和服务也是众多部门共同作用的产物,旅游产业的综合性决定其旅游投融资的复杂性和综合性。对饮食、住宿、交通、游览、购物、商贸、娱乐休闲、健身等各类投融资都有其特有的规律性,这就构成了旅游投融资的复杂性。另外,旅游投融资的各领域之间具有很强的相关性,一项投融资必然刺激其他相关领域的投融资需求的上升,也必然受到其他领域投融资状况的影响,因此,旅游投融资是一项综合性很强的经济活动。

(2)高壁垒性

旅游项目在投融资方面的高壁垒性是由旅游业的资产专用性所决定的。资产专用性是相对资产通用性而言的,是指一项资产被锁定用于某特定用途,那么它就很难被调配到其他用途,如果能够被重新调配,它的价值就会降低甚至会丧失。旅游项目具有用途指向单一的特点,很难用于其他方面。一旦旅游项目投融资已经完成,投资者对资产要素进行重新配置或转换的成本高,因此,形成了旅游项目在投融资转向上的高壁垒。

(3)高敏感性

旅游项目在投融资方面的高敏感性是由旅游业的脆弱性所决定的。在国民经济各部门中,旅游业比其他经济部门更脆弱,旅游产品价值的实现要受多种因素的作用和影响。从旅游业的内部条件来看,内部各组成部分之间及旅游业与其他行业之间都必须协调发展,若其中某一个部分脱节,就会造成整个旅游供给失调。从影响旅游业的外部条件来看,各种自然的、政治的、经济的和社会的因素,都可能对旅游业产生影响,并直接影响投资者的热情和信心,因此,旅游投融资是一项十分敏感的经济活动。

(4)强外部性

旅游产业自身的外部性决定了旅游投融资具有明显的外部性。这种外部性表现在经济方面,能促进地方经济发展,创造就业机会和增加外汇收入等;表现在社会方面,可引导城市的文化定位,改变人们的生活方式、价值观念和宗教信仰等;表现在环境方面,将对生活环境和动植物造成影响。

7.1.3 旅游投融资主体及其行为特征

旅游投融资是一项复杂的系统工程,其绩效不仅取决于旅游企业自身,同时还受到政府、商业银行等传统信贷机构、风险投资者的行为倾向及各主体间的互动制约关系等的影响。旅游投融资主体是指从事旅游投融资活动的法人或自然人,是对旅游投融资活动具有责任、权力与利益的统一体。在市场经济中,投融资主体主要有企业、政府、商业银行、社会团体、个人投资者等,各主体的特性和追求目标不同,使得其投资的目的、行为特征也各不相同。由于个人投资者与企业投融资行为相似,因此,可以将其并入企业投资中一起分析。需要指出的是,各投融资主体之间并非相互完全独立,合理分工可以调动各个主体的积极性,能充分发挥各投融资主体的优势,使社会资源配置更佳,有利于投融资结构和产业结构的合理化。

1)企业旅游投融资的行为特征

企业是市场经济的主体,追逐利润、实现利润最大化是其投融资的主要目标。一项旅游投融资,只有能为企业带来较高的预期利润时才会发生,否则就不会发生,即使发生,也可能会被中止或取消。在企业可供投融资的资本一定但有多种可供选择的机会时,企业显然会选择能带来最大利润的项目,或者是最大利润组合的一组项目。由于企业旅游投融资目标的单一性与相对一致性,企业进行决策及其实施的效率是较高的,与决策的预期目标也会比较接近。同时,企业受到财务预算的硬约束,其决策极为谨慎,稍有不慎,就可能遭受灭顶之灾。当然,企业在旅游投融资过程中为获取持续的投资追加,有可能会出现披露过于夸张的信息甚至虚假信息、隐瞒事实、忽视投资者利益等的情况,"道德风险"的行为倾向明显。虽然这些行为可能会在短期内给单个企业带来丰富的现金流,但从长期来看,会降低旅游投融资的整体效率。

2) 政府旅游投融资的行为特征

在旅游投融资过程中,政府不仅扮演着"宏观调控者"的角色,同时还充当着"投资主体"的角色。旅游业是综合产业,外部性强,政府投融资的目标不像企业那样单纯追求经济效益,而是追求社会效益或综合效益最大化,如经济发展、增加就业、社会稳定、生态保护和社会公平等。与其他主体相比,政府可以直接通过宏观调控机制对旅游业及其投融资活动进行宏观调控,特别是在市场机制无法发挥作用的地方,引导其他投资者对有价值、有潜力的旅游企业进行投资,如对大量旅游基础设施的建设需要政府的支持和引导。由于政府旅游投融资目标的多重性,使政府旅游投融资决策的程序变得烦琐并且效率低下,可能会降低政府旅游投融资项目的实施效果和效益。并且,政府在旅游投融资项目上具有行政干预倾向的行为,可能会"剥夺"企业的主观能动性,也可能出现投资的随机性甚至主动制造寻租机会的行为特征。

3) 商业银行旅游投融资的行为特征

银行作为一种特殊的企业,其投融资的行为特征不同于一般企业的行为特征,而是兼有一般企业和政府投融资的行为特征。商业银行的自主经营和自担风险特征决定了其进行投融资要以获取最大收益为目标,商业银行属于风险厌恶型机构,其经营要遵循资金的安全性要求。对商业银行来说,旅游业投融资的收益不够稳定、回收期长,旅游企业用于生产经营的有形资产规模较小,可用于抵押、质押方式贷款的资产较少,无法满足商业银行的基本要求。因此,商业银行对旅游企业往往会产生"惜贷"行为,甚至有时即使有资金闲置,也不愿意冒风险将资金贷给旅游企业。商业银行的上述行为,一方面,没有充分实现信贷资金的有效配置,有时甚至造成资金的闲置和浪费,从而制约了传统信贷机构盈利能力的增长;另一方面,一些旅游企业因融资渠道不够通畅,所需资金无法及时、有效地得以满足,在一定程度上降低了旅游项目的进展。

4) 风险投资者的行为特征

风险投资者属于风险偏好型的投资主体,目标是追求超额回报。其投资理念不同于商业银行等传统信贷机构,其追求高风险下的高回报,并不着眼于企业的现状,而是看重企业的发展潜力,期望在企业成长到一定程度时,通过股权转让,获得超额利润。因此,风险投资者乐于对投资风险高、利润高的旅游企业进行投资。然而,风险投资者对风险的偏好,并不意味着风险程度越高越好。风险投资者在选择是否要对一家旅游企业进行投资时,会搜集相关企业的信息,并对这些信息加以筛选和权衡,作出恰当的评估。我国风险投资尚不发达,其应有功能未能得到充分发挥,部分传统旅游企业的回报率较低,也限制了风险投资者的发展。

7.1.4　旅游投融资的原则

1) 正确处理宏观和微观的关系

宏观投融资是关于资金在整个国家、地区和行业内如何正确运用的决策。旅游业的宏观投融资由国家文化和旅游部根据全国旅游事业发展的需要而制定。微观投融资是关于企业资金的运用决策,它是宏观决策的落实和补充。微观投融资要服从于宏观投融资,同时也要从实际出发,在保证宏观投融资效益的前提下,提高微观投融资效益,使两种效益得到有机的结合。在社会主义市场经济条件下,旅游投融资的主体是企业,强化企业的自主决策权尤为重要。政府主导的投融资主要用于公益性项目和部分旅游基础设施项目,一般不对旅游竞争性项目进行直接投资。旅游企业是竞争性项目的投融资主体,对项目立项、筹资、建设、经营负全部责任。

2) 正确处理经济效益和社会效益的关系

中国式的发展旅游业的道路要求旅游投资必须正确处理经济效益和社会效益的关系。从经济的角度来说,任何经营行为都具有外部性,外部性具有正、负两方面的效应。从正的效应来说,如增加旅游业投资、带动相关产业的繁荣等;从负的效应来说,如污染、生态破坏、非理性竞争等。因此,在作投融资决策时,应注重外部性的研究,如果一项投融资的结果经济效益较高而社会效益不佳,就应以社会效益为重。当然,在实践中,应当力求两者的统一。

3) 正确处理短期效益和长期效益的关系

旅游投融资可能出现 4 种情况:一是短期效益好,长期效益不好或不一定好;二是短期效益不好,长期效益好;三是短期效益和长期效益都不好;四是短期效益和长期效益都好。因此,旅游投融资一定要重视可行性研究,力争短期效益和长期效益都好的情况,如果两者发生矛盾,要妥善处理,特别要防止只顾眼前利益,忽视长远利益的做法,因为这种做法,只会使旅游企业走上恶性循环的道路。如果经过可行性研究,短期效益和长期效益都不好,就不能投资。

4) 正确处理风险与收益的关系

在旅游投融资活动中,风险和收益是相伴而生的。一般情况下,风险和收益是正相关关系,即投融资的高收益往往伴随着高风险,投融资的风险小则通常意味着收益低。因此,在旅游投融资时必须妥善处理好收益与风险的关系,在考虑获取高额收益的同时,慎重考虑投资风险的状况,力争实现收益和风险的均衡。

7.2　旅游融资渠道

在分析旅游融资的内容上,融资渠道和融资方式是一对既有联系又有区别的概念。融资渠道解决的是资本来源的问题,融资方式则解决的是通过何种方式取得资本的问题,两者之间存在一定的对应关系。同一融资渠道的资金往往可以采用不同的筹集方式获得,而一定的融资方式既可以适用于某一特定的融资渠道,也可以适用于不同的融资渠道。在旅游融资时,需要实现两者的合理选择和有机结合。

7.2.1　旅游融资方式

1)旅游融资方式的含义

旅游融资方式是指社会资金由资金盈余部门向旅游行业转移的形式、手段和途径,也可以说是储蓄向旅游投资转化的形式、手段、途径和渠道。在资源配置过程中,融资方式是融资活动的具体体现。旅游企业要长期、持续和稳定地进行生产经营活动,需要一定数量的资金。同时,旅游企业要开展对外投资或调整资金结构,也需要筹集和融通资金。旅游企业融资是企业根据其生产经营、对外投资及调整资金结构的需要,通过一定的渠道,采取适当的方式,获取所需资金的一种行为。

2)旅游融资方式的分类

(1)内源融资和外源融资

按旅游融资过程中资金的来源分类,旅游融资方式可分为内源融资和外源融资。内源融资是指旅游企业通过自身经营活动产生的资金而形成融资来源,即在企业内部可实现融通的资金,是企业不断将自己的储蓄转化为投资的过程。内源融资资金主要由留存收益和折旧构成,数额的大小主要取决于企业可分配利润的多少和股利政策,一般无须花费融资费用,从而降低了资本成本。当企业单纯靠内源融资不能获得所需要的足够资金时,就要寻求外源融资。外源融资是指企业通过一定的方式向企业之外的其他经济主体筹集资金而形成的融资来源。其方式包括银行贷款、发行股票、企业债券等。此外,企业之间的商业信用、融资租赁也属于外源融资的范围。

(2)权益融资和债务融资

按旅游融资过程中资金的性质分类,旅游融资方式可分为权益融资和债务融资。权益融资也称股权融资,是指通过发行股票、优先股、股票期权等向股东筹集资金的一种融资方式。股权融资所获取的资金形成旅游企业的股本,投资者享有旅游企业偿还债务后剩余资产的所有权。旅游企业依法拥有财产支配权,股权资本没有还本付息的压力,融资风险低。

债务融资也称负债融资,是指旅游企业依法向其他债权人借入资金,并依约使用、须按期偿还资金的一种融资方式,主要通过长期借贷款、发行债券、融资租赁等方式来筹集资金,所筹集的资金形成旅游企业的债务。借入资金体现旅游企业与债权人的债务与债权关系,对资金在约定的期限内享有使用权,承担按期付息还本的义务,债权人无权参与企业的经营管理。

(3)直接融资和间接融资

按旅游融资过程中资金的供给者分类,即是否需要借助金融中介进行融资,旅游融资方式可分为直接融资和间接融资。直接融资是指旅游资本需求者不需借助金融中介,直接与资本供给者达成交易协议,获得所需要资本的融资方式。其融通的资金直接用于生产、投资和消费。典型的直接融资就是发行股票和发行债券,可以直接通过资本市场,最大限度地向社会公众投资者和机构投资者筹集大量资本,提高公司知名度。这种融资方式的程序较为复杂,融资费用较高,融资效率较低。间接融资是指旅游资本需求者需要借助金融中介,间接从资本供给者获得所需要资本的融资方式。典型的间接融资是银行借款、信托公司进行融资等。金融中介在资本需求者和资本供给者之间起着桥梁和纽带作用。这种融资方式的程序较为简单,融资费用较低,融资效率较高。

(4)短期资金和长期资金

按旅游融资过程中资金使用期限的长短分类,旅游融资方式可分为短期资金和长期资金。短期资金一般是指供企业一年以内使用的资金,主要包括现金、应收账款、存货等方面。短期资金常采用商业信用、银行短期借款等方式来筹集。长期资金一般是指供企业一年以上使用的资金,主要投资于新产品的开发与推广、生产规模的扩大、厂房和设备的更新等,一般需要几年或十几年才能收回资金。长期资金通常采用吸收直接投资、发行股票、发行债券、银行借款、融资租赁、留存收益等方式来筹集。

7.2.2　旅游融资渠道

1)旅游融资渠道的含义

旅游融资渠道是指企业筹集资金来源的方向与通道,能够体现出所融资金的来源与性质。融资渠道主要由社会资本的提供者及数量分布决定。认识和了解各融资渠道,有助于企业充分拓宽和正确利用融资渠道,企业需要根据自身特点和融资环境选择适合的融资渠道。

2)主要的旅游融资渠道类型

(1)银行信贷

投资者根据国家相关政策的规定,向银行申请附有一定条件的借贷资金称为银行贷款。其特点是偿还期长,在债券期限内利率不变,而利息费用作税前列支,利息可产生节税效应。按照中国人民银行发布的《贷款通则》的规定,借款人对银行贷款的使用要符合国家法律、行政法规和中国人民银行发布的行政规章,遵守安全性、效益性和流动性的原则。目前,我国中小旅游企业主要的融资方式是银行贷款。我国银行分为商业银行和政策性银行两种。商业银行是以营利为目的、从事信贷资金投放的金融机构,为公司提供各种商业性贷款。政策性银行是为特定公司提供政策性贷款的金融机构,包括国家开发银行、中国农业发展银行和中国进出口银行。银行信贷资金都要还本付息,因此,能促使企业讲求经济效益。

(2)债券

投资者为了筹集所需资金,发行的一种信用凭证进行出售称为债券。购买债券的人有权利按期取得规定的利息,并且在债券到期日收回本金。债券融资是旅游企业作为债务人通过举债筹集资金,并向债权人承诺一定时期内还本付息的融资方式,具有税盾作用、财务杠杆作用及资金结构优化作用。对中小旅游企业而言,发行债券的数量、价格、利息率、偿还方式及时间等都可以自己做主。通过债券融资能够合理地掌握权益负债比,利用财务杠杆作用,使企业的资金可以更灵活且更加易于控制。由于我国中小旅游企业本身资金并不雄厚,市场的不可预测极易导致企业由于经营不善和高额利息而面临巨大的压力,因此,受本身权益资金数额及利息的影响,其发行债券融资的数量是有限制的。

(3)股权

股权融资是指企业的股东出于自己的个人意愿,出让自己的部分所有权。资金不通过金融机构而是凭借股票这一载体从资金盈余部门流向资金短缺部门,通过企业增资的方式引进新的股东,这样的融资方式具有不可逆性、长期性及无负担性的特点。同国外旅游上市企业相比,我国旅游企业的发展空间大,其优点在于发行股票融资具有永久性,无须归还,没有固定的股利负担,反映了公司的实力并作为其他融资方式的基础及加速信息流动等。其缺点在于资金成本较高、分散公司的控制权等。

(4)政府投入资金

政府投资是指政府部门为了实现服务社会的职能,满足整个社会基本的需求,实现经济繁荣和社会的发展而投入资金,使其转化为实物资产的一种行为过程。国家对企业的直接投资是国有企业最主要的资金来源渠道。在现有国有企业的资金来源中,其资本部分大多是在我国计划经济时期由国家财政以直接拨款方式形成的。现在这种国家财政投资已经很少了,但仍将是基础性行业和公益性行业公司资本的重要来源。政府投资在旅游行业融资中占据了十分重要的地位,投资重点主要放在旅游基础设施的建设上,包括道路、环保、旅游教育、通信及宣传等方面。政府投资的优点在于可以对引导社会投资方向、调整旅游行业投资结构、为社会创造良好的投资环境等起到促进作用;其不足之处在于投资额度受到政府财政计划的约束,对旅游企业的直接投资非常有限。

(5)外商投资

外商投资是指旅游目的地运用优惠的税率和政策让利来吸引外商投资旅游景点、餐饮、饭店及娱乐设施等旅游项目,主要以外商独资和中外合资的形式进行融资,需要政府的鼎力相助。外商投资的优点在于可以对中小旅游企业构成很好的联动作用,在企业财务结构的调整、企业管理及企业股权结构的调整都会产生很大的影响;其缺陷在于企业必须要掌握好自身的核心竞争力,小心防备被外资吞噬的风险。

(6)民间资本投资

民间资本是指除了国有企业资本和外国企业资本之外的我国中小企业资本中民间闲置的资本,包括民营企业资本、自然人资本、个体工商户资本等。可采用独资、合资和特许经营等多种方式参与旅游业的经营管理中。随着国家政策的不断调整,民营企业投资旅游行业规模不断增大。其优点在于市场反应快、决策效率高、在旅游开发中强化旅游创新、资金成本较低;其缺点在于在旅游开发过程中政府的约束、专业化程度不高以及与国有资本的冲突等。

7.2.3　旅游融资平台

1)旅游产业基金

作为产业投资基金的一个重要分支,旅游产业投资基金的投资重点主要定位于旅游业,旨在通过市场化融资平台引导社会资金流向,筹资发展基金,促进旅游基础设施和旅游景区的开发建设,助推旅游产业的结构升级以及挖掘和培育优质旅游上市资源等。旅游产业投资基金的发起人应选择经营股权的各类投资公司,在现阶段,可选择证券公司、国有大型旅游集团参与产业投资基金的发起。旅游产业投资基金可以采用公募和私募的方式,公募受政府主管部门监管,向非特定投资者公开发行受益凭证的证券投资基金;私募主要是向金融机构如商业银行、证券公司、保险公司等,政府引导基金以及地方大型旅游企业等特定机构投资者募集资金。旅游产业基金的组织形式有 3 种选择,分别是公司型、有限合伙型、信托契约型。目前,以公司型产业基金和契约型产业基金为主,一般投向景区开发、基础设施建设、旅游房地产、酒店业等领域,主要以参股的方式进行投资,被投资企业需要满足特定的条件。

2)投融资公司

投融资公司是通过各种途径、运用各种手段进行旅游项目投资和融资行为的经济主体。其通过资金的有效配置,提高资金运用效益,促进旅游经济的发展。目前,地方融资平台公司并没有一个标准明确的体制约束,根据政府对融资平台公司的直接影响程度不同,大体上可以将其分为单纯为政府融资的平台公司和带企业性质的平台公司。地方政府的旅游融资平台公司虽然是单独注册的公司,但注册资本来自财政或政府提供的土地,主要管理者由政府派任。这类公司的主要任务有两个:一是进行项目融资,主要是需要政府公共支出的旅游基础项目;二是负责项目投资,即把过去由建设单位负责的项目,交给这些融资平台,但平台公司并不自己施工,而是通过向社会招标来完成项目,待项目建成验收后,再交给建设单位使用。带企业性质的融资平台公司其实并非真正意义上的独立核算公司,只是采用了一些公司化的管理方法,基本任务与单纯的融资平台公司完全一样,但其经营管理者并非由政府派出,而是向社会招聘。

3) 旅游产权交易平台

产权交易是指在市场经济条件下各经济主体之间发生的生产要素以及附着在生产要素上的财产权利的有偿转让行为。产权交易是一定的产权主体对作为商品的产权客体的买卖活动,需要凭借产权交易市场。我国旅游业面临重大的发展机遇,巨大的旅游市场将吸引更多的旅游产品和项目投资,需要进入市场寻求资本,形成产业化发展,这样就需要产权交易机构为之提供专业服务。产权交易是多层次金融体系中的重要一环,是金融创新的重要载体和平台。目前,我国旅游产权交易信息不集中、服务不专业,使我国有限的旅游资源面临旅游市场迅速扩张的巨大压力,而重复建设和盲目粗放式开发更加重了资源供需失衡。国务院《关于加快旅游业发展的意见》和国务院《关于推进海南国际旅游岛建设的若干意见》都明确提出了金融创新探索的任务,很多方面的交易需要产权交易市场来承担。旅游产权交易平台提供了信息网络和交易场所,以企业的股权、物权、债权、知识产权、工业产权、其他无形资产产权及政府公共旅游资源、特许经营权交易等为交易对象,通过高效的信息发布平台,广泛征集买家和卖家,发挥撮合交易功能,促进产权合理流动。旅游产权交易平台建设为旅游经济的发展提供强有力的金融支撑,对推动旅游经济发展方式转变具有重要的战略意义。

7.2.4 旅游融资服务体系

当前,旅游企业特别是中小企业的融资服务和现实需求之间仍存在较大的差距,应逐步发挥国有担保机构的主导作用,引导社会资金投资组建各类商业性担保机构,开发旅游产业保险产品,化解旅游企业项目建设融资瓶颈,特别是小微旅游企业融资难问题。

1) 旅游信用担保公司

旅游信用担保公司是指在旅游行业中以担保为专业,具有较强金融实力,可代为清偿债务的特殊法人性质的机构。它在中小旅游企业和金融机构之间架起了一座连接彼此的桥梁。通过创设旅游信用担保公司,帮助中小企业向金融机构申请融资时提供信用担保,化解银行信贷风险,使金融资本与产业资本转换畅通,因此,担保公司成为目前金融机构和中小企业的保险屏障。旅游信用担保公司可以由企业出资组建,具有独立法人、产权明晰、商业化运作、以营利为目的等特征;可以由政府预算拨款组建,担保机构附属于政府相关职能部门,担保对象或担保项目由政府分管行政领导审查批准,具有一定政策性;也可以由政府和其他专业性商业担保公司作为主要的共同出资人,同时,吸收其他市场主体投资组建,实行合作经营。

2) 旅游融资担保公司

旅游融资担保公司是指依法设立,经营旅游融资担保业务的有限责任公司和股份有限公司。当被担保人不履行对债权人负有的融资性债务时,由担保人依法承担合同约定的担保责任。我国融资担保公司分为政策性、商业性和互助性融资担保公司 3 种,以前两者为主。这 3 种融资担保公司在资金来源、运作模式等方面具有自己的特点。政策性融资担保公司的资金主要来源于政策性资金,包括政府预算拨付、国有土地和资产划拨等。商业性融资担保机构的资金主要来源于企业、个人出资等方式。互助性担保融资机构是中小企业为缓解自身贷款难而自发联合组建的,资金主要来源于会员企业,实质上是会员企业之间互相帮助、互担风险的一种自我服务组织。

3)旅游保险产品

我国面向游客和旅行社的旅游意外保险和责任保险发展相对比较成熟,需要进一步将旅游保险服务延伸到旅游六要素的各个环节,形成系统的旅游保险链,为游客提供全面的风险保障。另外,在服务于旅游企业经营方面,要积极探索地方保险业与银行业更广领域和更深层次的合作,推进旅游项目融资领域的保险业务,发展与景区道路交通、水电气、景区环保设施建设等相关的保险服务,为旅游企业经营开发多元化和综合性的旅游保险服务产品。

7.3　旅游投资决策

7.3.1　旅游投资决策的目标与程序

旅游投资决策是指为达到一定的旅游投资目标,在对有关投资项目在资金投入上的多个方案比较中,选择和确定一个最优方案的过程。

1)旅游投资决策的目标

旅游投资决策目标对旅游投资决策十分重要,其不仅是对旅游投资决策方案进行评估审查的前提,也为最终确定旅游投资决策方案提供重要依据。通常,可以把旅游投资决策目标分为以下 3 类:

(1)获取经济和财务收益为主的投资决策目标

对旅游项目进行投资建设,主要的目的是获取超过投资成本的利润,并且努力实现利润最大化。这类投资决策大多数属于企业微观经营投资决策,对其评估和审查关键是看其经济和财务效益是否可行。同时,从可持续发展的角度也要审查其社会效益和生态效益的可行性。

(2)获取经济、社会和生态等综合效益为主的投资决策目标

建造博物馆、艺术馆,建设国家或地区公园、改善城市公共设施等项目进行投资建设,其主要目的是发展当地旅游经济,创造劳动就业机会,改善城乡生态环境,带动地方经济社会发展,使经济效益、社会效益、生态效益等得到综合性改善。这类投资决策大多数属于国家或地方宏观投资决策,对其必须进行综合评估并审查经济、社会生态效益是否可行。

（3）获取特定的经济或非经济效果为主的投资决策目标

政府通过支持开设各种免税商场、旅游购物中心、特种娱乐设施和场所等，以赚取更多的旅游外汇收入；通过建设各类旅游院校或旅游培训中心，以培养和提供旅游经济发展所需的各类旅游人才；通过加强各种公共服务机构的建设，以提供更好的旅游环境和经营条件等，目的是促进当地社会经济发展。这类投资项目既可以在政府支持下由企业投资建设，也可以由国家或地方政府投资建设，对其评估和审查必须根据不同的目的进行。

2）旅游投资决策的程序

科学的决策必须遵循科学的决策程序。旅游投资决策的程序是指投资项目决策过程中各工作环节应遵循的符合其自身运动规律的先后顺序。根据对旅游投资决策实践经验的总结，旅游投资项目决策的程序主要按以下 5 个步骤进行：

（1）旅游投资目标的确定

任何旅游投资都有明确的目标，这是进行旅游投资决策的重要前提条件。确定旅游投资的目标，要对投资条件和环境进行调查和分析，包括旅游投资项目的资源要素条件、生产经营环境、旅游市场竞争状况和发展趋势。在此基础上明确投资项目的优劣势、发展机遇和现实条件等，还要对旅游投资项目进行初步的机会研究，明确旅游投资的预期目标和重点，并且根据旅游市场需求预测，制订旅游投资的定性目标和定量目标，确定旅游投资项目的评价和考核的预期指标体系。

（2）旅游投资项目建议书的提出

根据国民经济和社会的长远发展规划、旅游行业规划和地区规划，以及技术经济政策和建设任务的要求，在机会研究的基础上，由旅游项目主管单位提出项目建议书。项目建议书又称预可行性研究，是项目主管单位对拟建项目的必要性及可行性提出的轮廓设想，是向地方政府有关部门提出申请建设某个旅游项目的建议。其内容一般应包括拟投资项目的名称、地点、时间、主要内容、投资主体和投资投入量，以及对拟建项目的必要性和可行性的初步设想等。

（3）旅游投资项目的可行性分析

旅游投资项目建议书经政府有关部门初步评估和批准后，由旅游投资项目建设主体或主管单位委托具有旅游规划和可行性研究资质的规划和咨询机构进行旅游投资项目的规划和设计，并在此基础上进行旅游投资项目的可行性研究，编制旅游项目投资可行性研究报告。

（4）旅游投资项目的评估

由旅游投资项目审批决策部门组织或授权有关机构和专家，对项目主管单位提交的旅游投资项目规划设计和可行性研究进行评估论证和审查。其主要任务是对投资项目的可行性研究报告提出评价意见，最终确定旅游投资项目是否可行，并根据可行性研究提出的多种方案确定旅游投资项目建设的最佳方案，提出旅游投资项目的评审意见和建议。

（5）旅游投资项目建设的审批

对已完成了项目评估的投资项目，旅游投资项目审批决策部门根据评审意见，对可行性研究报告及项目评估报告等文件进一步加以审核。如果投资项目可行且相关要件都已经齐备，即可批准旅游投资项目进行建设。

需要说明的是，投资决策程序的结束并不意味着投资决策的结束，要全程跟踪，随时监控。如果在方案执行过程中，由于内外部条件发生变化而使原有决策不再可行时，就应该作出中止该方案执行的决策，以避免更大的投资损失。

7.3.2 旅游投资决策的可行性分析

可行性分析是旅游投资决策的重要环节，是指综合运用多种学科的知识，寻求使旅游投资项目达到最好经济效益的分析方法。它的任务是以市场为前提，以技术为手段，以经济效益为最终目标，对拟建的旅游投资项目，在投资前期全面、系统地，论证该项目的必要性、可能性、有效性和合理性，作出对项目可行或不可行的评价。因此，可行性分析就是对拟订的投资项目在未来能否带来经营上和经济上的效益而进行的分析，以确定投资项目在技术上、开发上和经济上的可行性。

1）旅游投资决策可行性分析的原则

可行性分析是对拟建的旅游投资项目提出建议，并论证其在技术上和经济上是否可行的基础性工作，需要坚持以下基本原则：

（1）针对投资项目的具体要求

由于各个旅游投资项目的背景情况千差万别，因此，可行性研究并没有固定的模式。在实际工作过程中，研究人员对市场需求、项目规模、设计要求的确定，以及编制财务计划所使用的方法，都应根据项目的具体要求而定。

（2）为决策者提供充分的论据

可行性研究是投资者、开发者、经营者和相关部门进行决策时的重要参考依据，因此，可行性分析报告中的证据要充分，论证过程要全面，并明确提出研究的结论和事实，为决策者进行正确、合理的选择提供客观准确的判断依据。

（3）注重分析方法的科学性

在可行性分析中，应把定量分析和定性分析的方法相互结合，通过科学的方法和精确可靠的数据尽可能客观地得出定性结论，从而使旅游投资项目可行性研究更富科学性、准确性和可操作性。

（4）实事求是地进行预测

旅游投资项目可行性分析是旅游投资决策的重要依据，需要坚持实事求是的态度和公正性原则。如果研究人员经过研究认为某一旅游投资项目无法取得预期的效益和目标，就应本着实事求是的态度，毫不迟疑地向投资者报告，而不应该牵强附会地作出一个并不可行的可行性报告，从而导致旅游投资项目实施后带来巨大损失。

2) 旅游投资决策可行性分析的类型

从旅游投资项目的实际情况出发,按照现行基本建设的要求,旅游投资可行性分析可分为投资机会研究、初步可行性研究和最终可行性研究 3 种类型,3 种类型又可以依次作为可行性分析的 3 个阶段。

(1) 投资机会分析

投资机会分析是指在一个确定的旅游地区或企业内,在利用现有旅游资源的基础上所进行的寻找最有利的投资机会的研究。它分为一般机会分析和具体项目机会分析两种。例如,在面对一个可用于养殖和旅游开发等多种用途的水库时,旅游投资机会可行性分析的主要目的是对旅游投资提出建议,旅游投资项目建议书就是在投资机会分析的基础上形成的。投资机会分析比较粗略,主要是对旅游投资项目的效益可行性进行一些估计,并非进行详细的计算。但是,这种研究是必要的,因为每个项目都需要确定是否有必要进一步获取建设的详细资料。通常,投资机会分析所需时间较短,多为 1 ~ 3 个月,对总投资估算的误差一般要求控制在±30% 以内。

(2) 初步可行性分析

初步可行性分析是指在投资机会分析的基础上,对拟建的旅游投资项目的可行性进行的进一步研究。初步可行性分析是投资机会分析的继续和深化,尤其是对一些比较复杂的旅游投资项目,仅凭投资机会分析还不能决定其取舍,必须进一步进行可行性分析。初步可行性分析的任务包括:在投资机会分析结论的基础上,进一步论证投资机会是否有希望;进一步研究拟建的旅游投资项目建设可行性中某些关键性的问题,如旅游市场分析、项目建设选址等,以确定旅游投资项目是否具有生命力和技术上的可操作性;分析是否有必要开展最终可行性分析。初步可行性分析所需时间为 3 ~ 4 个月,只需概括地研究,对项目的各种方案可以进行初次筛选,对旅游投资项目的总投资估算的误差一般要求控制在±20% 以内。

(3) 最终可行性分析

最终可行性分析是在拟建的旅游投资项目获得上级主管部门批准立项后,对旅游投资项目所进行的全面的技术经济论证。它所研究的内容和方法要求全面、科学,需要进行多种投资方案的比较,其任务是拟订详细的建设方案,进行深入的技术经济分析论证。旅游投资项目越大,分析内容就越复杂。最终可行性分析不仅是确定旅游投资项目是否可行的最终依据,也是向有关管理部门提供进一步审查和向银行等金融机构筹集资金的依据。其所需时间随项目的大小及复杂程度有所不同,少则几个月,多则几年,对旅游投资项目的总投资估算的误差要求控制在±10% 以内。

在旅游投资项目建设中,常常涉及旅游开发者、旅游经营者、资产借贷者、资产投资者和政府机构等,每一方面从各自的利益出发,都要对拟建的旅游投资项目进行可行性分析。因此,可行性分析往往又因为相关单位和部门的要求不同,分为投资前研究、经营研究、资金研究、资产投资研究和政府机构研究等类型。

3)旅游投资决策可行性分析的内容

根据国家有关规定,一般工业建设项目的可行性分析应包括 10 项主要内容。旅游投资项目属于非工业项目,其可行性分析需结合旅游行业的特点,参照工业项目的要求,进行适当调整。旅游投资项目可行性分析报告应包括以下 9 项主要内容:

(1)项目总论

项目总论的主要内容包括:项目名称、主办单位及负责人,承担可行性分析的单位,分析工作的主要依据、工作范围和要求,项目提出的背景、投资建设的必要性和经济意义,可行性研究的主要结论、存在的问题与建议,列表说明项目的主要技术经济指标。

(2)旅游市场需求预测与项目建设规划

旅游市场需求是一切旅游经济活动的起点,对旅游投资项目进行可行性分析时,首先要进行旅游市场需求调查和预测,并在调查的基础上对未来的市场需求进行科学的预测。同时,了解市场现有的供给状况,分析旅游市场竞争情况,分析拟建投资项目的竞争能力,在此基础上提出项目的建设规模、产品方案和发展方向的技术经济比较分析。

(3)市场区域特点和选址方案

旅游投资项目总是在一定的地域上建设。要对项目选址的地理位置、气象水文、地质、地形等地理条件,交通运输、供水、供电、供气、供热、通风等市政公共设施条件,以及当地或邻近地区的社会经济状况进行分析,以确定建设的可行性。

(4)项目工程方案

旅游投资项目工程方案主要分析项目的建设工期、进展速度、建设的标准、建设的内容、主要设施的布局、主要设备的选型及相应的技术经济指标,确定项目提供的产品或服务的规格要求等。

(5)项目的政策环境

旅游投资项目的政策环境主要包括国家的法律制度、税收政策、项目生产经营许可、其他政府限制政策等。

(6)劳动力的需求和供应

劳动力的需求和供应主要研究旅游项目建设过程和完成后的劳动力来源、使用、培训以及人员组织结构等方案,以确保投资项目建成后有充足、合格的劳动力,保证生产经营活动的顺利进行。

(7)原材料、燃料及动力供应

原材料、燃料、动力供应主要研究旅游项目建成后,原材料、燃料、动力等的供应渠道及价格变动趋势、使用情况、维修条件等,以保证项目建成后,生产过程所需要的各种物质生产要素能及时得到满足。

(8)投资额及资金筹措

投资额及资金筹措主要包括投资总额、投资结构、外汇数额、固定资产和流动资金的需求量、资金来源结构、资金筹措方式、资金成本等问题的分析研究。

（9）综合效益评价

综合效益评价主要研究旅游投资项目的总体效益评价,包括经济效益、社会效益和生态效益。经济效益评价主要有项目净现值指标和投资收益指标等。社会效益和生态效益主要研究旅游项目建成后对社会和环境的积极作用和消极影响。

7.3.3　旅游投资决策的方法

根据对各种自然状态认识和掌握的程度不同,决策问题通常可以分为3种类型:确定型、不确定型和风险型。对不同类型的旅游投资项目有不同的决策方法。

1)确定型决策方法

确定型决策是指自然状态的发生为已知的和肯定的情况下进行的决策。确定型决策问题具有4个特点:有明确目标、有两个或两个以上的行动方案、每个方案只存在一个确定的自然状态、不同的行动方案在确定的自然状态下的损益值可以计算出来。由于确定型决策问题中一个方案只有一个确定结果,因此,只要比较一下各个方案的结果,即可作出抉择。例如,进行旅游投资时可以向3家银行贷款,其利率各不相同,为使贷款利息最低,应选择哪一家银行贷款,这就是确定型决策。当然,如果可供选择的方案数量很多,要在其中选出最优方案也是不容易的。

2)不确定型决策方法

不确定型决策是指对自然状态是否发生,事先不能肯定(可能发生,也可能不发生)的情况下进行的决策。由于不确定型决策的每种自然状态的概率全然不知,在比较不同方案的经济效益时,会带有很大的主观随意性,因此,决策者的偏好,对决策结果有较大的影响。常用的决策方法有以下4种:

（1）大中取大决策法

大中取大决策法也称乐观决策法,是指决策者在决策时对未来保持乐观态度,即使情况不明,仍不放弃任何一个可能获得最大利益的机会,想要争取最大利益。具体的方法是:决策者先从每一个方案中选择一个最大的损益值,再从这些最大的损益值中选一个最大值,所选的最大值对应的方案,就是决策者认为的最优方案。

（2）小中取大决策法

小中取大决策法也称悲观决策法,是指决策者在决策时对未来持悲观态度,在客观情况不明时,唯恐决策错误造成重大的经济损失,比较小心谨慎,总是从最坏的结果着想,从最坏的结果中选择出最好的结果。具体的方法是:决策者先找出每一个方案在各种自然状态下的最小损益值,再从这些最小值中选出最大的值,这个最大值所对应的方案,就是决策者要选择的最优方案。

（3）折中决策法

折中决策法也称乐观系数决策法,是指决策者在进行决策时既不持十分乐观的态度,也不抱消极保守的思想,而是依据历史数据的分析和经验判断来确定一个乐观系数,运用乐观系数计算每个方案的期望损益值,并取期望损益值最大的方案为最优方案。乐观系数即决策的主观概率,其值的确定没有一个理论标准,往往与决策者的个性有关。

（4）最大最小后悔值决策法

决策者在选定方案并组织实施后,如果遇到的实际状态表明采用另外的方案会取得更好的收益,企业在无形中遭受了机会损失,决策者将为此感到后悔。后悔值决策法就是一种力求使后悔值最小的决策方法。具体方法:先找出各方案的后悔值,它是指方案在某一自然状态下的最大损益值减去其他各方案的损益值,找出每个方案的最大后悔值,再从这些最大后悔值中找出一个最小的后悔值,即可能出现的后悔值是最小的,这个最小后悔值所对应的方案就是最优方案。

3)风险型决策方法

风险型决策方法也称随机型决策法,是指决策者对自然状态是否发生不能肯定,但可以预测各自然状态可能发生的概率的情况下的决策。它有 5 个特点:有明确的目标;有两个以上可供选择的行动方案;有两种以上不以决策人的意志为转移的自然状态;对每种自然状态出现的概率大体可以估计出来;不同方案在不同自然状态下的损益值可以计算出来。对风险型的决策问题,无论采用哪一种方案,都要承担一定的风险。在风险型决策情况下,决策的方法根据决策问题的复杂程度可选用损益期望值法和决策树法。

（1）损益期望值法

损益期望值法也称损益表法或表上作业法。这种决策方法的关键是计算各方案的损益期望值。各方案的损益期望值计算出来后,如果决策目标是收益最大,则选择损益期望值最大的投资方案;如果决策目标是成本最小,则选择期望值最小的投资方案作为最优方案。

（2）决策树法

决策树法也称图上作业法,是风险型决策问题中常用的方法。决策树法是把各种可供选择的投资方案和可能出现的自然状态、可能性的大小及产生的后果简明地绘制在线条像树干分枝的图形上,以便于研究分析。决策树法在绘制决策树图时,其顺序是由左向右绘制,各节点的顺序号按从左向右、从上向下的次序标注。运用决策树法进行决策,是从右向左逐步倒推进行计算分析。首先,根据结果点的损益值和相应概率分枝的概率相乘计算出损益期望值,加上某一方案各自然状态下的损益期望值即为该案的损益期望值;其次,根据各方案的损益期望值大小来选择最优方案。

7.4 旅游投资项目评价

7.4.1 旅游投资项目评价的意义

旅游投资项目评价是由旅游投资项目的决策部门组织或授予于相关银行、工程咨询公司或有关专家对旅游投资项目可行性研究报告进行全面审核和再评价的工作。其主要任务是对可行性研究报告提出评价意见,最终决定该投资项目是否可行,确定最佳投资方案。在完成了旅游投资项目的项目评价后,决策部门再对可行性研究报告及项目评价报告等文件进一步加以审核,这部分工作在规划中主要表现在财务评估方面。如果确认项目是可行的,并在项目申请报告通过批准或核准、备案之后投资建设。一般来说,旅游投资项目评价是一个综合性的指标体系,包括经济效益指标、社会效益指标等,这些因素在可行性分析中都应当给予充分论证。旅游投资项目评价是旅游投资决策过程中十分重要的环节,旅游投资项目只有通过项目评价,才有可能顺利进入项目审批和实施阶段。因此,旅游投资项目的评价是为科学投资决策提供依据的一项关键性工作。

7.4.2 旅游投资项目经济效益评价

对于一个企业投资来说,旅游投资项目的目标是获得最大的利润,只有在取得满意的投资利润和经济效益时,才能激发起投资者的投资热情。旅游投资项目不仅要收回投资成本,而且必须取得一定的利润,获利能力越强,表明其投资效益越好。按照利润最大化的标准,旅游投资项目的评价方法通常有以下 4 种:

1) 投资回收期法

投资回收期是指旅游项目的净收益抵偿全部投资所需要的时间(年数),是评价项目在财务上投资回收能力的主要目标。这种方法主要是通过计算旅游投资项目在未来产生的税后净利总量与最初的投资总量相等情况下,旅游投资项目所需要的回收期长短。如果每年的净现金流量相等,可用每年净现金流量除以旅游投资项目的投资额,即可得到回收期。如果每年的净现金流量不等,就需要用推算的方法求回收期,一般也可根据年均净现金流量来推算。其计算公式为

$$T = \frac{IV}{NCF}$$

式中,T 为旅游项目投资回收期;IV 为旅游项目投资总量;NCF 为旅游项目每年的净现金流量。

计算出来的投资回收期小于或等于投资者期望的回收期时,项目可以考虑接受。投资回收期法的优点是便捷、简单,是旅游投资项目评价常用的方法。但由于其未考虑资金的时

间价值,并忽略了投资回收期以后该项目各年的盈利状况,因此,准确性不够高。

2) 内部投资回收率法

内部投资回收率又称内部投资利润率,是指旅游投资方案的未来预期净收益与投资总额之差等于零时的利息率或贴现率。此时的贴现率又称内部利息率或内部投资效率,是在投资决策分析中,把未来值折算为现值的系数。其计算公式为

$$\sum_{t=1}^{n} \frac{C_t}{(1+R)^t} - C = 0$$

式中,C_t 为投资项目在未来 t 年内的净现值效益总和;C 为旅游项目投资额;R 为内部投资回收率。

在实践中,通常把内部投资回收率同利息率进行比较,若内部投资回收率高于利息率,则旅游投资项目方案可行。内部投资回收率法的优点在于它为企业或主管部门评价旅游投资项目的经济效果提供了一个合理的衡量标准,这对加强旅游行业投资管理具有十分重要的现实意义。

3) 净现值法

净现值是指某项旅游投资方案中未来预期总收益现值减去总投资额现值后的净值。通常,任何一项旅游投资都希望未来的收益比原投资额更多。现值是把未来预期收益的货币额首先按资金成本率换算成当前的货币额,然后与总投资额现值比较,就可以评价和比较旅游投资项目的各个方案是否可行,并从中选择最佳方案。其计算公式为

$$NPV = \sum_{t=1}^{n} \frac{C_t}{(1+K)^t} - C$$

式中,NPV 为净现值;C 为旅游项目投资额;C_t 为投资项目在未来 t 年内的现金收入总和;K 为资金成本率。

资金成本率是指使用资金的代价,可以按银行利息率、旅游行业的基准收益率或加权平均设定。

当净现值大于或等于 0 时,表明该旅游项目可行。净现值法的最大优点是克服了回收期法的缺陷,不仅考虑了资金的时间价值,能反映方案的盈亏程度,而且考虑了投资风险对资金成本的影响,有利于投资者从长远和整体利益出发作出决策。该方法的不足之处是只反映了投资方案的盈亏总额,而没有说明投资方案的单位资金投资的效率。这样容易忽视盈利总额较小、投资更少、经济效益更好的方案。

4) 利润指数法

利润指数法是指用单位投资所获得的净现金收益同投资额进行比较,来评价投资方案经济效果的方法。其计算公式为

$$PI = \frac{\sum C_t/(1+K)^t}{C}$$

式中，PI 为利润指数；C 为旅游项目投资额；C_t 为投资项目在未来 t 年内的净现值效益总和；K 为资金成本率。

如果利润指数 $PI>1$，则该旅游投资项目方案会取得盈利，说明方案可以接受。

7.4.3　旅游投资项目社会效益评价

旅游投资项目评价不仅包括经济效益评价，还要进行社会效益评价。旅游对社会文化的影响是潜移默化的，在短时期内往往很难察觉到。

1）创造就业机会

旅游业是以服务为导向的行业，是吸收劳动力就业潜力较大的产业，劳动密集特征明显。由于旅游经济所具有的乘数效应和波及效应，在产生直接就业机会的同时，也会产生间接的就业机会。旅游投资项目能够为社会提供一定数量的就业机会，具有明显的就业效果。某一旅游投资项目提供就业的能力，可以根据该项目单位投资招用工人的次数，或以该项目向职工所支付的工资来衡量。

2）社会文化影响

旅游业是具有文化性特征的产业，旅游投资项目对社会文化的影响极为深刻，对保护和合理利用名胜古迹、对传承传统艺术和文化遗产、对当地居民消费方式都会产生一定的影响。旅游投资项目的社会文化效益评价多依靠主观判断，定量描述有一定困难，可以采用专家打分法进行。组织不同科学领域的专家对旅游投资项目可能对社会文化带来的影响进行各个方面的综合评价，给出相应的分值，并用正数表示其积极作用，用负数表示其消极作用。一般来说，不同专家或评价内容应给予不同权数，然后给出综合评价。最终评价如果为正数，则表明旅游投资项目对社会文化产生了积极的作用；反之，则表明旅游投资项目对社会文化带来了消极影响，应尽量避免。

7.4.4　旅游投资项目生态效益评价

生态效益评价是从生态效益的角度对旅游投资项目对生态环境有利和有害的影响进行评价。其内容主要包括：审查环境影响评价报告书是否齐全；对生态环境造成的近期和远期影响以及拟采取的防治措施进行评价；确认和选择技术可行、经济和布局合理的方案；评价项目的生态环境保护措施与治理方案是否一致，"三废"治理和防止噪声干扰等是否符合保护生态环境的要求。

7.4.5　旅游投资项目风险控制

如果投资方案只有一个确定的结果，这种投资是确定性投资。但是绝大多数的旅游投资项目都具有不确定性，外界因素的变化往往直接引起投资效果的变化，甚至某些在投资决策时认为是可行的方案，投入以后会由于某些因素的变化而变得不可行。这种致使旅游项目投资所取得的结果与原期望结果的差异性称为旅游项目投资风险。

1) 旅游投资项目风险的种类

根据旅游投资者能否直接控制投资风险,可将旅游项目投资风险划分为项目环境风险和项目核心风险。旅游项目环境风险是指那些对所有的旅游投资项目都产生影响的因素引起的风险,主要包括经济风险、政治风险、金融风险、自然风险等。投资者无法直接控制这些风险,只能通过各种措施降低其损害程度。旅游目的地政治环境不稳定、自然景观的退化、客源地和目的地经济发展变化、利率或汇率变化等都会带来投资风险。

旅游项目核心风险是发生于个别项目的特有事件造成的风险,主要包括完工风险、设计风险、管理风险、市场风险等。投资者可以控制该类风险的发生,或采取预防措施规避风险。这些风险来自投资项目内部,例如,由于旅游项目无法按期完工甚至停工,造成建设成本超支,产生完工风险。旅游项目的选题、策划或布局存在缺陷,致使项目难以具有竞争力,这是设计风险。管理风险是指项目经理或管理团队对风险的认知差异、项目管理经验不足等带来的风险。市场风险是指旅游投资项目建成投入使用后对市场的适应情况,与建设预期产生一定差异,许多旅游项目开工建设时轰动,建成后经营惨淡,这也是市场风险的一种体现。

2) 旅游投资项目风险的控制措施

(1) 增强风险防范意识

旅游投资项目的风险是客观存在的,而且与其收益成正比。旅游项目投资者应树立正确的风险观念,如果一概地排除或逃避风险,就无法实现既定的利润目标。因此,需要认识旅游投资项目本身的特点,分析风险产生的根本原因,增强投资风险意识,寻找风险产生的特点和规律,克服旅游项目投资决策的盲目性。

(2) 正确识别和估量风险

旅游投资者要学会正确识别投资风险。这需要投资者周密地分析项目所处的经济环境、存在的种种不利因素。同时,旅游项目投资者应科学地估量风险的大小,掌握风险的程度,包括各种潜在风险可能造成的损失、发生频率、损失程度,以及对旅游企业生产经营、生态环境、社会环境造成的影响等,为今后投资决策、预防以及处理等提供准确依据。

(3) 加强风险的预测和监测

为及时有效地应对旅游投资项目风险,一方面,旅游企业应建立风险预警系统,加强风险监测。通过搜集、加工和分析外部环境和企业内部的相关信息,运用预警模型,监测各项投资指标的变化情况,对未来可能发生的风险类型及其危害程度作出评价、预测,并在必要时发出警报。另一方面,规范科学的内部运行程序是及时识别风险、化解风险的重要保证,旅游企业内部应建立规范科学的投资决策程序和投后管理程序,完善风险防范机制,防止盲目投资和偏颇。

（4）强化风险的控制和处理

风险控制的实质是在风险分析的基础上，针对旅游投资企业存在的各种风险因素，采取控制技术减少或消除风险损失。旅游投资项目控制和处理投资风险的方法有以下4种可供选择：一是回避法，是指设法避免损失发生的可能性，从根本上远离风险源。二是分散法，是指通过旅游企业之间联营、多种经营及对外投资多元化等方式分散投资风险。三是转移法，是指旅游企业以某种方式将所面临的某些风险转移给他方。具体包括购买保险将风险转移给保险公司承担、通过契约的形式将风险损失转移给他人、通过各种形式的经济联合将风险横向转移。四是自留法，是指旅游企业自己承担风险，风险损害后果自负。旅游企业可预留一笔风险金或随着生产经营的进行有计划地计提风险准备基金等。

本章小结

- 旅游项目是指在一定时间和区域内，为实现旅游发展目标而投资建设，从而取得利润的基本建设单位，是旅游投融资的客体。旅游投融资是为完成旅游项目建设而进行的一系列投资和融资行为，实质是对资金的配置过程。在市场经济中，旅游投融资主体主要有企业、政府、商业银行、社会团体、个人投资者等，各主体的特性和追求目标不同，使得其投资的目的、行为特征也各不相同。旅游融资方式是指社会资金由资金盈余部门向旅游行业转移的形式、手段、途径和渠道。融资渠道解决的是资本来源问题，融资方式则解决通过何种方式取得资本的问题，两者之间存在一定的对应关系。

- 旅游投资决策目标对旅游投资决策十分重要，了解和明确各种旅游投资决策目标的特点，才能为科学的旅游投资决策提供指导和依据。旅游投资决策的程序是指投资项目决策过程中各工作环节应遵循的符合其自身运动规律的先后顺序。遵守科学的决策程序，项目投资才可能出现好的效益。

- 可行性分析是旅游投资决策的重要环节，它的任务是在投资前期全面、系统地论证，作出对项目可行或不可行的评价。旅游投资决策方法通常可以分为3种类型：确定型、不确定型和风险型。对不同类型的旅游投资项目有不同的决策方法。

- 旅游投资项目评价的任务是对可行性研究报告提出评价意见，最终决定该投资项目是否可行，确定最佳投资方案。一般来说，旅游投资项目评价不仅包括经济效益评价，还要进行社会、生态效益评价。对大多数投资活动来说，都存在一个风险问题，要对旅游投资项目作出准确的风险评价，力求使风险减到最低限度。

思考题

1. 什么是旅游项目？旅游项目有哪些类型？
2. 什么是旅游投融资？旅游投融资有哪些特点？
3. 各旅游投融资主体的行为特征有哪些不同？
4. 举例说明不同类型的旅游融资渠道、平台和服务体系。
5. 简介旅游投资项目可行性分析报告的主要内容。
6. 结合实际说明绿色发展理念对旅游项目投融资有什么意义。

【案例分析】

新技术赋能,文旅行业迎来"新风口"①

在5G、人工智能、物联网等新一代信息技术的赋能下,文旅产业正不断焕发出新的生机和活力,数字文旅、智慧文旅将迎来历史性发展机遇。

一、显示技术重塑文旅新业态

显示技术是利用电子技术提供变换灵活的视觉信息的技术。自该技术诞生发展以来,人们对于更高分辨率、更优质画面、更极致视觉体验的追求从未停止。在新技术的加持下,显示技术与文化艺术的融合正在改变传统文旅行业,能够给人们带来更高质量、更沉浸式的视觉体验,传递更丰富的视觉信息。数字技术与智慧景区不断融合,"演艺+旅游"成为新型旅游"标配",智能化设备在景区的应用场景越发丰富。LED、水光、声光、音视频等技术,不仅为游客带来多重体验,还丰富了景区内涵,提升了旅游品质。LED显示屏可展示并预判景区客流、线路安排、停车情况等,提高了旅游服务的便利性和管理效率。

在显示技术的赋能下,无人机等智能终端能够大显身手,不断打造文旅创意"新场景"。在文旅领域,无人机和显示行业的粘连度很高。它们一个是空中观赏,一个是地面欣赏,空中和地面结合起来就是一个立体的美的享受。如今,无人机编队的表演风靡全球,以变换队形、灯光手段,在空中不断"书写",就好像水幕电影一样,可以把每个人的形象逼真地刻画出来。

学者认为,显示技术可以从五个方面推动文旅行业转型升级。一是非现实的创意内容可带来更沉浸、更完整和更丰富的立体化体验;二是自持户外媒介具有鲜亮的视觉效果,可有效吸引注意力,达到立体化传播效果;三是屏上有内容、线下有氛围、IP有互动、消费有冲

---

① 资料来源:新技术赋能文旅行业迎来"新风口"[N].中国电子报,2023-10-22.(节选,有调整)

动,打造"氛围+情绪+内容"的立体化消费场景;四是新玩法、新视觉、新体验,可促进形成"游客自发传播、后来者种草"模式,吸引立体化客流来源;五是前沿显示技术可突破创意内容天花板、全方位助力文旅产品开发,打造立体化IP和周边产品。

二、沉浸式体验成为文旅项目投资"新风口"

随着文旅市场的发展,人们已不满足于"看景",躬身"入景"成为新的时尚潮流,而智能显示产品和服务正是实现沉浸式体验的重要载体和工具。

沉浸式狭义上可以理解为利用光影科技在一个相对封闭空间内营造出的"身临其境"体验;而广义上还包括光影营造出的氛围。对于城市文旅实践来说,沉浸式包括沉浸式场景、沉浸式设施、沉浸式内容、沉浸式服务和沉浸式活动五大要素。

如何打造沉浸式文旅新场景,将在地文化转化为场景体验?这需要以科技、互动、体验为目标,从"重内容"转向"重体验",从"买产品"转向"卖服务",以文化为底色,融前沿科技之力,打造专属文化IP,创建文化旅游消费场景空间。全沉浸式的观演模式不必设置传统的观影座位,运用AI、AR、VR、MR等虚拟现实和元宇宙技术催生众多虚实结合场景,游客可以在场景内走动,跟随演员"穿越"到不同时空,从"看景人"变为"景中人",用深度参与打造情感连接,带来跨越时空的沉浸式体验。

讨论题:

1.根据案例,谈一谈你对新技术赋能下如何创新旅游项目的认识。

2.假如你正在面对一个旅游投资项目,你该怎样借助新技术的力量为该项目赋能?

拓展阅读

1.国务院办公厅转发《关于规范实施政府和社会资本合作新机制的指导意见》

2.文化和旅游部印发《国内旅游提升计划(2023—2025年)》

第8章
旅游收入与经济效益

【学习目标】

- 掌握旅游收入的类别、指标及影响因素,了解旅游分配的过程,旅游乘数效应的概念,旅游经济效益的含义、特点及评价的内容;
- 理解旅游微观经济效益与宏观经济效益的含义、评价指标与方法;
- 掌握定量考查旅游经济效益的方法,能够对旅游产业进行定性分析,从产业角度评价旅游经济效益;
- 认识旅游经济在国民经济高质量发展中的地位及作用。

【导入案例】

"免费的"杭州西湖①

杭州西湖是中国首个免费开放的国家5A级景区。2002年,杭州市政府提出"还湖于民",自此,西湖景区免费向游客开放。对游客而言,"钱,一分不花;美,一分不少",对于免费西湖的"心意",游客用"脚"作出了投票;对景区而言,"挣了票子,撑了面子",成为游客眼中"性价比最高"的5A景区。西湖免费后更多人愿意来杭州。随着游客人数的大幅度增长和逗留时间的延长,带动了杭州的服务行业,为杭州创造了大量的就业岗位和经济效益。

免费西湖树立了杭州文旅品牌,通过加强旅游与文化、农业、体育等产业的融合,形成了一批具有地方特色的复合型旅游产品,打造各类特色小镇,提高了旅游业的综合效益。依托城市数字经济发展,打造"数字文旅第一城"。通过举办一系列具有国际影响力的会议以及赛事活动,杭州城市影响力不断加强。在文旅融合和科技赋能推动下,游客能够在杭州享受到更加便捷、高效、舒适的旅游体验,推动浙江省成为旅游大省,为浙江省的经济高质量发展注入了新的活力和动力。

杭州先后荣获"联合国人居奖""国际花园城市""东方休闲之都""中国最佳旅游城市"等称号,并蝉联"中国最具幸福感城市",城市建设水平和城市综合竞争力得到大幅提升。

---

① 资料来源:作者根据资料整理。

旅游经济效益是旅游经营者的主要目的,而旅游收入是影响旅游经济效益的关键要素。在现代旅游产业发展的背景下,旅游收入会带来哪些效应? 如何评价一个企业或是旅游目的地的旅游产业效益高低呢?

8.1 旅游收入与分配

8.1.1 旅游收入

旅游收入是指特定旅游目的地国家或地区在一定时间内(通常以年、季、月为单位)向游客销售旅游产品和服务所获得的货币收入的总和,主要包括旅游目的地国家或地区向游客提供的住宿餐饮、交通运输、旅游游览、旅游购物、娱乐休闲等相关产品和服务所获得的货币收入的总和。

1) 旅游收入的类别

为了统计和研究的需要,旅游收入可以分为以下 4 类:

(1)国际旅游收入和国内旅游收入

按照旅游经营业务的不同,将旅游收入划分为国际旅游收入和国内旅游收入。

国内旅游收入是指经营国内旅游业务而获得的本国货币收入。国内旅游收入来源于本国居民对本国旅游的消费支出。我国居民对旅游消费的需求进一步反映了居民生活水平和质量的提高。一直以来,我国将旅游作为一种生活奢侈品。随着人们经济收入的逐渐提高,国内居民对旅游的消费需求将呈上升发展趋势。国内旅游收入反映了本国与该国居民、本国旅游企业相互之间的经济关系。

国际旅游收入也称旅游外汇收入,是指旅游目的地国家或地区经营国际旅游业务而获得的外国货币收入。由于货币兑换率经常变动,同量的外汇收入在不同时点以本国货币表示国际旅游收入在数额上会存在差异。另外,国际旅游收入在数量上等于国际游客总支出减去国际交通费和客源国或地区旅游商的利润与佣金收入。国际旅游收入相当于本国旅游产品或服务的出口,因此,对国民经济是一种很好的注入因素。这不仅会增加本国的外汇收入,更能为增加本国的国民收入作贡献。国际旅游收入也反映了旅游客源国与接待国之间的经济关系。

(2)基本旅游收入和非基本旅游收入

按旅游需求弹性的不同,将旅游收入划分为基本旅游收入和非基本旅游收入。

基本旅游收入是指在旅游活动过程中,旅游目的地国家或地区向游客提供基本旅游产品(如旅游交通、景区游览、食宿等)和劳务所获得的货币收入总和。基本旅游产品和劳务是开展旅游活动的基本条件,其需求价格弹性和收入弹性都比较低。

在其他条件不变的情况下,基本旅游收入同游客人数、游客停留时间、游客的消费支出成正比例变化,即游客人数越多,停留时间越长,每天基本消费支出越大,旅游目的地国家或者地区获得的基本旅游收入就越多。其函数关系可表示为

$$I = f(N, C, T) = N \times C \times T$$

式中,I 为基本旅游收入;N 为游客人数;C 为游客日均基本旅游消费支出;T 为游客停留天数。

非基本旅游收入是指在旅游活动过程中,旅游目的地国家或地区向游客提供非基本旅游产品(如旅游购物、娱乐等)和劳务所获得的货币收入总和。非基本旅游收入受游客收入水平、行为偏好影响较大。

基本旅游收入反映了一个国家或地区旅游发展的广度,而非基本旅游收入反映了一个国家或地区旅游发展的深度。

(3)商品性旅游收入和劳务性旅游收入

按照产品形态的不同,将旅游收入划分为商品性旅游收入和劳务性旅游收入。

商品性旅游收入是指旅游目的地国家或者地区在一定时期内向国内外游客提供各种实物形态的旅游产品所获得的货币收入。

劳务性旅游收入是指旅游目的地国家或者地区在一定时期内向国内外游客提供各种劳务性旅游服务所获得的货币收入,主要包括游客在旅游过程中购买的旅行社服务、旅游交通服务、住宿服务、邮电通信服务、文化娱乐服务、参观游览服务、保健服务和其他服务的收入。

(4)年收入、季收入和月收入

按照时间单位,将旅游收入划分为年收入、季收入和月收入。

按照国际惯例,以联合国世界旅游组织制定的《2008 国际旅游统计建议》为标准,世界上大多数国家的旅游部门计算旅游收入,一般以年、季、月为自然单位。随着旅游业的进一步发展,许多旅游部门为了更好地掌握游客需求规律,对旺季旅游收入、淡季旅游收入、高峰日旅游收入进行了统计和计算。

2)旅游收入的指标

旅游收入指标是指用来反映和说明旅游经济发展的水平、规模、速度和比例关系的价值指标,通常以货币单位来计算和表示,是分析旅游经济活动情况的重要工具。旅游收入指标主要有以下 8 种:

(1)国内旅游收入

国内旅游收入是指旅游目的地国家或地区在一定时期内,通过向国内游客销售旅游产品和其他相关服务所获得的本国货币收入的总额,也是国内游客出游的全部消费支出总额。国内旅游收入计算是先通过国内游客进行抽样调查,得到游客人均消费支出和人均停留天数,用以下公式可以得到

$$R = N \times C \times T$$

式中,R 为国内旅游收入;N 为国内游客人次;C 为国内游客日均消费支出;T 为国内游客停

留天数。

（2）国际旅游收入

国际旅游收入是指旅游目的地国家或地区在一定时期内，通过向国际游客销售旅游产品和服务所获得的外国货币收入的总额。在中国，国际旅游收入又称旅游外汇收入，是指接待海外游客所获得的外国货币的总额。国际旅游收入是衡量某一国家或地区国际旅游业发展水平的重要指标之一，也是反映其旅游外汇能力的一项综合性指标。国际旅游收入的计算方法与国内旅游收入的计算方法基本相同，即调查得出外国游客人次、外国游客日均消费支出、外国游客停留天数，并参照国内旅游收入计算公式进行计算。

（3）旅游总收入

旅游总收入是指在一定时期内，旅游目的地国家或地区的旅游企业和其他部门向国内外游客销售旅游产品和相关服务所获得的货币收入总额，包括国内旅游收入和国际旅游收入两个部分，一般以本国货币单位来表示，反映该国家或地区旅游业的总体规模和经营成果。旅游总收入的计算，是先把国际旅游外汇收入按旅游目的地国家当时的外汇汇率折算成本国货币收入，再与国内旅游收入相加得到。

（4）人均旅游收入

人均旅游收入是指在一定时期内，旅游目的地国家或地区平均接待一个国内外游客所获得的旅游收入。它反映了在特定旅游目的地国家或地区游客的平均支出水平。人均旅游收入的计算方法可以用旅游总收入与接待的国内外游客总人次相除而得。

（5）人均外汇收入

人均外汇收入是指在一定时期内，旅游目的地国家或地区平均接待一个外国游客所获得的旅游外汇收入。它也是每一个外国游客在旅游目的地国家或地区内的人均外币支出额，通常以美元为计量单位。人均旅游外汇收入的高低与入境游客的构成、支付能力、在境内停留时间，以及旅游目的地国家或地区的旅游接待能力有密切的关系。人均旅游外汇收入的计算方法可以用该国家或地区旅游外汇收入总额与其接待的外国游客人次相除而得。

（6）旅游换汇率

旅游换汇率是指旅游目的地国家或地区向国际游客提供单位本国货币旅游产品所能获得的外国货币的数量。一般来说，旅游换汇率与该国家或地区同期的外汇汇率是一致的。在不同时期，外汇比价不同，旅游换汇的数值也不同。在国际经济交往中，旅游产品的出口物资投入相对较少，且旅游出口具有产地成交的特点，免除了运输成本。因此，以一定数量货币表示的出口给国际游客的旅游产品，要比同量货币表示的出口一般商品能换取到更多的外汇收入，其换汇成本明显低于对外贸易中物质产品的换汇成本。旅游换汇率的计算公式为

$$H_t = \frac{H_f}{H_p} \times 100\%$$

式中，H_t 为旅游换汇率；H_f 为单位旅游产品外汇收入；H_p 为单位旅游产品本币价格。

（7）旅游收汇率

旅游收汇率是指在一定时期内,旅游目的地国家或地区经营国际旅游业所获得的全部外汇收入扣除旅游业经营中必要的外汇支出后的余额与全部旅游外汇收入之比。在旅游业发展中,需要从所获得的外汇收入中支出一部分用于购买发展旅游业所必需的国内短缺物资及其他支出。这些外汇支出主要用于购买进口设备设施和原材料,境外的宣传促销费用,偿付外商投资利息、利润分红,国外管理人员费用,进口外国游客需要的消费品等。这些项目的支出使一部分旅游外汇收入再流入国外。外汇流出的部分越少,旅游收汇率就越高。

（8）旅游创汇率

旅游创汇率是指非基本旅游外汇收入与基本旅游外汇收入之比。旅游创汇率与非基本旅游外汇收入成正比,与基本旅游外汇收入成反比。因此,要提高旅游创汇率必须扩大非基本旅游外汇收入,即不断提高非基本旅游产品的质量,进而扩大游客对非基本旅游产品消费的支出。

3）影响旅游收入的因素

旅游业是一个关联性、依赖性较强的行业,受各种社会经济现象和经济关系等多种因素不同程度的影响,使得某一旅游目的地国家或地区在一定时期内的旅游收入和旅游外汇收入量都会出现不同程度的高低变化。具体来讲,影响旅游收入的因素除了旅游人次、停留时间和日均消费额等因素外,还主要有以下 6 个方面的因素:

（1）游客支付能力与平均消费水平

在旅游接待人数既定的条件下,游客的支付能力和人均消费水平是旅游目的地国家或地区旅游收入增减变化的决定因素。游客的平均消费水平和支付能力与旅游目的地国家或地区的旅游收入成正比例关系变化。游客的支付能力强、平均消费水平高,则旅游目的地国家或地区的旅游收入就必然增加;游客的支付能力、平均消费水平低,则旅游目的地国家或地区的旅游收入就必然减少。游客的支付能力和平均消费水平的高低与游客的年龄、社会阶层、家庭状况、职业、个人可自由支配的收入和消费偏好等因素也有密切的联系。

（2）旅游产品质量和旅游资源的吸引力

旅游产品的质量、旅游资源的吸引力和开发程度都是影响旅游收入的重要因素。旅游目的地国家或地区旅游资源的丰富程度、开发程度、旅游产品特色,是吸引游客的重要方面。而旅游产品的质量和品位高低,又是吸引游客进行购买的重要原因。因此,要充分利用旅游目的地国家或地区的旅游资源及其吸引物,不断对旅游产品进行深层次的开发,调整产品结构,提高产品质量,从而提高游客的消费支出,增加旅游收入。

（3）旅游目的地的旅游价格

旅游价格是影响旅游收入最直接的因素,旅游价格和旅游收入之间存在着密切的依存关系。根据旅游需求规律,在其他条件不变的情况下,不论旅游产品的价格是上涨还是下跌,旅游需求量都会出现相应的减少或增加。为了测量旅游需求量随旅游产品价格的变化而相应变化的程度,需要正确计算旅游需求价格弹性系数,并根据旅游产品需求价格弹性大小,正确地计算旅游收入。

(4)外汇汇率

外汇汇率是各个国家不同种类货币之间的相互比价。外汇汇率对旅游目的地国家或地区旅游收入的变化产生一定的影响。如果旅游目的地国家相对旅游客源国的货币贬值,即汇率降低,在旅游目的地国家价格未提高的条件下,会刺激该旅游客源国的旅游需求,导致旅游目的地国家或地区的入境旅游人数增加,从而使旅游外汇总收入增加;反之,该国旅游外汇总收入降低。由此可知,由于汇率的变化,同量的旅游外汇收入在不同时期会因旅游目的地国家的汇率变化而出现差异,有时差异会比较大。因此,在衡量旅游目的地国家或地区的旅游收入时,应注意分析因汇率变动而形成的差异,这样才能使旅游目的地国家或地区在不同时期内所获得的旅游收入更具真实性和可比性。

(5)通货膨胀

旅游活动是一种商品性经济活动,价值规律对它起着重要的调节作用。通货膨胀直接影响货币购买力,旅游目的地国家通货膨胀会使旅游者购买力下降,从而影响该国旅游人次和旅游收入;反之,客源国通货膨胀会促使居民出境旅游。例如,日本在20世纪80年代中期,由于巨额贸易顺差,导致日元升值,继而引起国内通货膨胀,日本政府为缓解国内经济局势,鼓励本国居民出境旅游。

(6)旅游统计因素

旅游收入有些来自直接旅游部门,也有些来自间接旅游部门。受诸多因素的影响,旅游统计部门统计的旅游收入并不能完全真实地反映旅游目的地国家或地区所获得的旅游收入。主要表现在:一是旅游部门之间、旅游部门与非旅游部门之间对旅游的收入会出现重复统计的现象;二是游客在旅游活动中所支出的有些费用,如小费等无法统计到旅游目的地国家或地区的旅游收入中,致使该旅游目的地国家或地区的旅游收入统计出现遗漏;三是在探亲旅游过程中,某些游客以馈赠礼品、土特产品等方式来换取亲朋好友所提供的免费食宿,这种交换方式所产生的旅游收入无法进行统计;四是由于"地下旅游经济活动"的存在,即游客与旅游从业人员以私下交易方式,将购买旅游服务和产品的钱直接交给餐厅服务员、导游、出租汽车司机等,致使旅游收入减少和政府税收减少等,也增加了旅游统计中的漏统现象。

8.1.2 旅游统计

旅游统计作为衡量旅游发展的重要基础性工作,是认识旅游发展现状、研究旅游发展问题、制定旅游发展政策的重要依据。

1)现行旅游统计体系

根据文化和旅游部2020年发布的《全国文化文物和旅游统计调查制度》及《全国假日旅游统计调查制度》,我国目前的旅游统计指标体系主要包含以下五部分:一是国内出游,在全国范围内开展抽样调查,主要获取城乡居民国内旅游出游人次、旅游花费等基础数据,从而推算城镇、居民和全国旅游总规模;二是入境接待,通过抽样调查,获取入境过夜和一日游游客在中国(大陆)期间食、住、行、游、购、娱等方面的花费,从而测算国际旅游收入;三是地方接待,通过抽样调查,获取地方接待国内游客人数、在地方花费等情况;四是网上直报,文化旅游企事业单位通过网上填报统计报表,调查从业人员情况、资产数量、财务状况、业务开展等方面内容,分年度统计和季度统计;五是假日统计,统计调查全体公民放假的节日期间,即元旦、春节、清明节、五一劳动节、端午节、中秋节、国庆节等节假日,包括国内游客出游总人次、旅游总收入、人均花费等内容。

目前,我国旅游统计的主要问题是出游人数统计国内出游和地方接待的口径不一致、游客时间和距离的界定标准问题、抽样调查的局限性等。数字技术改变人类生产力和生产关系,借助大数据技术,开展系统旅游统计体系推算,可以对旅游统计进行改进。

2) 大数据技术应用对旅游统计的改进

(1) 改进旅游数据收集方法

抽样调查存在数据全面性不足的问题。在大数据技术的支持下,可以通过互联网收集旅游数据,以及旅游需求方数据、关联行业中的涉旅数据等。这样可以获得游客人数、性别、职业、旅游地、收入、消费习惯等多方面的信息。此外,大数据技术的整理分析功能还可以筛选这些数据中的无用信息,减轻统计工作负担,提高数据的精准度。

(2) 提升海量数据分析水平

对采集的旅游统计数据进行深度挖掘和预测是数据统计工作的关键。大数据技术的应用可以提高数据的挖掘和预测能力。通过分析游客查询的交通路线和旅游地发布内容的点赞数量,我们可以更深入地了解游客的需求和对旅游服务质量的满意度。这样,地方旅游企业可以针对游客的需求和反馈,改进旅游区的服务水平,提升游客的体验感和满意度。

(3) 增强旅游统计数据的时效性

抽样调查获取的数据往往时效性较差,不能满足现代旅游业对实时数据分析的需求。而大数据实时分析平台的建立可以优化数据的实时性。当大数据系统采集到旅游相关数据时,大数据实时分析系统能够自动对多个数据库中的数据进行实时分析,大大提高旅游统计数据的时效性,增加了旅游统计数据结果的使用价值。

(4) 优化旅游统计数据结果的运用

运用大数据进行旅游数据分析,其范围广泛,涵盖景区、食宿、游客、交通等多方面内容。分析结果可以反向推测游客的行为动机,监测旅游目的地的安全状况,评估风险。因此,大数据在旅游统计数据结果的使用上具有更高的实践指导价值。

8.1.3　旅游分配

旅游分配是指对一定时期内的旅游收入进行的分配,通常包括初次分配和再分配两个过程。

1) 旅游收入的初次分配

旅游收入的初次分配是在直接经营旅游业务的旅游企业、旅游企业员工和国家之间进行的。

（1）旅游收入初次分配的流向

初次分配的内容是旅游营业总收入中扣除了当年旅游产品生产中所消耗掉的生产资料价值后的旅游净收入（见图8.1）。旅游净收入又是旅游从业人员所创造的新增价值，属于当期旅游部门和企业的净收入，其价值通过营业成本核算转移到经营成本中去，从出售旅游产品的收入中直接补偿。旅游净收入经过初次分配后，分解为职工工资、政府税收和企业自留利润3个部分。

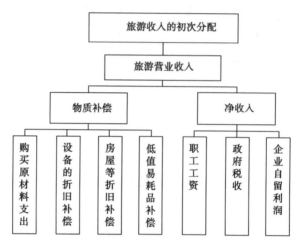

图8.1　旅游收入的初次分配

①职工工资。职工工资是指旅游部门和企业根据合理的分配原则，向旅游从业人员支付的工资，作为他们提供劳务的报酬，满足他们自己和家庭生活的需要。

②政府税收。旅游部门和企业按照国家税收政策的规定向政府纳税，成为国家财政预算收入的一部分，由国家统筹安排和使用。

③企业自留利润。旅游企业的自留利润被称为企业净利润，留归企业自行安排分配和使用。在我国旅游企业中，企业净利润又可分为企业公积金和公益金两部分，分别用于企业的自身发展和职工的福利支出等。

（2）包价旅游收入的初次分配

包价旅游收入的初次分配是在各旅游部门和企业中进行的，由于旅行社的特殊职能和地位，使它在旅游收入的初次分配中起着特殊的作用。旅行社作为旅游市场中介组织，要根据市场的需求，首先向住宿、餐饮、交通、游览、娱乐等部门和企业预订单项旅游产品，经过加工、组合，形成不同的综合性旅游产品（即包价旅游），出售给游客，由此获得包价旅游收入（见图8.2）。这种包价旅游收入首先表现为组团旅行社的营业总收入，在扣除了旅行社的经营费用和应得利润后，旅行社根据其他各旅游企业提供产品和服务的数量和质量，按照预订的收费标准，所签订的经济合同中列定的支付时间、支付方式和其他有关规定，分配给这些旅游部门和企业应得的旅游收入。这些部门和企业获得营业收入后，再在企业、员工、国家之间进行旅游收入的初次分配。

由于包价旅游收入是旅游收入的重要组成部分，以及旅行社在旅游收入分配中所起的先导作用,旅游目的地国家或地区旅游总收入的大部分是通过旅行社的经营所获得,又通过旅行社分配出去的。因此,旅行社的经营活动既是旅游营业收入的来源,又决定了旅游营业收入的分配,从而具有双重职能。旅游营业总收入数量的多少,旅游部门和企业营业收入的多少,在某种程度上往往取决于旅行社经营活动的强弱程度。因此,提高旅行社经营管理水平和市场竞争能力,对增加旅游营业收入十分重要。

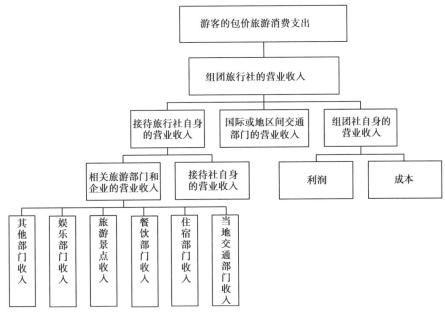

图 8.2　包价旅游收入的初次分配

2) 旅游收入的再分配

对旅游收入进行初次分配后还要进行再分配,这一过程是在旅游业的外部、全社会经济系统中进行的。

（1）旅游收入再分配的主要原因

旅游收入进行再分配的主要原因在于:一是为了使旅游业能不断扩大再生产,满足其自我发展和自我完善所必需的物质条件的需要,使消耗掉的原材料和设备等能得到补偿。二是满足旅游业从业人员的物质文化生活需求,以恢复和增强其体力和智力,继续为游客提供优质服务。同时,劳动者的家庭需要也能够得到满足,使劳动力不断地再生产。三是国家把集中的资金作为财政预算用于发展国民经济和社会事业,建立国家社会各项储备基金、社会保障基金及国防建设费用等。同时,还用于支付国家机关、文教卫生等事业单位的经费和工作人员工资,推动社会经济的繁荣和发展。

（2）旅游收入再分配的流向

旅游收入中上缴政府的各类税金构成了政府的财政预算收入。政府通过各种财政支出的方式来实现旅游收入的再分配。政府的财政支出主要用于国家的经济建设、国防建设、公共事业、社会福利投资和国家的储备金。其中一部分可能会作为旅游基础建设和重点旅游项目开发又返回到旅游业中。

　　旅游收入中支付给旅游从业人员个人的报酬部分构成了从业人员的个人收入。其中大部分被用于购买他们所需要的生活用品和劳务产品,以满足旅游从业人员自己和家庭成员物质生活和文化生活的需要,保证劳动力的再生产。这部分支出构成了社会经济中相关的提供生活资料和提供劳务的行业的营业收入。旅游从业人员个人收入消费之后所剩下的另一部分则存入银行、购买保险、购买国库券等,又形成了国家金融建设资金和保险部门的收入等。

　　旅游收入中的企业自留利润分为公积金和公益金两部分。公积金主要用于旅游部门和企业扩大再生产的追加投资、购买新的设备和设施、新产品的研制、技术更新改造、开辟新的市场,以及弥补企业亏损等方面。公益金主要用于旅游部门和企业职工与集体的福利,作为职工住房、医疗、教育、文体等活动的投资。公积金和公益金的支出构成了直接或间接为旅游部门、企业提供产品与服务的相关部门的营业收入。

　　旅游收入中还有一部分流向其他部门。如支付贷款利息而构成金融部门的投入,支付保险金而构成保险部门的收入,支付房租或购买住宅而形成房地产部门的收入,租赁设施设备而形成租赁单位的收入等。

　　旅游收入再分配是旅游经济活动的重要环节(见图8.3)。通过旅游收入的分配与再分配,实现了旅游业对旅游目的地国家或地区经济社会发展的促进与带动作用。

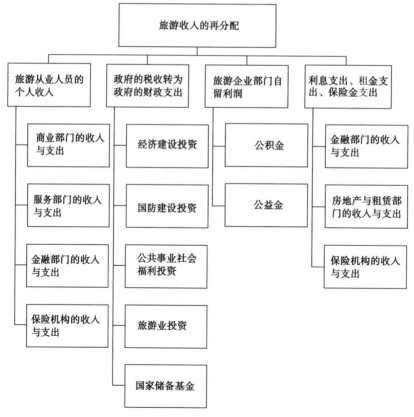

图8.3　旅游收入的再分配

8.2　旅游乘数效应

1) 乘数效应

乘数概念起源于 19 世纪后半叶。1931 年,英国经济学家卡恩首先提出了乘数理论。其后,凯恩斯又将这一理论进一步完善。乘数又可译作倍数,是现代经济学中用于分析经济活动中某一变量的增减所引起的经济总量变化的连锁反应程度。

在经济运行过程中,常出现这样的现象:一种经济量的变化,可以导致其他经济量相应的变化,这种变化连续发生并发展。在宏观经济研究中,将这一现象称为"乘数效应"。凯恩斯认为投资的增加对国民收入的影响有乘数作用,即增加投资所导致的国民收入的增加是投资增加的若干倍。若用 ΔY 表示国民收入的增加,K 表示乘数,ΔI 表示投资的增加,则

$$\Delta Y = K \times \Delta I$$

国民收入的增加之所以是投资增加的倍数,是因为新增投资引起对生产资料的需求增加,从而引起从事资料生产的人们的收入增加。他们的收入增加又引起消费品需求的增加,从而导致从事消费品生产的人们收入的增加。如此推演下去,结果国民收入的增加等于投资增加的若干倍。现假定新增加的投资 ΔI 为 100 美元,它用于购买投资品便成了投资品生产者(雇主和工人)增加的收入。如果投资品生产者只消费其新增收入的 80%,于是向他们出售商品的人们便得到 80 美元的收入;如果这些人又消费其收入的 80%,即 64 美元,这又成为向他们出售商品的人们增加的收入……如此继续下去,收入也随之增加。收入增加的总和为无穷等比数列,即

$$\Delta Y = \Delta I (1 + C + C^2 + C^3 + \cdots) = \Delta I \times \frac{1}{1-C}$$

式中,C 为增加的收入中用于消费的比例 $\frac{\Delta C}{\Delta Y}$,称为边际消费倾向;$\frac{1}{1-C}$ 为乘数,若用 K 表示,即得式 $\Delta Y = K \times \Delta I$。

上例中,边际消费倾向 C 为 0.8,乘数 $K = \frac{1}{1-0.8} = 5$,因此,投资增加 100 美元,可使国民收入增加 500 美元(即 100 美元的 5 倍);如果 C 为 0.5,则 $K = \frac{1}{1-0.5} = 2$,即投资增加 100 美元,可使国民收入增加 200 美元(即 100 美元的 2 倍);如果 C 为 0,即人们将增加的收入全部用于储蓄,则 $K = \frac{1}{1-0} = 1$,即国民收入增加为投资增加的 1 倍,也为 100 美元;如果 C 为 1,即人们把增加的收入全部用于消费,则 $K = \frac{1}{1-1} = \infty$,即国民收入增加的倍数为无穷大。可见,乘数的大小是由边际消费倾向决定的,两者成正比例关系。从另一个角度说,影响乘数大小

的因素是新增收入中用于储蓄的比例 $\dfrac{\Delta S}{\Delta Y'}$，即边际储蓄倾向，用 S 表示，则 $K=\dfrac{1}{S}$，即乘数大小与边际储蓄倾向成反比。

乘数效应的产生，其根源在于各个经济部门在经济运行的过程中是相互融合、相互关联的，一个经济变量的变动将会引发其他经济变量的连带反应。根据凯恩斯的乘数原理，乘数的计算公式为

$$K=\frac{1}{1-C} \text{或} K=\frac{1}{S+M}$$

式中，C 为边际消费倾向；S 为边际储蓄倾向；M 为边际进口倾向。

从式中可看出，乘数与边际消费倾向成正比，与边际储蓄倾向和边际进口倾向成反比。例如，当一笔资金流入某地的经济系统中，会带动该地经济加速运转，产生连锁经济反应，增加该地的社会经济效益；如果将这笔资金储蓄起来或者购买进口物资，使该资金流出本地区的经济系统，就会对该地区社会经济发展带来负作用，本地区的乘数效应就会降低。

2）旅游乘数效应

旅游业具有"兴一业而旺百业"的综合性、关联性特征，旅游乘数效应一直以来都是旅游经济学研究的重点。

马西森（Mathieson）和沃尔（Wall）在 1982 年首次提出旅游乘数的概念："旅游乘数是这样一个数值，最初旅游消费和它相乘后能在一定时期内产生总收入效应。"这一概念被学术界称为旅游乘数效应的概念雏形。我国学者李天元认为，旅游乘数是用以测定单位旅游消费对旅游接待地区各种经济现象的影响程度的系数。旅游乘数效应是用来衡量旅游产业通过初次分配和再分配的循环周转，给旅游目的地国家或地区的社会经济发展带来的增值效益和连带促进作用的程度。

3）旅游收入乘数的计算

旅游乘数效应，通常用旅游收入乘数来判定，K 表示旅游收入乘数，根据一定的旅游收入增量和国民经济收入增量，即可计算旅游收入乘数。其计算公式为

$$K=\frac{\Delta Y}{\Delta I}$$

式中，K 为旅游收入乘数；ΔY 为国民经济收入增量；ΔI 为旅游收入或旅游消费增量。

旅游收入乘数表明了旅游目的地旅游收入带来的本地区综合经济效益的增加。但是，乘数效应的形成需要以一定的边际消费倾向为前提。无论是海外游客还是国内游客在某旅游目的地的消费都会扩大该旅游目的地的旅游收入，当这笔资金流入旅游目的地国家或地区的经济运行中，就会对生产资料和生活资料生产部门以及其他服务性企事业单位产生直接或间接影响，进而通过社会经济活动的连锁反应，导致社会经济效益的增加。如果把这笔资金的一部分储蓄起来或用于购买进口物资，使资金离开经济运行过程或流失到国外，就会减少对本地区经济发展的注入和作用，即边际储蓄倾向和边际进口倾向越大，对本地区的经济发展的乘数效应就越小。

4) 旅游收入乘数的构成

旅游收入乘数主要通过以下 6 种常用的乘数模式,从不同方面反映旅游收入或消费对国民经济产生相应的经济影响。

①营业收入乘数,是指增加单位旅游营业收入额与由此导致其他产品营业总收入增加额之间的比率关系。该乘数表明某一地区旅游业的发展对整个地区营业总收入的作用和影响。

②旅游就业乘数,是指增加单位旅游收入所创造的直接与间接就业人数之间的比率关系。该乘数表明某一地区通过一定量的旅游收入,对本地区就业产生的连锁反应,并导致对最终就业岗位和就业机会所产生的作用和影响。

③居民收入乘数,是指增加单位旅游收入额与由此导致的该地区居民总收入增加额之间的比率关系。该乘数表明这一地区旅游业的发展给整个地区的居民收入增加带来的作用和影响。

④政府收入乘数,是指增加一个单位旅游收入对旅游目的地国家或地区政府净收入所带来的影响。该乘数用来测定旅游目的地国家和地区政府通过税金从旅游经济活动中得到的效益,即旅游收入对政府税金增加所产生的作用和影响。

⑤消费乘数,是指每增加一个单位旅游收入所带来的对生产资料和生活资料消费的影响。该乘数用来测定旅游目的地国家和地区旅游收入增加对社会再生产过程的促进作用,即对社会消费扩大的作用和影响。

⑥进口额乘数,是指每增加一个单位旅游收入而最终导致旅游目的地国家总进口额增加的比率关系。该乘数表明旅游目的地国家随着旅游经济活动的发展,旅游部门和企业以及向这些部门、企业提供产品和服务的其他相关单位,向国外进口设施、设备、生活消费品的增加量与旅游收入增量的关系。

8.3　旅游经济效益

旅游经济作为国民经济的组成部分,有其自身的特点和运行规律。因此,要正确把握旅游经济效益的含义及其评价标准,分析影响旅游经济效益的各种因素,探寻提高旅游经济效益的途径和措施,就必须掌握旅游经济效益的特点。

8.3.1　旅游经济效益的含义、特点及评价的内容

1) 旅游经济效益的含义

旅游经济效益是指旅游经济活动中旅游投入与有效产出之间的比较。狭义的旅游经济效益,是指从事旅游经济活动产生的直接经济效益。广义的旅游经济效益,是指旅游经济的

综合效益,它不仅包括从事旅游经济活动带来的直接经济效益,还包括从事旅游经济活动给社会带来的间接经济效益,促进国民经济其他部门的发展,满足人们的物质文化生活需要。同时,它还包括从事旅游经济活动对自然环境、社会、生态平衡的贡献与影响,即环境效益。

2)旅游经济效益的特点

旅游业作为一个综合性的经济产业,有其自身的特点和运行规律。因此,旅游经济效益既有和一切经济活动的经济效益相同的特点,又有和其他经济活动的经济效益不同的特点,具体有以下3个方面的特点:

(1)综合性和整体性

旅游业是一个综合性经济产业,它由各相关的经济部门和非经济部门组成,它们共同为满足国内外游客旅游需求提供产品和服务。旅游经济活动通常由旅行、餐饮、住宿、交通、观赏、娱乐等多种活动组成。因此,区域旅游业经济效益实质上是食、住、行、游、购、娱等多种要素综合作用的结果,而各种要素作用发挥的好坏,最终也体现在经济效益上。旅游目的地地区要想组织好旅游接待业务,根据游客的需求提供全面服务,必须保证上述各要素之间的通力协作,从旅游业的全局出发,在提供优质服务的前提下,实现综合性的经济效益。

(2)时间性与波动性

旅游产品具有不可储存性,其生产过程与游客对它的消费过程都是在同一时间、同一地点进行的。对于任何一个经营旅游商品的企业而言,为了招徕和接待游客,每时每刻都在占有一定的资金,消耗一定的物化劳动与活劳动。但是,只有游客来到这里实现购买和实地消费时,劳动占用和劳动耗费才能有补偿的可能性,而且是游客达到一定的数量和支付能力的时候才能使劳动消耗得到全部补偿,才有可能获得经济收益。旅游活动有明显的淡旺季区别。旅游经济效益除受旅游需求本身的各种因素影响之外,还受旅游地的社会政治环境的制约。因此,旅游业活动的波动性必然带来区域旅游业经济效益的波动性。

(3)结构性与关联性

旅游经济效益不仅包括了旅游产业自身的经济效益、产业链带动效益,还包括了社会、文化、生态环境等多方面的效益,因此,旅游经济效益具有结构性。同时,旅游经济效益的构成要素之间具有较强的关联性。例如,旅游产业经济综合效益的增长,能够为区域旅游开发积累必要的资金,创造更多的就业机会,提升旅游的社会效益。

3)旅游经济效益评价的内容

(1)经济效益

任何旅游经营部门和企业,为了向游客提供旅游产品,必然要耗费一定的社会劳动,占用一定的资金,从而形成旅游经济活动的成本和费用。如果旅游经济活动只是满足社会需求,而不计成本高低,则违背了经济规律。因此,要讲求经济效益,就需要把旅游经济活动的有效成果(特别是利润和税金)同要素占用和消耗进行比较,以评价旅游经济活动的合理性和旅游经济效益的好坏。

（2）社会效益

旅游经济活动带来的社会效益,主要是指给社会带来的不可用货币测量的物质文明与精神文明。表现为促进各相关经济与非经济部门的发展,扩大就业,提高人们的收入水平;创造舒适、美观、和睦、安全的环境,改善人们的生活质量;组织游览自然景观和人文景观,提高人们的文化素质;促进不同国家和地区之间的文化交流,促进文化传播、推动文化产业发展、保护与传承文化遗产、提升目的地形象,促进文化创新等。

（3）生态效益

旅游经济活动的生态效益是指旅游活动对自然环境与生态平衡的贡献与影响。旅游经济的生态效益主要体现在促进生态环境保护、增强环境意识、促进生物多样性保护、提升环境质量和促进生态恢复等方面。旅游经济活动必须以旅游资源为基础,在利用旅游资源的同时,还要考虑对旅游资源的保护,对其进行保护就是保持旅游产品的质量,是促进旅游业发展的前提条件。

（4）长期效益和短期效益

任何经济活动都会面临长期效益和短期效益的权衡问题,旅游经济活动也不例外。不仅要追求短期效益,更要有战略眼光,注重长期效益,要把长期效益和短期效益结合起来,这样才符合旅游业可持续发展的内在要求。但在旅游经济实践中,有些部门和企业往往只注意追求眼前利益,盲目开发,掠夺经营,忽视长远的、持续稳定的发展。

8.3.2 微观旅游经济效益与评价

微观旅游经济效益是指旅游企业及相关部门在旅游经济活动中的投入与有效产出的比较,用价值形式表示就是成本与利润之间的关系。

1）微观旅游经济效益的评价指标

衡量微观旅游经济效益常用的指标有以下 4 个:

（1）旅游企业的营业收入

旅游企业的营业收入是指旅游企业在销售旅游产品或在提供旅游服务过程中所获得的旅游收入。其高低直接反映了旅游企业的经营规模大小,同时,也可间接反映该旅游企业的经营水平高低。如旅游企业营业收入与旅游企业员工数量的比值,可以反映旅游企业劳动生产效率的水平。

（2）旅游企业的经营成本

旅游企业的经营成本是指旅游企业从事旅游经营活动所耗费的全部成本费用之和,包括营业成本、管理成本和财务成本。也可以从成本的性质角度,将旅游企业的经营成本分为旅游企业的固定成本和变动成本之和。

（3）旅游企业的经营利润

旅游企业的经营利润是指旅游企业的全部收入减去旅游企业全部成本,并缴纳税金后的余额,包括营业利润、投资净收益和营业外收支净额。

(4)旅游企业的利润率

常用的利润率指标有资金利润率、成本利润率、产值利润率、工资利润率等。

资金利润率是指旅游企业获得的利润总额和占用的资金总额之比,其高低直接反映了旅游企业的效益好坏,也是判断一个旅游企业经营状况的重要指标。其计算公式为

$$资金利润率 = \frac{利润总额}{占用资金总额} \times 100\%$$

成本利润率是指旅游企业获得的利润总额和所耗费的成本总额之比,其高低也直接反映了旅游企业的效益好坏,并且能直接反映出旅游企业的盈利能力和成长性。成本利润率高的旅游企业,其生产的旅游产品附加值高,市场发展前景好。其计算公式为

$$成本利润率 = \frac{利润总额}{成本总额} \times 100\%$$

产值利润率是指旅游企业获得的利润总额和总产值(或总收入)之比。

工资利润率是指旅游企业获得的利润总额和旅游企业所消耗的工资总额之比。

以上4个指标分别从不同方面反映了旅游企业的经济效益状况,其中,资金利润率和成本利润率最为重要,特别是利润率反映了旅游企业全部资金的使用效果,体现了整个旅游企业的经营水平。

2)微观旅游经济效益的分析方法

微观旅游经济效益的分析方法主要有盈亏平衡分析方法、边际分析方法、利润率分析方法等。

(1)盈亏平衡分析方法

盈亏平衡分析方法是指对旅游企业的成本、收入和利润三者的关系进行综合分析,从而确定旅游企业的保本营业收入,并分析和预测在一定营业收入水平上可能实现的利润水平。通常影响利润高低的因素有两个,即营业收入和经营成本。按照成本性质划分,经营成本又可分为固定成本和变动成本。于是,可以根据以下公式计算旅游企业的保本点业务量或收入额。知道旅游企业保本点的业务量或收入额,就可根据下述公式的变换,对旅游企业的目标利润和目标收入进行科学的分析和预测。主要计算公式如下:

总收入为 $\qquad S = W \times Q$

总成本为 $\qquad C = TF + C_K \times Q$

利润为 $\qquad TP = QW - QC_K - TF$

式中,TP 为利润;C_K 为单位变动成本;W 为单价;Q 为业务量;TF 为总固定成本。

若令:$TP = 0$,则保本点公式为

$$Q_0 = \frac{TF}{W - C_K}$$

$$S_0 = WQ_0$$

式中,S_0 为保本点收入额;Q_0 为保本点业务量。

（2）边际分析方法

边际分析方法又称最大利润分析法,是指引进现代西方经济学的边际收入(MR)和边际成本(MC)概念,通过比较边际收入与边际成本来分析旅游企业实现最大利润的经营规模的方法。

边际收入是指每增加一个游客(或销售一个单位旅游产品)而使总收入相应增加的部分,即增加单位游客(或产品)而带来的营业收入的增加。边际成本是指每增加一个游客(或销售一个单位旅游产品)而引起的总成本相应增加的部分,即增加单位游客(或产品)而必须支出的成本费用。比较边际收入和边际成本有以下 3 种情况:

①当边际收入>边际成本时,说明增加一个游客(或出售单位产品)时,所增加的收入大于成本,即增加利润,从而使旅游企业的总利润增加。因此,当边际收入>边际成本时,可以继续扩大接待人数,以获取更多经济收益。

②当边际收入<边际成本时,说明增加一个游客(或出售单位产品)时,所增加的收入小于支出,即产生亏损,从而使旅游企业的总利润减少。因此,当边际收入<边际成本时,旅游企业应减少接待人数,以保证企业的经济收益。

③当边际收入=边际成本时,说明增加一个游客(或出售单位产品)时,所增加的收入与支出相等,即增加单位游客的利润为零。在边际收入=边际成本情况下,旅游企业的总利润既不会增加,也不会减少,是企业实现最大利润的经营规模。

（3）利润率分析方法

利润率是指反映一定时期内旅游企业的经营利润同经营收入、劳动消耗和劳动占用之间的相互关系,一般有资金利润率、成本利润率和销售利润率 3 种利润率指标,它们从不同角度反映了旅游企业的经济效益状况。资金利润率反映了旅游企业的利润与资金占用的关系,说明旅游企业劳动占用的经济效益;成本利润率反映了旅游企业利润与成本之间的关系,说明旅游企业劳动耗费所获得的经济效益;销售利润率反映了旅游企业在一定时期内利润与收入之间的关系,说明旅游企业经营规模的效益水平。以上 3 种利润率,基本上反映了旅游企业经济效益的状况。

3）提高微观旅游经济效益的途径

旅游企业经济效益具体表现为企业利润的高低。因此,提高经济效益,实际上是围绕着提高企业的经营利润展开的。从总体上说,提高企业经济效益有两个方面:一是扩大销售量,不断吸引旅游客源,增加旅游企业收入;二是不断降低生产成本,即节省费用。这两个方面就是通常所说的"开源节流、增收节支"。旅游企业应努力从收入和成本两个方面来提高企业的经济效益。

（1）增加旅游企业的收入

对旅游企业来说,要提高企业经济效益,从增收方面看,需要做到以下 3 点:

①加强旅游市场的宣传促销,扩大旅游客源。旅游产品是一种服务型产品,无法实现空间位置的转移,需要游客亲自到目的地去进行现场消费。因此,要吸引游客前来消费,必须

强化旅游市场营销,以游客为中心,分析研究旅游市场需求的变化,针对目标市场的不同需求提供不同的产品。

②提高旅游产品质量,以质量求效益。质量是旅游企业的生命线。旅游消费是一种高档次的消费,游客来到旅游目的地消费的大部分是无形的服务产品。游客消费旅游产品是一种体验、经历、记忆,若产品出现质量问题,将在游客美好的经历中留下遗憾,并且这种遗憾还可能由于游客的传播而导致其他游客不再来消费的后果,使客源下降,收入减少。旅游企业必须高度重视旅游产品的质量,树立全员质量意识,进行全过程、全方位的全面质量管理,加强科学管理,加强各部门的分工协作,提高产品质量。

③优化旅游产品结构,提高旅游产品吸引力。针对旅游需求的变化,提供适销对路的产品,改变旅游产品单一的局面。如针对当前商务、会议、学习与观光结合,旅游企业应开发这类组合性的旅游产品。根据资源、客源市场和竞争条件,将文化、经济、科技、娱乐资源和自然观光资源有机地结合起来,形成高附加值的旅游产品。旅游产品除了多样性,还要注意其新颖性、独特性,形成"人无我有,人有我优,人优我廉,人廉我转",才能保持企业的竞争力。

(2)降低旅游企业的成本

从节支方面看,旅游企业要做好成本管理工作,需要注意抓好以下3个方面的工作:

①改善经营管理,完善各项成本控制措施。旅游企业要获得良好的经济效益,除了增加收入,还要对其成本进行严格控制。控制成本就等于创造了利润。通过健全的成本控制制度及措施,通过有效的监督机制,保证成本的合理支出和利润的实现。

②结合企业成本结构,寻求降低成本的最佳途径。旅游企业成本结构不同,对成本控制和增加利润的工作重点也不同。成本中固定成本与变动成本和销售量的变动关系不同,在成本控制中需要采用不同的方式。对于成本结构中固定成本比例高的旅游企业,重点需要通过扩大销售量,以减少单位产品所应分摊的固定成本额,从而为降低单位产品总成本作贡献。对成本结构中变动成本比例高的旅游企业,管理重点是严格控制内部成本,降低变动成本的支出,减少浪费和损耗,达到降低总成本的目的。

③实行全员、全过程成本管理。要建立健全成本管理责任制,通过成本计划指标的分解,落实到各有关部门和个人,将其与岗位责任制结合起来。将成本计划的完成情况与物质利益挂钩,实行严格的奖惩制度。只有人人都注意成本,人人都关心成本的降低,旅游企业的成本才能真正得到控制。

8.3.3 宏观旅游效益与评价

宏观旅游效益是指通过开展旅游活动为社会带来的成果和收益。它不仅包含旅游产业自身所获得的经济收益,也包括对相关产业部门、对社会文化,以及对整个社会所带来的各方面的影响。

1)旅游宏观成本与收益

(1)旅游宏观成本

旅游宏观成本是指为开展旅游经济活动而形成的整个社会的耗费和支出,即旅游的社会总成本。除了旅游企业及旅游经营者所发生的旅游经营成本,还包括为发展旅游业而投入的其他宏观经济支出,以及为保证旅游业持续发展而对有关社会秩序、环境污染和生态保护等的投入支出。它一般分为有形成本和无形成本两大部分。

①有形成本

有形成本是指为开展旅游经济活动而付出的直接成本,主要体现在经济上的支出。具体包括:对发展旅游业所必需的有关道路、机场、水电、排污、码头等基础设施的投资;国家、地方、集体、个人对旅游景区景点、接待设施等方面的投资;引进国外的旅游设备、设施及购买原材料的支出等;国家各级旅游组织及相关机构用于旅游方面的市场调研、宣传促销、考察交流、外联和科研等方面的支出等。

②无形成本

无形成本是指为发展旅游业而导致对社会、经济和生态环境等方面产生负面影响所花费的成本,即间接支付的成本。事实上,旅游业并非无污染的产业。随着旅游业的发展及过量游客的涌入:一是会对旅游目的地的环境造成一定的负面影响,如疾病的流传、环境的污染、生态平衡的破坏,从而使良好的自然景观受到影响;二是会造成对传统文化、艺术及各种文物古迹的破坏和影响,对旅游目的地国家或地区的地方文化、道德观念及社会生活等带来消极作用;三是可能会引起旅游目的地的消费超前增长,从而在一定程度上导致通货膨胀、物价上涨,对社会经济增长和经济结构产生一定的副作用。总之,旅游经济活动的消极影响往往被人们忽略,要解决这些问题需投入大量的成本费用,这些成本费用便成为旅游宏观成本的重要组成部分。

(2)旅游宏观收益

旅游宏观收益可分为有形收益和无形收益两大部分。有形收益是指因发展旅游业而给社会带来的可以测算的直接经济收益。例如,各类旅游企业所实现的利润和上缴的税金。无形收益是指发展旅游业给社会带来的难以测算和量化的收益。这些收益是客观存在的,对社会的促进作用显而易见。例如,通过旅游经济活动给旅游目的地国家或地区带来丰富的经济、文化和科学技术信息,促进了这些国家的经济发展和社会的全面进步。

2) 宏观旅游经济效益的评价指标

通常,衡量宏观旅游经济效益的主要指标有以下 5 个:

(1)旅游投资效果

旅游投资效果是指在一定时期内,旅游投资所带来的盈利额与投资总额之比。它反映单位旅游投资所获得的盈利,又称投资利润率。用公式表示为

$$投资效果 = \frac{投资带来的盈利}{投资总额} \times 100\%$$

运用此项指标时,要考虑时滞问题,即投资时间与获得盈利有一个时间差。因此,在使用这一指标时要科学地计算盈利时间,否则这种计算是没有意义的。

(2)投资回收期

投资回收期是指投资总额全部回收的年限,是投资利润率的倒数。用公式表示为

$$投资回收期 = \frac{投资总额}{投资年利润额}$$

投资回收期的长短表明不同的投资项目其投入资金的经营效果状况。在多种旅游投资项目中,一般应选择投资回收期短的项目。

(3)旅游劳动生产率

旅游劳动生产率是指在一定时期内,旅游总接待量与旅游从业人员的数量之比。用公式表示为

$$劳动生产率 = \frac{旅游总接待量(人次数)}{旅游从业人员数}$$

旅游总接待量可以用收入总额表示,也可以用接待的人次来计算。旅游生产率可以与其他行业劳动生产率进行对比,用以说明旅游业的经济效益状况。

(4)外汇收入能力

外汇收入能力是指进行旅游投资所获得的外汇净收入能力,又称旅游换汇成本。用公式表示为

$$外汇收入能力 = \frac{同期旅游外汇净收入额(外币)}{规定时期内旅游投资总额(国内货币)}$$

由于旅游包括国内旅游和国际旅游两部分,运用此项指标时应注意,在旅游投入中,不可能仅仅是为了满足国际旅游需求,其中,也必然包括国内旅游需求部分。因此,在计算旅游投资总额时,要将规定时期内的投资额按一定比例计算出国际旅游投资额。

(5)旅游就业机会

旅游就业机会是指旅游经济增长量与就业增加量之比。用公式表示为

$$就业机会 = \frac{一定时期旅游经济增加量}{同期直接和间接旅游就业人数增加量}$$

旅游宏观效益不仅包括经济效益,还包括非经济效益,如社会、文化、环境效益等。由于对非经济效益的测算存在一定难度,因此,对社会、文化领域的效益测算通常采用定性评价指标。可以组织有关专家利用特尔菲法或影子价格法对其各方面进行综合评价。也有学者将旅游碳排放以及旅游碳足迹作为衡量旅游生态效率的重要指标。

3)宏观旅游经济效益的分析方法

由于宏观旅游经济效益反映了一个国家或地区旅游产业对经济、社会、环境等的综合影响效应,因此,宏观旅游经济效益应当为多数据、多目标的评价指标集合。常用的分析方法有主成分分析法、相关分析法、投入产出法、灰色关联分析法等。

4)提高宏观旅游经济效益的途径

(1)宏观决策科学化

宏观决策科学化是指为了保证旅游宏观经济效益决策的正确性,应该坚持实事求是的原则。旅游业的发展规模和速度要从我国的国情、国力出发,不能超越国力去盲目追求旅游

业的超前发展。要在充分论证的情况下作出科学的决策,而不是用理论去套"决策"的"正确性"。

（2）管理体制合理化

管理体制合理化是指建立合理的旅游经济管理体制,明确行政管理和企业管理部门的职责范围,使旅游企业成为真正自主经营、自负盈亏的经济实体,以标准服务、合理价格和科学的营销手段参与市场的公平竞争。

（3）管理手段现代化

管理手段现代化是指建立在现代科技和社会化大生产基础之上的对社会活动所进行的计划、组织、指挥、监督和调节等一系列活动。要求管理思想、管理手段和管理方法现代化,着重强调系统化、数字化、信息化和智力开发。

（4）市场经营集团化

市场经营集团化是科技进步和社会化大生产的客观要求,强调企业、部门间的横向联合,把分散的、个别的活动结合成集中的、规模的社会行为,是从现代工业发展而来的集中化、专业化、协作联合的趋势出发所进行的科学管理。

（5）产业结构合理化

产业结构合理化包括旅游产业结构合理化和国家宏观产业结构合理化。前者是指旅游业内部部门、行业之间量的关系比例的合理化（如食、住、行、游、购、娱等方面生产结构的合理化）。后者是指旅游业在国民经济中所占比例的合理性。具备了这两个条件,进而做到旅游产品结构的合理化,才能造就旅游产品实现的宏观条件。

本章小结

- 旅游收入与分配是旅游经济运行的核心环节。旅游收入是指特定旅游目的地国家或地区在一定时间内（通常以年、季、月为单位）向游客销售旅游产品和服务所获得的货币收入的总和。旅游收入可分为国际旅游收入和国内旅游收入,基本旅游收入和非基本旅游收入,商品性旅游收入和劳务性旅游收入,年收入、季收入和月收入。旅游分配是指对一定时期内的旅游收入进行的分配,通常包括初次分配和再分配两个过程。

- 旅游经济活动会引起旅游乘数效应。旅游乘数效应是用来衡量旅游产业通过初次分配和再分配的循环周转,给旅游目的地国家或地区的社会经济发展带来的增值效益和连带促进作用的程度。

- 旅游经济效益是指旅游经济活动中旅游投入与有效产出之间的比较,有狭义和广义之分。狭义的旅游经济效益是指从事旅游经济活动产生的直接经济效益;广义的旅游经济效益是指旅游经济的综合效益。旅游经济效益是旅游经营者的主要目的,主要包括微观旅游经济效益和宏观旅游经济效益。

思考题

1. 什么是旅游收入？旅游收入的主要影响因素有哪些？如何增加旅游收入？

2. 你对我国当前的旅游统计有何认识？如何运用大数据技术来改进旅游统计工作？

3. 旅游乘数效应的表现有哪些？请举例说明。

4. 如何理解旅游经济效益？请结合旅游产业案例，分析旅游经济效益、社会效益、生态效益的相互关系。

【案例分析】

良渚古城遗址公园经济圈[①]

良渚古城遗址位于浙江省杭州市余杭区，被誉为"中华第一城"，是中国历史上一个区域性早期国家的权力与信仰中心。良渚文化的年代可以追溯到距今5300到4300年左右，持续发展了约1000年，是中华五千年文明的实证。良渚古城遗址的水利系统是中国最早的大型水利工程，也是世界上最早的水坝之一。这个水利系统的建造不仅为古城提供了水源，还是当时社会发展的标志，展示了良渚文化先进的城市规划和管理能力。2019年7月，良渚古城遗址被正式列入《世界遗产名录》。

良渚遗址的发掘历史可以追溯到1936年，当时考古学家发现了良渚遗址，并开始对其进行考古发掘和研究。在接下来的几十年里，考古学家们对良渚遗址进行了多次调查和发掘，逐渐揭示了良渚文化的面貌和特征。2007年，城墙遗迹的发现将以往发现的135处遗址点有机地组合为一个古城整体，标志着良渚遗址考古进入都邑考古新阶段。2008年，杭州市余杭区人民政府启动了良渚遗址公园的建设工作，旨在保护和展示良渚文化的遗产，同时为游客提供一处了解和体验良渚文化的场所。

良渚古城遗址公园于2019年正式对外开放，良渚古城遗址采用"现场+场馆"的展示体系，运用多种手段全面展示其文明特征和价值内涵。公园内保存了大量的古代建筑遗址，包括宫殿、祭祀场所、居住区等，这些遗址展示了古代良渚人的生活和社会组织。公园内良渚古城遗址博物馆，展示了大量的出土文物，包括青铜器、玉器、陶器等，这些文物反映了良渚古城的繁荣和文化水平。该遗址公园已实现5G全覆盖，数智体验馆推出多种数字化展示方式，如3D宣传片、数字长卷、实景VR影像等。同时，基于5G技术的实时8K高清直播和人

---

① 资料来源：良渚遗址管理区微融媒体中心，2023-10-13.（节选，有改动）

机交互等也得到了应用。这些丰富的数字化手段使古老文化焕发新生,让人们能够更深入地了解良渚古城遗址。

文化传承的意义不限于"保存"文化,更在于激活文化的更大价值,利用文化赋能当下。良渚博物院还开发了多种文创产品,如书签、伞、玩偶等,以丰富游客的体验。

良渚古城遗址公园西门版块相继推出特色文旅产品"西门市集",以及良渚文创旗舰店、李白图书馆餐厅、觅鹿主题餐厅等兼顾服务实用性和消费体验性的优质项目,配套主题展览、研学活动,持续增强业态布局,激发商业活力,全方位满足游客的多样化需求。在良渚古城老虎岭遗址公园举办的音乐嘉年华,通过融合古老历史与现代音乐元素,以更加年轻、活力的方式展现出历史文化的深厚底蕴。这种创新的传播方式,有效地"解锁"了历史文化在年轻一代中广泛传播的"流量密码",使历史文化得以更加广泛、深入地传播和传承。推动形成了特色鲜明、业态丰富、人气兴旺的"良渚古城遗址公园经济圈"。

良渚古城遗址公园的建设实现了遗址保护与居民生活品质提升的双赢。通过基础设施建设、公共服务配套提升等措施,不仅优化了城市环境,还带动了沿线城乡居民生活品质的提升。同时,通过积极推进农文旅融合和乡村振兴,抓住良渚遗址保护和良渚文化大走廊建设的机遇,让村民共享文化遗产保护传承成果。

讨论题:

结合案例,谈一谈旅游效益的提升体现在哪些方面?如何实现遗产保护与旅游效益最大化?

拓展阅读

1. 全国假日旅游统计调查制度
2. 全国文化文物和旅游统计调查制度

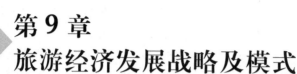

第9章
旅游经济发展战略及模式

【学习目标】

- 掌握旅游经济发展战略的含义，旅游经济发展模式的含义及类型；
- 熟悉旅游经济发展战略制定的原则、依据及其层次性；
- 理解旅游经济可持续发展的含义及其战略重点；
- 能够结合实际，分析旅游经济发展战略的制定及发展模式选择；
- 树立绿色发展理念，推动旅游业可持续发展。

【导入案例】

"浙里文化圈"：一站式文化链接，推动高品质文化服务"触手可及"①

为加快构建现代公共文化服务体系，浙江省率全国之先提出并建设"15分钟品质文化生活圈"，列入省政府民生实事项目。浙江省文化和旅游厅通过开发"浙里文化圈"，不仅让"15分钟"成为一个时间考量刻度，更成为衡量文化生活获得感的检验标准。

市民只要打开"浙里文化圈"的"观展"，即可一站式查询浏览全省博物馆、纪念馆、展览馆、美术馆的2000余个线下展览、600余个线上展览以及上万件数字藏品资源。不管想到哪家文博场馆参观，"浙里文化圈"都可以为你"一键搞定"，减少了每到一家不同的文博场馆，都要重新查找关注不同的预约平台的麻烦。

"浙里文化圈"是"15分钟品质文化生活圈"的服务端，着眼于构建"24小时不打烊"的在线文化空间，打造"看书、观展、演出、艺培、文脉、雅集、知礼"七大场景，提供省、市、县、乡、村五级联动的一体化服务，并通过用户精准画像，实时推送文化展览、图书借阅、文艺演出、艺术培训、志愿服务等内容。

当下，数字化已经成为公共文化服务的基本手段。实施国家文化数字化战略，是我国推动文化强国建设的重要途径。随着文化数字化进程不断加快、创新频出，其已成为推动文化和旅游发展的新动力。

---

① 资料来源："浙里文化圈"：一站式文化链接，推动高品质文化服务"触手可及"[N].中国文化报，2023-10-16.

　　旅游经济发展战略是指导旅游产业发展的最高部署,具有统领性、层次性等特点。伴随我国旅游经济的不断推进,旅游经济发展战略也进行了相应的调整。本章阐述了旅游经济发展战略制定的依据与原则、现有的旅游经济成功发展的模式,及其对未来的旅游经济发展的指导意义。

9.1　旅游经济发展战略

9.1.1　旅游经济发展战略的含义

　　战略一词最早来源于军事方面,现泛指从全局考虑谋划而实现全局目标。旅游经济发展战略是指一国或地区关于旅游经济发展的整体性、长期性、基本性问题的全局筹划和部署。旅游经济发展战略的规划与实施是在分析地区资源环境等条件基础上,提出区域旅游经济发展的基本指导思想,确定发展目标,并有针对性地提出相关发展对策。

　　旅游经济发展战略的内容主要包括 3 个方面:第一,在对一个国家或地区资源、环境等条件的分析基础上提出旅游经济的指导思想,这是旅游经济发展战略制定的前提和基础。第二,提出旅游经济发展的基本目标,它在发展战略中起着导向的作用。旅游经济发展战略是较长时期内的旅游经济发展的总体设计。在一个时期内,一般都要分成几个阶段,每一阶段都要确立实现的基本目标。选择和制定正确的战略目标是制定正确的旅游经济发展战略的前提条件和基本保证。第三,提出旅游经济发展的基本对策,通常包括国家经济的体制改革、经济结构调整、经济政策趋向,以及经济宏观调控等方面的对策。

9.1.2　旅游经济发展战略的制定原则

　　一个国家或地区旅游经济发展战略的制定,应遵循以下 3 个基本原则:

1) 从基本国情出发的原则

　　旅游经济是国民经济系统的重要组成部分,旅游经济的发展离不开国民经济运行体系。因此,旅游经济发展战略的制定首先要依据基本国情。就旅游经济的发展而言,基本国情主要包括两个方面:一是所在国目前社会经济的现状以及未来的发展趋势,即本国国民经济发展的整体水平、经济结构状态、资源条件、基本社会状况、国家政策、人口数量和人民的生活水平状况等;二是有关旅游经济发展的各种条件和环境因素,主要包括目前该国旅游经济发展所处的阶段,旅游资源的数量、质量、分布状况,国际、国内的旅游区位状况,旅游交通运输能力和分布情况,现有的旅游设施情况,人力资源情况,市场竞争状况以及社会文化背景条件等。

2) 服从国民经济发展战略的原则

　　旅游经济发展战略必须服从国民经济发展总体战略的要求。如果在制定旅游经济发展战略时忽视这一点,在具体贯彻实施中就可能遇到国家政策、资源配置方面的限制,或者由于缺乏相关产业的有效支持而无法顺利发展,或者无法充分利用国民经济发展提供的各种有利条件,失去有利发展时机。

3)稳定性与灵活性相结合的原则

经济发展战略具有全局性、长期性、未来性和方向性的特点。旅游经济发展战略的制定,必须坚持稳定性和灵活性相结合的原则。所谓稳定性,就是要在周密调查研究的基础上,提出切合实际的、能经得起时间检验的战略目标和实施对策。所谓灵活性,是指不论目标的制定还是对策的确定都要留有充足的余地,以便在未来出现预见不到的变化时进行必要的局部调整和修改。旅游经济发展战略的全局性和方向性的特点,要求发展战略必须具有稳定性。旅游经济发展战略的长期性和未来性的特点则要求它必须具有一定的灵活性。

9.1.3 旅游经济发展战略制定的依据

不同的国家或地区,由于基本国情不同、旅游产业发展所处的阶段不同,各国在各个时期的旅游经济发展战略也不一样。一般来说,影响和决定旅游经济发展战略的主要因素有以下 3 个方面:

1)社会经济发展水平

社会经济发展水平是影响和决定一个国家或地区旅游经济发展战略的基础条件。一方面,社会经济发展水平的高低会对旅游产业的发展提出不同的要求,即经济发展水平较高,居民收入水平也高,旅游需求也强烈,要求旅游业快速发展;经济发展水平低,国内或地区居民旅游需求虽然薄弱,但为了促进经济的发展,创收外汇,积累资金,而要求发展入境旅游。另一方面,经济发展水平会对旅游产业的发展形成制约,即与发展旅游业相关的其他产业能对旅游业提供多大的支持。如果经济发展水平高,这种支持就比较有保证;如果经济发展水平低,这种支持就会很有限,从而制约旅游产业的发展。因此,在制定旅游经济发展战略时,尤其是考虑战略目标时,要考虑不同时期社会经济发展对旅游业提出的要求和能提供支持的程度。

2)旅游资源的丰富程度和开发潜力

一个国家或地区的旅游资源状况是其旅游产业发展的前提条件,对制定旅游发展战略有直接影响。如果旅游资源丰富,品种又齐全,就可以提供多种类型的旅游产品,满足各种不同的旅游需求。同时,由于其开发潜力大,旅游产业的发展后劲也大,在制定旅游经济发展战略时,其战略考虑也可以放宽、放远。反之,如果旅游资源不够丰富,品种比较单一,如一些岛国的主要旅游资源就是阳光、沙滩、海水等,其旅游产业的发展会受到一定的限制,旅游经济发展战略也会区别于前一类型的国家或地区。

3)旅游产业发展所处的不同阶段

不同的发展阶段意味着旅游产业发展的基础不同,进一步发展的要求也不同,这对旅游经济发展战略的制定也有影响。一般来说,旅游产业若处于初期发展阶段,其发展速度要快,需要的基础设施投资也大,旅游产业的发展主要表现为数量型增长;旅游产业若处于中期发展阶段,其发展速度相对减缓,所需投资仍然较大,但与初期阶段相比有所减少,而且其发展开始注重质量和效益,表现为从数量增长向质量提高转换,从速度型向效益型转换;进入成熟阶段的旅游产业,各种基础设施已经配套,各种接待设施也已完善,服务质量和管理水平也较高,产业体系健全,经济运行畅通,旅游产业的发展主要表现为低速度、高效益和高质量,即从外延扩大再生产向内涵扩大再生产为主的效益型旅游产业发展。

由于旅游产业所处的发展阶段不同,其发展的任务和提出的要求也不一样,其发展战略也会不同。在初期发展阶段,主要任务和要求是创汇,即增加外汇收入为经济建设积累资金;在成长阶段,要求同时兼顾速度和效益;在成熟阶段,由于基数大,发展速度会减慢,主要获取更高的发展效益。

总而言之,影响旅游经济发展战略制定的因素除了上述 3 个主要方面,还有其他因素,如政治制度、经济发展模式、产业政策、旅游市场的供需情况等。在具体制定旅游经济发展战略的过程中,应该综合考虑各方面的因素,深入分析。

9.1.4　旅游经济发展战略的层次性分析

旅游经济发展战略可分为宏观、中观、微观 3 个层次,即国家旅游经济发展战略、地方旅游经济发展战略和旅游企业(景区)经济发展战略。3 个层次的旅游经济发展战略既相互区别又相互联系。国家旅游经济发展战略对地方和企业层次的旅游经济发展战略具有指导意义,地方和企业层次的旅游经济发展战略需要根据国家旅游经济发展战略来制定。微观层面的旅游经济发展战略是宏观层面及中观层面旅游经济发展战略制定的重要参考和基础。

我国旅游经济经过不断的发展与实践,其发展战略已经形成了一个战略体系。这一战略体系可以概括为"四位一体"的发展战略。所谓"四位",是指该发展战略体系主要是由适度超前发展战略、经济新增长点战略、旅游强国战略、可持续发展战略这 4 个方面构成。所谓"一体",是指这 4 个战略集中为一体,构成一个战略体系,形成合力,以推动我国旅游业的发展。

各区域在国家层面旅游经济发展战略的指引下,结合自身发展的基础与特色,提出了地方旅游经济发展战略,如"政府主导、市场运作""调整优化、全面创新""品牌支撑、形象制胜""资源保护""科教兴旅"等作为地方旅游经济发展战略。

旅游企业等微观主体,将制约其发展的关键问题作为旅游企业战略制定的重点,如"多元引资""规范管理""精准营销"等。

总的看来,宏观旅游经济发展战略是方向性引领,确定了未来发展导向;中观旅游经济发展战略为重点领域选择,指明了重点工作领域;微观旅游经济发展战略以问题为导向,提出解决措施。当前,"全域旅游"已经成为我国重要的旅游经济发展战略之一,在"十三五"旅游规划文件中均围绕全域旅游开展工作部署。在国家宏观旅游经济发展战略的引领下,各区域也结合自身发展特色与发展阶段,制定了中观层面的旅游经济发展战略。如河北省确立了"党政统筹、区域联动、全面参与"的发展战略,到景区层面,战略的重点为提升游客服务质量、规范旅游市场环境等。

9.1.5 旅游经济的数字化转型发展

随着人工智能、大数据、云计算、移动互联网和物联网等数字科技的蓬勃发展,数字化逐渐成为全球技术变革的核心战略方向,深刻影响企业的内外部环境。数字化转型已经成为旅游企业在发展过程中的必然选择①。旅游企业的数字化转型是建立在数字化转换、数字化升级基础上,进一步触及公司核心业务,以新建一种商业模式为目标的高层次转型。

总的来说,数字化转型已经改变了旅游经济的运营方式和战略,强调在线存在、个性化服务、数据驱动决策和可持续发展。旅游企业需要不断适应这些变化,以保持竞争优势,并满足现代旅客的需求。

1)旅游经济数字化转型的路径

对于旅游企业来说,旅游经济数字化路径,除了加快文化和旅游领域传统与新兴产业的数字化进程,还需要实施数字文旅消费的场景创新。

推动大数据、人工智能等新兴产业嵌入文化和旅游不同的应用场景。从人工智能应用来说,"服务机器人"为游客提供导游导览、服务沟通等。景区、演艺项目融入人工智能,将自然、人文资源以及网红、明星的声音、形象进行合成。数字技术对文化和旅游产业的影响超越了对其他产业的影响,在激发大众旅游需求的同时,大大提高了产出效率。

通过传统产业转型,发展新业态以及提升产品质量。如故宫数字化将社交、游戏、动漫、音乐等植入博物馆的文物,打造了数字技术助力传统文化传承活化的生动案例。文化和旅游产品向价值符号转化已经成为趋势,数字符号在拓展文化内涵、推动服务升级方面潜力巨大,赋予了产品更大附加值,催生出更多衍生品。

进行企业联合,强化文化和旅游资源深度拓展、横向拓宽。近年来,文化和旅游企业以联合、联盟方式进行数字化协同创新。出现一批数字创意企业已经形成较为完整的数字产业链条,涵括产品创作、营销传播、衍生品生产、数字化服务等。

实施更大范围的产业整合,或抓住某些环节的变革时机,进行产业链再造。各种影视小镇、文化创意小镇、书画艺术小镇等,推动文化和旅游产品的创意设计、市场服务、传播等呈现出新气象、新特色。

2)旅游经济数字化转型的意义

(1)增强旅游体验

随着互联网技术的应用,游客可以更加便捷地获取旅游信息、定制旅游路线和安排旅游计划。比如,智能导游系统可以根据游客的兴趣和需求,为游客提供个性化的旅游建议和推荐;智能酒店可以提供更加智能化和定制化的服务,如无人机送餐服务、智能识别面部表情

---

① 陈冬梅,王俐珍,陈安霓.数字化与战略管理理论——回顾、挑战与展望[J].管理世界,2020,36(05):220-236+20.

的客房设施等。这些都可以大大提升游客的旅游体验。

（2）提升经济效益

数字化转型可以提升旅游产业的效率和竞争力，从而增加经济效益。智能化的供应链管理系统可以实现自动化的货物配送和库存管理，提高物流效率；智能化的门票管理系统可以优化门票销售和游客流量，减少人力成本和管理难度。这些数字化手段都可以提升旅游产业的经济效益。

（3）增强供应链管理

智能化的供应链管理可以使旅游产业更加高效和智能化。通过数字化系统的自动化协调和监控，可以优化旅游产业的采购、配送、库存等环节，降低成本和人力投入，提高效率。智能化的供应链也可以保障旅游产业的品质和服务，提高客户满意度和口碑宣传。

9.2　旅游经济发展模式

9.2.1　旅游经济发展模式的含义

旅游经济发展模式是指旅游经济发展的基本运行方式和管理体制。具体来讲，旅游经济发展模式是指以旅游经济发展的主要内容为目标，在一定的社会经济条件下所形成的旅游经济运行方式和管理体制。决定和影响旅游经济发展模式的因素主要包括：社会经济发展水平、社会经济制度和经济发展模式、旅游业形成时期和所处的发展阶段等。

1）社会经济发展水平

不同国家或地区的社会经济发展水平存在着较大的差异。经济发达国家的社会经济发展水平高、科技发达，一方面使得社会基础设施和公共设施比较完善，另一方面又促成了居民收入水平的提高。两者为旅游业的发展奠定了坚实的基础，从而使旅游业的发展成为社会经济发展的必然结果。反之，在经济欠发达的国家或地区，其旅游业的发展方式必然与前者有所不同。

2）社会经济制度和经济发展模式

不同国家的经济制度和经济模式不同。从社会经济制度来说，当前世界上主要有两大类型：社会主义经济制度和资本主义经济制度。不同的经济制度，其经济发展的根本目的也不同，对旅游业的发展模式会产生重大影响。从经济模式而言，世界上绝大多数国家实行的是市场经济模式。在市场经济模式中，又分资本主义市场经济和社会主义市场经济，分别对应不同的所有制形式，这对旅游业的发展模式也会产生重大影响。其中，资本主义市场经济又有不同的模式，如美国的垄断主导型市场经济、德国的社会市场经济、日本的政府主导型的市场经济、法国的计划经济及瑞典的福利市场经济等。这些不同的社会经济制度和经济发展模式对本国的旅游经济发展模式会产生重要的影响。

3）旅游业形成时期和所处的发展阶段

如果旅游业形成时期早，其发展就具有较好的基础；如果旅游业形成时期晚，则基础薄弱。旅游业形成时期的早晚决定了不同的发展模式。在欧美一些经济发达的国家，旅游业发展时间较长，加上旅游业发展的基础和社会经济条件较好，它们的旅游业发展模式比较顺其自然，遵循事物发展的一般规律。我国旅游业起步较晚，加上社会经济条件的制约，选择了一种具有中国特色的旅游发展模式。

9.2.2 旅游产业发展模式的类型

1）平衡型和非平衡型

从旅游业的形成、发展及其与国民经济的关系出发，旅游产业发展模式可分为平衡型旅游产业发展模式和非平衡型旅游产业发展模式。平衡型旅游产业发展模式是指旅游业的形成和发展与国民经济总体发展水平或阶段基本一致。非平衡型旅游产业发展模式是指旅游业的形成和发展与国民经济总体发展水平或阶段不一致。如旅游产业发展速度、阶段超前于国民经济总体发展水平，则为超前型发展模式；反之，则为滞后型发展模式。

超前型发展模式是指旅游业的形成与发展超越了国民经济总体发展的一定阶段，通过发展旅游业来带动和促进国民经济中与其相关联的其他产业和地区发展的一种发展模式。这种发展模式一般发生在经济欠发达的发展中国家，它们利用自己拥有的丰富旅游资源，在本国政府的支持下首先发展入境旅游业，以获得经济发展所需要的外汇和推动相关产业和地区的发展。采取这种发展模式需要具备 3 个条件：第一，拥有足以吸引游客的旅游吸引物，它是确定发展模式的内部条件；第二，在境外存在着对其旅游资源相应的旅游需求，并有必要的外部资金注入，这是确定发展模式的外部条件；第三，政府的政策支持，它是确定发展模式的前提条件。

滞后型发展模式又称自然发展型模式，是指在国民经济发展到一定阶段后，旅游业便顺其自然地形成和发展起来的一种发展模式。由于这种发展模式是建立在国民经济发展的基础上的，即随着经济的发展，人们收入水平的提高，社会生产力水平的提高，人们的闲暇时间也在增多，这样一方面在居民中产生了对旅游的需求，另一方面社会也具备了适应这种需要的条件。因此，滞后型旅游发展模式是一种常规的旅游产业发展模式，反映了旅游经济活动发展的客观规律。

2）市场型和政府主导型

从旅游业发展的调节机制出发，旅游产业发展模式可分为市场型旅游产业发展模式和政府主导型旅游产业发展模式。

市场型旅游产业发展模式是指旅游产业的发展主要依靠市场调节机制来推动的一种发

展模式。市场调节机制主要包括价格、供求关系和竞争等。在这些机制的作用下,实现旅游产业资源的有效配置,推动旅游产业内部的自行调节和自行均衡,在供求不均衡—均衡—不均衡的适应和不适应的矛盾运动中实现发展。这种发展模式具有 3 个特点:第一,旅游产业的发展主要依靠市场机制来实现旅游产业内部的自行调节和自行均衡;第二,政府的作用是间接的,主要通过一定的市场参数来实现调节;第三,国家产业政策对旅游产业的影响主要侧重于市场需求。

政府主导型旅游产业发展模式是指以各个时期旅游产业发展规划或通过制定旅游产业政策来实现其发展的一种发展模式。它通过制定旅游规划或旅游产业政策来制定各个时期旅游产业发展的战略、目标和实现战略目标的各种对策和措施,从而达到干预旅游产业发展的目的。这些对策和措施既有行政的、经济的和法律的,也不排除利用市场调节机制的作用。相对于政府宏观调控来说,市场调节居于辅助地位。一般来说,这种旅游产业发展模式主要出现在以下两种国家或地区:一种是具有传统干预和控制经济的国家或地区;另一种是需要在短期内推进旅游经济快速发展的国家或地区。

3) 延伸型和推进型

从旅游产业发展类别的先后顺序出发,旅游产业发展模式可分为延伸型旅游产业发展模式和推进型旅游产业发展模式。

延伸型旅游产业发展模式是指旅游业的发展先以发展国内旅游为先导,在国内形成旅游产业的基础上,再发展入境和出境旅游,最终实现国内旅游、入境旅游和出境旅游全方位发展的模式。这种模式的特点是:它的发展是由境内向境外延伸的,而且它是在社会经济发展的基础上自然形成的。

推进型旅游产业发展模式是指先以发展入境旅游为主,在初级入境旅游产业基本形成的基础上,逐步规范、扩大入境旅游产业,直接激活和发展国内旅游,最终实现入境旅游的规模化和效益化,进而推动国内旅游和适度出境旅游的全面发展。

4) 经济发展导向型和创汇创收导向型

从旅游业发展的目标和基本任务出发,旅游产业发展模式可分为经济发展导向型旅游产业发展模式和创汇创收导向型旅游产业发展模式。

经济发展导向型旅游产业发展模式是指把促进本地区国民经济总体发展作为发展旅游业基本考虑的目标和任务。

创汇创收导向型旅游产业发展模式是指以获得旅游业的直接收入作为发展旅游业基本考虑的目标和任务。

上述两种模式并不矛盾,而是相辅相成的。旅游业是综合性产业,带动相关行业的能力非常强,带动的产业越多,创汇创收越多,也必将对国家或地区的国民经济发展的贡献越大。

9.3　旅游经济可持续发展

旅游经济可持续发展是指在充分考虑旅游与自然资源、社会文化和生态环境相互作用和影响的前提下,把旅游开发建立在生态环境承受能力之上,努力谋求旅游业与自然、文化和人类生存环境协调发展,造福子孙后代的一种经济发展战略。其目的在于为游客提供高质量的感受和体验,提高旅游目的地人民的收入水平和生活质量,并切实维护游客和旅游目的地人民共同依赖的环境质量。

9.3.1　旅游经济可持续发展的战略意义

旅游经济可持续发展作为一种新的旅游经济发展战略,对旅游经济发展具有重要指导意义。

1) 促进旅游资源的保护和持续利用

旅游资源作为旅游业存在和发展的基础,开发和利用的种类越多,级别越高,对游客的吸引力就越大。旅游资源的构成十分复杂,其中有许多不可再生的旅游资源,如珍稀濒危动植物、奇山异水、历史文化古迹等,对这些旅游资源进行开发和利用时,会伴随着资源受到破坏乃至消亡的危险,加之开发利用的技术较差、层次较低、保护不当,往往会导致这些旅游资源的毁损及特色的丧失。实施旅游经济可持续发展战略有利于在做好保护工作的前提下,有计划、有重点地开发和利用对游客有足够吸引力的资源,并不断挖掘潜力,使有限的资源得到长久持续的利用。

2) 促进经济与社会、环境协调发展

可持续发展是一种综合、系统的发展观。通过旅游经济的可持续发展,强调以旅游资源为基础,与生态环境承载能力相协调,努力降低自然资源的消耗速度,维护良好的生态环境及和谐的人与人、人与自然的关系,有利于实现旅游与自然、文化和人类生存环境融合为一个整体。

3) 促进旅游市场的繁荣和稳定

旅游市场是旅游业得以存在和发展的前提。旅游经济可持续发展有利于减少使旅游市场波动的不利因素,鼓励和维持旅游市场的稳定和繁荣。特别是各级政府把旅游经济可持续发展作为社会经济发展的重要问题而予以重视和考虑,来制止和反对旅游市场中不利于资源利用和环境保护的行为,从而促进旅游市场繁荣、稳定而有序地发展。

4）促进旅游经济增长方式的转变

旅游业发展的重要前提之一是要有充裕的客源市场。但是，追求接待游客规模的扩大并不是无限度的。坚持旅游经济可持续发展，将促进旅游业转变增长方式，由单一地追求接待游客人数的目标转向追求游客规模、质量、效益等综合发展的目标。通过对旅游资源的深度开发和有机组合，丰富旅游活动的内容，提高旅游服务质量，增加旅游活动范围，增强旅游目的地对游客的吸引力，进而提高旅游经济的综合效益。

9.3.2 旅游经济可持续发展的特点

旅游经济可持续发展与传统旅游业发展相比，具有以下不同的特点：

1）旅游经济可持续发展的目标是实现旅游的多元价值功能

旅游不仅仅要实现旅游的经济价值，更要关注旅游的社会、文化、生态等多元非经济价值。旅游是一种以满足人类对精神文化需求和生态环境需求的高层次消费活动，旅游经济要积极强调那些有利于环境和文化的旅游活动。在旅游的开发过程中，注重对旅游目的地文化、生态环境内涵的挖掘与保护，实现旅游的经济、文化、生态、社会的多元价值。

2）旅游经济可持续发展的重点是实现旅游资源的集约利用

传统旅游发展对资源的利用是粗放的，其结果表现为旅游资源的浪费、旅游环境的破坏、旅游文化的低水平模仿与侵害，导致旅游低位发展，旅游产品不能满足游客日益增长的出游与审美需求。因此，旅游经济可持续发展的重点是要实现旅游资源的集约利用，充分挖掘旅游资源的内生潜力，形成各类旅游资源集约利用，共同开发旅游规模化发展。

3）旅游经济可持续发展的前提是合理规划和开发

合理的规划和开发是旅游经济实现可持续发展的前提条件，是保护资源和环境的重要手段。要充分认识合理规划对旅游经济可持续发展的重要意义，在旅游业发展中认真、科学地制定好旅游业总体发展规划和旅游资源开发规划，尽可能使规划与可持续发展的目标一致。鼓励那些有利于环境和文化的旅游需求的发展，合理地开发和提供各种旅游产品，促进旅游供给多样化，提高旅游供给的质量。

4）旅游经济可持续发展的保障是加强旅游行业管理

加强对旅游行业的管理，建立一个高效有力的旅游管理机构来实现政府的职能，通过政府的主导作用和各种行业协会的配合来提高游客和旅游企业对环境保护重要性的认识。建立一个旅游信息系统来为旅游市场营销、旅游资源开发和旅游业运行监督提供信息，及时开展科学研究，传播可持续发展的知识和对环境方面的技术等。

9.3.3　旅游经济可持续发展的战略重点

旅游经济可持续发展的重点是:坚持生态优先,加强新技术的应用,倡导绿色旅游消费,推动文旅深度融合,制定并落实相关的保障政策。

1)坚持生态优先

生态文明是旅游业可持续发展的重要前提,旅游业是生态文明建设的重要组成部分。丰富的生态资源、良好的生态环境是发展旅游产业的基本支撑,而合理的旅游资源开发有利于将一些生态环境恶劣、利用效率较低的荒地、荒漠进行综合利用,有利于生态环境的改善,进而提升旅游可持续发展的空间。

2)注重新技术应用

新技术在旅游产业的应用:一方面可以促进旅游资源的合理开发,对旅游资源特别是不可再生性的旅游资源进行保护;另一方面有助于完善游客的旅游体验,形成独特的旅游吸引物。例如,虚拟现实技术在故宫博物院的应用,不仅可以对文物进行很好的保护,而且可以跨越时间和空间的限制,再现历史场景,强化游客的感官体验。

3)倡导绿色旅游消费

强化绿色旅游消费理念,推行旅游消费方式。传统旅游最大限度满足了游客的旅游需求,而忽视了环境、生态及社会层面的诉求,出现了游客量超过景区最大承载量、生态环境遭破坏、社区文化被侵害等一系列问题。因此,要倡导绿色旅游消费,对旅游者、旅游经营者、旅游地居民进行可持续教育。

4)推动文旅深度融合

文旅融合在促进经济增长、传承中华文化、推动社会发展方面具有重要作用。文旅融合有利于保护和传承传统文化,同时也能推动文化创新发展。通过与旅游业的结合,可以使文化元素更好地融入旅游产品中,增强游客对当地文化的认知和体验;文旅融合可以丰富旅游资源,提升旅游产品的内涵和品质,为游客提供更加难忘的旅游体验;文旅融合可以带动相关产业的发展,如餐饮、住宿、交通等,从而促进经济社会的发展。

5)健全法律法规制度体系

建立健全旅游可持续发展的法律法规与政策保障体系,从法律层面保障旅游可持续发展的实施与开展;运用各种财政、金融、税收、价格政策及手段调节旅游经济活动,促进旅游资源的开发和环境保护,保证旅游经济的可持续发展;积极采取行政政策和行政手段对旅游经济活动进行调节和管理,特别是旅游经济的综合考核评价体系,对旅游经济的发展起到了重要的导向作用。

本章小结

- 旅游经济发展战略是旅游经济全面健康发展的基础,是指一国或地区关于旅游经济发展的整体性、长期性、基本性问题的全局筹划和部署。旅游经济发展战略的规划与实施是在分析地区资源环境等条件基础上,提出区域旅游经济发展的基本指导思想,确定发展目标,并有针对性地提出相关发展对策。

- 旅游经济发展模式是指以旅游经济发展的主要内容为目标,在一定的社会经济条件下所形成的旅游经济运行方式和管理体制。社会经济发展水平、社会经济制度和经济发展模式、旅游业形成时期和所处的发展阶段等是影响旅游经济发展模式的重要因素。由于发展基础不同,国内外的旅游经济发展模式存在显著差异性。

- 旅游经济可持续发展作为一种新的旅游经济发展战略,对旅游经济发展具有重要指导意义。将生态文明建设作为根本指导思想,加强新技术的应用,倡导绿色旅游消费,推动文旅深度融合,制定并落实相关的保障政策是旅游经济可持续发展的战略重点。

思考题

1. 谈谈旅游经济发展战略的重要性。
2. 旅游经济发展模式主要有哪些?请查找资料,谈谈还存在哪些旅游经济发展模式。
3. 旅游经济可持续发展战略的优势有哪些?谈谈你对旅游经济可持续发展战略的看法。
4. 综合考虑经济社会发展趋势,你认为未来中国旅游经济可以向哪个方向发展?

【案例分析】

建好用好国家文化公园[①]

2017 年 1 月,中共中央办公厅、国务院办公厅印发《关于实施中华优秀传统文化传承发展工程的意见》,提出规划建设一批国家文化公园,使之成为中华文化重要标识。

2019 年 7 月,中央全面深化改革委员会第九次会议审议通过《长城、大运河、长征国家文化公园建设方案》。12 月,印发建设方案,对国家文化公园建设工作进行安排部署。

---

① 资料来源:建好用好国家文化公园[N].光明日报,2023-02-19.有删减.

2020年10月,党的十九届五中全会审议通过《中共中央关于制定国民经济和社会发展第十四个五年规划和二〇三五年远景目标的建议》,明确提出建设长城、大运河、长征、黄河等国家文化公园。

2021年底,国家文化公园建设工作领导小组印发通知,部署启动长江国家文化公园建设。

新时代,党中央、国务院作出建设长城、大运河、长征、黄河、长江五大国家文化公园的战略部署。国家文化公园建设是传承发展中华优秀文化的重要举措,是中国式现代化在文化建设领域的全新探索。加大文物和文化遗产保护力度,加强城乡建设中历史文化保护传承,建好用好国家文化公园。通过重点建设"管控保护、主题展示、文旅融合、传统利用"4类主体功能区,系统推进"保护传承、研究发掘、环境配套、文旅融合、数字再现"等基础工程,做大做强中华文化的重要标志。

建好用好国家文化公园,应着重把握好以下4个方面。

一是突出国家主题。建设国家文化公园是对中华文化作系统性梳理之后的创新性、创造性建构,强调在整合各种文化元素后突出体现整体性、共同性、持续性的国家和民族意义。长城、大运河、长征、黄河、长江是中华文明的标识性符号,其所孕育的中华优秀文化是中华民族的根和魂。建设五大国家文化公园就是要透过这些文化标识,深入挖掘其蕴含的思想观念、人文精神、道德规范,深入提炼中华文化的民族价值、国家价值、世界价值,集中打造中华文化标志,进一步坚定文化自信,砥砺文化自觉。

二是强化保护职责。国家文化公园名为文化建设,实为文化遗产保护,或者说通过加强保护实现文化的传承发展,这是设立国家文化公园的初心所在,也是实际工作中一以贯之的要求。要树立文化遗产与自然山水和谐共生的理念,全面保护山水林田湖草沙,维护城乡自然肌理和大地景观,使国家文化公园同时成为践行"两山"理念、助力美丽中国建设的精品力作。

三是注重载体创新。借助公园载体,以系统的思维对众多分散的文化资源进行空间化整合、实施分区化管理、做到联动化展示,形成整体效应。因此,能否规划形塑好公园这个"体",关系到文化这个"魂"能否得到合适的展示和充分的表达。

四是发挥综合功能。国家文化公园作为一种大型文化载体,其功能是多种的,要实现的价值目标是多元的。国家文化公园最核心的"资产"是历史文化遗产,最有吸引力的资源是人文和自然景观资源。要用文旅融合的思路,采取社会化、专业化方式,优化资源配置,进行一体开发、多元开发、接续开发,打造各种优秀的文化IP,不断丰富公共产品供给,使国家文化公园拥有多彩之姿、多能之效,让沐浴其中的人强烈感受到自然之美、人文之美、信仰之美、生活之美。

结合案例,谈一谈国家文化公园建设提出的背景是什么?你认为未来中国旅游经济发展模式会有哪些变化?

拓展阅读

1.关于实施中华优秀传统文化传承发展工程的意见
2.长城、大运河、长征国家文化公园建设方案

第10章
旅游产业政策

【学习目标】

- 掌握产业政策的基本含义及作用；
- 了解产业政策的类型划分，理解产业政策的目标与实施手段；
- 掌握产业组织政策、产业结构政策的内容及作用；
- 能够结合我国旅游产业发展实践，认识旅游产业政策的发展演变及效果。

【导入案例】

海南旅游经济发展观察

海南岛位于我国南部，地处北纬 18°10′~20°10′，东经 108°37′~111°03′，岛屿轮廓形似一个椭圆形大雪梨，长轴呈东北至西南向，长约 290 千米，西北至东南宽约 180 千米，面积 3.39 万平方千米，海岸线总长 1944 千米。海南岛属热带季风海洋性气候，年平均气温 22.5~25.6 ℃，终年气候宜人，阳光充沛，空气清新，水质纯净，热带海滨风光享誉世界，拥有得天独厚的自然环境和世界一流的旅游资源。

自 1988 年党中央批准海南建省办经济特区以来，海南就一直把旅游业作为主导产业持续发展。2009 年，国务院印发《关于推进海南国际旅游岛建设发展的若干意见》，明确提出充分发挥海南的区位和资源优势，建设世界一流的海岛休闲度假旅游目的地。2011 年 4 月 20 日，海南离岛免税政策施行，旅游购物成为海南旅游的一大特色，离岛免税政策成为促进海南国际旅游岛建设的支持性政策之一。2018 年，中共中央、国务院印发《关于支持海南全面深化改革开放的指导意见》，提出在海南建设自由贸易试验区和中国特色自由贸易港，明确海南国家生态文明试验区和国际旅游消费中心的战略定位，大力推进旅游消费领域的对外开放和海南国际旅游岛建设，不断优化发展环境，积极培育旅游消费新业态、新热点，打造业态丰富、品牌集聚、环境舒适、特色鲜明的国际旅游消费胜地。2020 年，中共中央 国务院印发《海南自由贸易港建设总体方案》，提出符合海南定位、突出改革创新的原则，充分发挥海南自然资源丰富、地理区位独特以及背靠超大规模国内市场和腹地经济等优势，大力发展旅游业、现代服务业和高新技术产业。

在国家政策的支持下，海南坚持生态优先、绿色发展，围绕国际旅游岛和国际旅游消费中心建设,大力推动旅游与文化体育、健康医疗、养老养生等深度融合,发展特色旅游产业集群,培育旅游新业态新模式,构建以观光旅游为基础、休闲度假为重点、文体旅游和健康旅游为特色的现代旅游产业体系,实现旅游经济快速发展。

2005—2019 年海南旅游主要指标数据

项目	2005 年	2009 年	2014 年	2015 年	2016 年	2017 年	2018 年	2019 年
接待游客总人数/万人次	1516.47	2250.33	4789.08	5336.52	6023.60	6745.01	7627.39	8311.20
旅游收入/亿元	125.05	211.72	506.53	572.49	672.10	811.99	950.16	1057.80
旅游景区/个	—	52	82	62	52	54	54	55
旅游饭店总数/个	364	459	868	841	876	946	966	953
客房总数/间	48388	67391	124296	117879	129 916	138627	159695	151347
床位总数/张	89396	124689	204372	196856	208427	223444	268007	248495
旅行社总数/个	158	236	393	389	365	352	389	387

表中数据来源:作者根据相关年份的海南统计年鉴整理。

拓展阅读

1. 国务院关于推进海南国际旅游岛建设发展的若干意见
2. 中共中央 国务院关于支持海南全面深化改革开放的指导意见
3. 中共中央 国务院印发《海南自由贸易港建设总体方案》

10.1 产业政策的含义与作用

产业经济理论和产业政策实践是相互作用、相互促进的。一方面,产业经济理论对产业政策的制定和实施具有直接指导作用;另一方面,产业政策实践又是对产业组织理论、产业结构理论、产业布局理论和产业发展理论的应用,对产业经济理论不断提出新的要求、提供新的研究素材,并推动产业经济理论的丰富和发展。

10.1.1 产业政策的含义

产业政策是一种经济政策,任何有能力履行经济职能的国家都存在某种形态的产业政策。由于研究角度的不同,人们对产业政策概念的解释多种多样。

《现代日本经济事典》将产业政策概括为:"产业政策是指国家或政府为了实现某种经济和社会目的,以全产业为直接对象,通过对全产业的保护、扶植、调整和完善,积极或消极参与某个产业或企业的生产、经营、交易活动,以及直接或间接干预商品、服务、金融等的市场形成和市场机制的政策的总和。"[①]这一概念强调了产业政策的核心内容是政府针对某一产业的发展状况及资源配置问题而进行的政策性干预。欧美国家较早完成了工业化进程,市场经济相对发达,关于产业政策的研究更多侧重于促进产业结构变化和维护市场竞争秩序的功能特征。

概括地讲,产业政策是指一个国家或地区为实现其经济目标或社会利益而主动干预产业活动的各种政策的总和。产业政策是政府管理国民经济的基本工具,是一种非市场性质的经济调控手段,制定和实施产业政策是政府经济职能的重要实现形式。

产业政策的构成要素通常包括:政策对象、政策目标、政策工具、政策实施机构,以及政策的决策程序与决策方式。

10.1.2 产业政策的起源

产业政策的本质是国家对产业经济活动的主动干预。广义地讲,产业政策是随着国家政权的诞生,并开始履行经济管理职能、干预产业活动时产生的;狭义地讲,严格意义的产业政策出现在 18 世纪中叶产业革命后开始工业化进程的欧洲各国。

日本自明治开国时起,就明确提出"殖产兴业,富国强兵"的口号。1870 年,日本政府设立工部省,其核心职能是引进海外先进技术,标志着明治政府开始有组织地实施产业技术政策。1886 年,日本政府颁布了长达 30 卷的《兴业意见书》,首次系统地提出了扶植和鼓励各产业发展的政策措施,加速日本的工业化和近代化进程。1970 年,日本通产省代表在 OECD(经济合作与发展组织)大会上作了题为《日本的产业政策》的演讲,引起了各国政界和学术界的广泛关注。此后,有关产业政策的研究不断扩展和深化。

德国经济学家李斯特认为,在经济发展相对落后的国家,大多数产业都不具备同先进国家竞争的实力,政府有必要采取关税保护和扶持政策对本国的幼稚产业和弱小产业进行保护。当本国产业经过发展壮大,经济实力提高以后,再实行积极的开放政策。德国和美国从 19 世纪开始,就对本国的产业采取关税保护和扶持政策。欧美各国早期的产业政策,重要目标是维护竞争秩序。例如,法国 1791 年的《沙彼利耶法》、美国 1890 年的《谢尔曼法》,反映了国家的反垄断政策以法律的形式表达出来。

中国早期的产业政策实践体现在农业上。据史料研究,在中国历史上,三国时期曹魏的"屯田"政策、北魏时期的"均田"政策、唐朝初期的"均田"政策,以及设专职官吏掌管水利事

---

① 苏东水.产业经济学[M].北京:高等教育出版社,2000:330.

宜、兴修水利设施等,这些举措都是中国历代封建王朝农业政策的基本内容,发挥了当时政府运用集权管理经济的职能,弥补了封建小农经济条件下民间组织的涣散性,推动了土地与农民的结合,促进了农业生产关系的建立和农业生产条件的改善,对当时封建经济发展具有积极作用,构成了早期的产业政策实践的原型。

中华人民共和国成立以后,我国实行重工业优先发展战略,按照先生产、后生活的思路,一直保持重工业在国民经济发展中的快速增长势头,从而导致产业结构存在两个严重失衡:一是"农、轻、重"之间的严重失衡。农、轻、重产值比由 1957 年的 43.3∶31.2∶25.5,变为1978 年的 24.8∶32.4∶42.8,农业比重大幅度下降,轻工业比重基本未变,重工业比重大幅度提高。二是原材料、燃料动力、交通运输等基础产业与加工工业之间的严重失衡。20 世纪 70 年代末期,原材料工业的生产能力和加工工业的生产能力严重不适应,因缺电、缺煤,全国有近 1/4 的工业生产能力不能发挥作用;铁路、公路、港口运力不足,交通运输全面紧张,待运货物积压;邮电通信业落后,国内国际通信联系极不方便。1978 年,中国开始推行改革开放政策,重新确立了以经济建设为中心的发展战略,通过一系列国民经济计划和产业政策的实施,积极推进产业结构调整和产业结构优化升级发展。例如,20 世纪 80 年代,产业政策的主要目标和任务就是针对当时产业结构存在的严重失衡问题,纠正结构偏差,围绕扭转改革开放以前过度偏重重工业、偏重生产,忽视轻工业、忽视生活的状况,重点支持满足提高人民群众生活水平的轻工业和农业的发展。

20 世纪 90 年代,中国市场经济体制改革全面启动,国有企业改革取得了进展,非公有经济进一步发展壮大,市场体系建设全面推进,市场在资源配置中的基础性作用明显增强,经济增长已由原来的供给不足转向需求制约,出现了一般的工业产品和农产品普遍供大于求,而能源、原材料等基础工业和交通运输等基础设施供给不足的状况。这一时期,产业政策的目标重心开始注重产业结构升级。1994 年,国家颁布的《90 年代国家产业政策纲要》明确提出,不断加强农业的基础地位,全面发展农村经济;加快基础工业和基础设施建设,促进能源、原材料和交通运输、通信等行业的发展,缓解对国民经济发展的"瓶颈"制约;加快发展支柱产业,以机械电子、汽车、化工和建筑 4 个行业作为支柱产业,带动国民经济全面振兴;加快高新技术产业发展,支持新兴产业的发展和新产品开发;大力发展第三产业,运用财政、货币、税收、价格、收入分配等经济手段调节产业运行成为重要手段。

10.1.3 产业政策的作用

1)产业政策兴起和发展的缘由

学术界对产业政策兴起和发展的原因有不同的解释。归纳起来主要有 3 种观点:

一是"市场失灵"说。这一观点强调,产业政策的兴起和发展是弥补市场失灵缺陷的需要。由于公共产品、外部性、垄断、信息不充分等市场失灵领域的存在,仅仅依靠市场机制不能实现产业资源的优化配置,因此,政府运用产业政策这一非市场调节手段主动干预产业活动,成为弥补市场缺陷、提高产业资源配置效率的必要。

二是"赶超战略"说。这一观点强调,产业政策的兴起和发展是后发国家实施赶超战略赶超先发国家的需要。由于"后发优势"的存在,在后发国家采取赶超战略、实施赶超目标的过程中,完全有可能通过制定和推行合理的产业政策,实现产业经济的超常规发展,从而缩短赶超先进国家所需的时间。

三是"国际竞争"说。这一观点强调,产业政策的兴起和发展是世界各国积极参与国际市场和国际竞争的需要。随着经济全球化的发展,国际经济关系和产业国际分工体系正在发生着前所未有的变化,各国经济和产业发展都面临着新的机遇和挑战,制定和实施积极的产业政策,增强本国产业的国际竞争力,是提高和保持本国产业在经济全球化过程中具有竞争优势的重要选择。

2) 产业政策的主要作用

各国产业发展经验表明,产业政策的作用主要有以下 4 个方面:

(1) 弥补市场失灵的缺陷

在现实的经济中,由于公共产品、外部性、垄断、信息不充分等市场失灵领域的存在,通常会导致资源配置缺乏效率或资源配置失当,仅仅依靠市场机制,无法避免垄断、过度竞争、不正当竞争、基础设施投资不足、环境污染、资源浪费等现象的产生与蔓延。历史经验表明,各国实施产业政策最普遍的作用,就是弥补市场失灵的缺陷。例如,通过实施限制垄断、鼓励竞争、调整产业结构等产业政策,政府可以限制垄断的蔓延和不正当竞争,促进有效竞争市场态势的形成;加快基础设施建设,加快产业结构转型升级,淘汰落后产能,治理环境污染和资源浪费,等等。

(2) 实现经济超常规发展

产业政策是国家主动干预产业活动的一种手段,是充当贯彻国家经济发展战略的工具。例如,发展中国家在工业化初期通常都会遇到交通、通信、原料、燃料、动力等基础设施和基础工业薄弱的"瓶颈制约"。一个国家的基础设施和基础工业是其他重工业和加工组装型工业的先行产业或制约产业,对整个经济发展具有重大的促进作用,必须先行加快发展才不至于成为制约其他产业发展以及经济"起飞"的瓶颈。但是这些部门的"外部性"较强,本身又投资巨大、盈利性低、资本回收期长,仅仅依靠市场机制,无法在较短时期内达到经济"起飞"所要求的条件,这就需要政府制定和实施超常发展的产业政策,促进先行产业和先行部门优先加快发展,从而带动后续产业乃至整个经济的全面发展。此外,通过扩大对外开放,制定和实施促进国际投资、国际贸易的产业政策,政府可以有效地推动本国产业参与国际分工和全球产业链体系的构建,从而充分发挥后发优势,在产业技术和经营管理水平上赶超先发国家和国际先进水平。日本、韩国第二次世界大战后的赶超实践证明,产业政策是后发国家实现超常规发展、缩短赶超时间的重要工具。

(3) 增强产业的国际竞争力

产业竞争力也称产业国际竞争力,是指某个国家或地区的某个特定产业相对于其他国家或地区的同一产业,在生产效率、满足市场需求、获利能力等方面所体现的竞争能力。这种竞争能力是建立在本国产业资源的比较优势、大型骨干企业的生产力水平、技术创新能力、国际市场开拓能力等基础之上的,主要表现的是一个国家或地区某个产业的资源配置状况和市场运行效果。通过制定和实施科技创新、战略贸易等产业政策,政府可以在增强企业创新能力、开拓国际市场等方面积极作为。

(4)保障国家的经济安全

随着经济全球化发展进程的加快,产业政策逐步成为世界各国在全球化过程中趋利避害、维护本国利益和国家经济安全的重要工具。产业政策属于政府行为范畴,它的制定和执行是以国家行政主权为基础、由政府主导并致力于政府经济职能的发挥,是政府主动干预经济的一种手段。

10.2 产业政策的目标与手段

10.2.1 产业政策的目标

从一个国家的国民经济发展体系来看,各国实施产业政策的目标主要包括 3 个方面:一是实现经济发展与繁荣;二是促进产业结构优化升级;三是增强本国产业的国际竞争力。

(1)实现经济发展与繁荣

以实现经济发展与繁荣为总目标时,制定和实施产业政策的着力点在于:支持和形成一定的产业结构形态,为经济全面发展提供相关产业支撑与配套;选择和扶持战略性主导产业,通过重点发展和优先发展带动经济全面发展与繁荣;促进技术创新与应用推广,提高产业的技术水平和生产效率;鼓励竞争,限制垄断,发展各类市场主体,发挥市场机制作用,激发经济活力;建设专业化分工与协作体系,促进生产的集中和规模经济效益,防止大量中小企业低水平过度竞争;等等。

(2)促进产业结构优化升级

以促进产业结构优化升级为总目标时,制定和实施产业政策的着力点在于:加强社会基础设施建设,改善市场环境和投融资环境;协调经济发展与环境保护的关系,推行污染防治和环境保护政策;组织产业转移和衰退产业以及落后产能的退出,大力发展新兴产业;加大科学研发、科技创新和科技成果的产业化支持力度,推进技术创新和产业技术进步;促进新技术对传统产业的渗透与改造,推进传统产业现代化;促进国际投资,在全球产业链的国际化分工与协作体系中获得更多的比较优势;重视产业布局的合理化,发展区域特色产业等。

(3)增强本国产业的国际竞争力

随着经济全球一体化进程的推进和国际竞争的日益加剧,增强本国产业的国际竞争力已成为各个国家和地区实施产业政策的主要目标。以增强本国产业的国际竞争力为总目标时,制定和实施产业政策的着力点在于:加大科技投入,促进和保证科技创新和产业技术领先;加强高新技术经济园区和创新基地的建设,支持科技型和高新技术型中小企业发展,增强经济发展活力;大力发展战略性新兴产业和现代服务业,提高产业结构的高度化水平;加大现代信息技术的推广应用,推进信息化和工业化深度融合,提高产业的信息化和组织管理水平;高度重视创新型人才培养,加大知识资本和智慧资本的投入比重,保持经济的可持续发展和适度增长;加强国家信息基础设施建设和信息安全管理,保护知识产权,维护国家经济安全。

10.2.2　产业政策的实施手段

产业政策的实施手段通常分为 3 种类型:直接干预、间接诱导和法律规制。

(1)直接干预

直接干预是政府以审批制、许可证制、配额制、直接投资经营、价格管制等方式,直接干预某产业的资源配置和运行态势,以实现预定的产业政策目标。

(2)间接诱导

间接诱导主要是以提供信息服务、技术培训、税收优惠、投融资支持、财政补贴、关税保护、出口退税等方式,引导企业的市场行为,支持企业的生产经营活动,以实现预定的产业政策目标。

(3)法律规制

法律规制通常是以立法的方式,通过颁布法律法规严格规范企业的市场行为、产业管理部门的职能、政策执行机构的工作程序、政策目标与措施等,以实现预定的产业政策目标。

10.3　产业政策的类型和内容

10.3.1　产业政策的类型

可以从不同角度对产业政策进行不同的分类。

根据政策的功能定位,产业政策分为产业组织政策、产业结构政策、产业布局政策和产业技术政策。

根据政策的对象领域,产业政策分为农业政策、装备制造业政策、服务业政策、贸易政策、金融政策、能源政策、环境政策、中小企业政策等。

根据政策的目标取向,可以对产业政策进一步细分,如产业组织政策可分为鼓励专业化和规模经济的政策、维护竞争秩序和限制垄断的政策;产业结构政策可分为促进产业结构合理化的产业调整政策、推动产业结构高度化的产业援助政策。

根据政策的作用方式,产业政策分为综合性产业政策和单一性产业政策。如中小企业政策就是一个典型的综合性产业政策,政策对象包括各个产业领域的中小企业,政策目标旨在促进中小企业发展和增强经济活力,政策手段通常多种方式并用。

10.3.2　产业组织政策的主要内容

1)产业组织政策的含义

产业组织政策是指为了获得理想的市场效果,由政府制定的干预市场结构和市场行为,调节企业之间关系的公共政策。

市场经济本质上是一种竞争经济。在激烈的市场竞争中,大规模生产能为企业带来规模经济性,随着产量的扩大,产品单位成本不断下降,市场占有率不断提高,从而市场垄断因素也不断增强,其结果必然是追求规模经济而导致垄断的形成。而垄断的形成又将遏制市场竞争,阻碍市场机制在资源配置中作用的发挥,使经济丧失活力。市场机制本身并不能自发地避免过度竞争,也不能防止大企业凭借其市场力量和垄断地位而采取不正当竞争手段以获取垄断利润。在这种情况下,政府有必要以立法形式制定市场规则,规范企业的市场行为,从而提高市场效率。高效率的竞争应该是既有规模经济又有竞争活力的有效竞争市场态势。产业组织政策的作用在于协调规模经济与市场竞争之间的矛盾,维护正常的市场秩序,促进有效竞争市场态势的形成。因此,政府制定和实施产业组织政策的基本目标是促进产业组织合理化,使整个产业既能实现规模经济,又具有竞争活力,形成有效竞争市场态势,以提高产业的资源配置效率和市场效果。

2)产业组织政策的主要内容

(1)反垄断和反不正当竞争政策

反垄断和反不正当竞争政策通常是发达国家产业组织政策的重点。在发达国家,市场机制相对完善,经济发展面临的主要问题是来自市场主体垄断势力和市场力量对市场效率的破坏,以及由此带来的社会矛盾的激化。

影响市场中市场势力产生和垄断力量形成的决定性因素是市场集中度和进入壁垒,政府为维护竞争秩序和限制垄断可采取的政策手段通常有两种:一是抑制或降低产业的市场集中度;二是抑制或降低产业的市场进入壁垒。因此,反垄断和反不正当竞争政策的基本内容一般包括:

①分割已形成的垄断企业,降低市场集中度。

②限制企业的兼并行为,防止企业兼并导致市场集中度过高,从而造成市场支配力量的加剧、垄断的出现及进入壁垒的形成。

③限制企业的价格合谋和串谋定价,鼓励竞争。

④禁止非法的价格歧视、排他性交易、欺诈行为等,维护正常的市场秩序。

⑤扶持中小企业发展,营造公平竞争的市场环境。

(2)规模经济政策

规模经济政策通常是经济发展相对落后国家产业组织政策的重点。在经济发展水平较低的国家,往往缺乏资本的聚集和生产的集中,产业集中度低,数量众多的小企业过度竞争,不能形成规模经济,造成资源配置效率低下。

影响规模经济的主要因素是企业规模。为了获得规模经济效益,对于追求利润最大化的企业来说,会力求把规模扩展到单位产品的生产成本和销售费用降到最低水平。企业通过扩大规模,既实现规模经济,又提高市场占有率,从而具备了谋取超额利润的条件。对于规模经济较为显著的产业,采取追求规模经济的产业政策,通过培育大型企业,提高市场集中度,以实现追求规模经济的政策目标。

规模经济政策的基本内容一般包括以下 3 个方面:

①企业并购政策。企业并购包括企业之间的兼并和收购两种行为,是企业法人以一定的经济方式取得其他法人产权的一种途径,是企业进行资本运作和经营的一种主要方式,一般包括企业合并、资产收购、股权收购 3 种形式。这种并购过程,使被并购企业的资产向并购企业聚集,形成大规模企业和生产的集中。企业并购政策是政府用来抑制产业过度竞争,提高市场集中度,实现规模经济的重要手段。

②企业联合政策。按照联合方式,企业联合可分为两种类型:一是以产品为纽带,建立企业之间的专业化分工协作体系,形成稳定的供应链和分工协作关系;二是以经营业务和资产重组双重因素为纽带,组建企业集团,形成战略联盟,提高企业的市场竞争力。无论在哪一种联合中,契约关系和重复性交易都对规范企业竞争行为发挥着重要作用,有利于避免企业之间过度竞争,有利于把专业化分工引向深化,有利于企业扩大规模提高效益。企业联合政策是政府鼓励专业化分工协作和规模经济,提高企业核心竞争力的重要手段。

③经济规模政策。这一政策的目标指向是控制产业内企业最小规模,促进产业的规模经济性。政府通过制定企业最小经济规模标准,提高产业的进入壁垒,限制达不到经济规模要求的新企业进入产业。对于产业内已有的规模较小的企业,通过企业兼并或企业联合等方式,消化吸收小企业,发展大企业,提高市场集中度,实现规模经济。这一政策的主要功能在于设置产业进入壁垒,限制小企业的盲目进入,防止过度竞争以影响规模经济性。

(3)直接规制政策

直接规制政策的对象主要是自然垄断产业,其政策目标是在一定市场范围内限制特定自然垄断产业的企业数量,防止因重复投资和过度竞争所造成的资源配置低效率。

直接规制政策的主要内容包括进入规制、数量规制、质量规制、技术规制、价格规制、退出规制等。在现实的产业发展中,直接规制政策的使用范围往往被扩展到那些规模经济较为显著的产业以及产品质量安全、资源环境保护等方面。

10.3.3　产业结构政策的主要内容

1)产业结构政策的含义

所谓产业结构政策,是指政府在一定时期内依据本国经济发展的具体情况,遵循产业结构演进的一般规律及其发展趋势,制定并实施的影响与推动产业结构转型,促进产业结构合理化和高度化发展,进而推动经济增长的一系列政策的总和。

产业结构政策的主要任务是促进产业结构优化。产业结构优化是指推动产业结构合理化和高度化发展的过程。通过有关产业发展规划和政策措施的实施,政府可以有效地推动技术创新和产业资源的优化配置与再配置,以此来调节产业供给结构,协调供给结构与需求结构之间的矛盾,推动产业结构的合理化和高度化发展,从而促进国民经济协调、持续、高质量的快速发展。

2)产业结构政策的类型

产业结构政策大致可以归纳为两种基本类型:产业调整政策和产业援助政策。

产业调整政策的目标取向是促进产业结构合理化,主要依据产业关联技术经济的比例关系,来调整不协调的产业结构,促进国民经济各产业间的协调发展。

产业援助政策的目标取向是促进产业结构高度化,主要遵循产业结构演进的一般规律及其发展趋势,通过创新驱动和产业技术进步来加快产业结构从低水平状态向高水平状态发展的高度化演进,促进国民经济持续的、高质量的、快速的增长。

3)产业结构政策的主要内容

从具体内容来看,产业结构政策通常包括战略产业扶植政策、主导产业政策、支柱产业政策、幼稚产业扶持政策、衰退产业调整政策等。其中,战略产业扶植政策、衰退产业调整政策和主导产业政策是基本的产业结构政策内容。

(1)战略产业扶植政策

通常将能够在未来成为主导产业或支柱产业的新兴产业界定为战略产业。一般认为,战略产业应具备3个特征:一是能够迅速有效地吸收创新成果,并获得与新技术相关联的新的生产函数;二是具有巨大的市场潜力,能够在未来较长时期内获得持续的高速增长;三是产业关联性强,与其他产业的关联系数较大,能够带动相关产业的发展。

战略产业扶植政策是着眼于未来的新兴优势产业的培育政策,直接作用于市场新需求的创造和经济新增长点的形成,是产业结构政策中的主导方向和关键部分,其政策目标是促进产业结构优化升级和高度化发展。在新技术、新产品快速发展更替的今天,战略产业的选择比以往任何时候都更容易出现失误。

制定和实施战略产业扶植政策,须重视两点:一是战略产业的选择。这一点关乎新兴产业发展的方向和国家经济发展的未来,是对政府决策能力和经济管理职能的考验。二是政策手段的运用。其政策手段通常有两大类:一是直接的行政干预,如政府直接投资、技术引进管制、配额制等;二是间接的经济诱导,如税收减免、政府补贴、融资支持、技术援助等。增强对新兴战略产业的生产要素投入,通过推动新兴战略产业超常规发展来带动产业结构优化升级。

(2)衰退产业调整政策

根据产业生命周期理论,任何产业的发展都会经历一个从幼稚期到成长期、成熟期,再到衰退期的过程,进入衰退期的产业就是衰退产业。衰退产业是一个相对概念,在不同的经济社会发展时期、不同的科技发展水平条件下,衰退产业的范畴会有所不同。一般来讲,衰退产业具有 3 个明显的特征:一是产品的需求量和销售额大幅度下降,其产业所提供的产值占 GDP 的比重呈明显下降趋势;二是生产率相对较低,技术进步率下降,且无产业创新能力;三是市场上出现另一新兴产业提供的替代性产品,且需求量和销售额呈上升趋势。具备上述特征的产业即被界定为衰退产业,其中,技术进步率下降且无产业创新能力是衰退产业的本质特征。

衰退产业调整政策是以衰退产业为对象而实施的产业资源调整政策,是产业结构调整过程中具有重要现实意义的基本政策。其政策目标是帮助衰退产业有秩序地收缩、撤让,并引导产业内资源流出后向高增长率产业部门有效转移。顺应产业发展趋势,政府通过加速设备折旧、市场保护、促进转产、技术援助、经营支持、岗位培训等措施,加速衰退产业内资源流出,并进一步促使其走向消亡和退出市场,实现产业结构调整和产业结构高度化发展。

(3)主导产业政策

主导产业是指能够充分利用先进技术,具有较高的需求收入弹性,能够保持较高的增长速度,同时,又具有较大的产业关联效应,能够很好地带动和诱发其他产业发展的产业部门。一般而言,主导产业选择应具备 3 个特征:一是具有较大的产业关联性,能够对较多产业产生带动和诱导作用;二是具有较高的需求收入弹性,能够创造出新的市场需求;三是具有生产率上升趋势,能够快速引入技术创新或制度创新。

主导产业政策是以主导产业为对象而实施的产业发展促进政策,对产业结构系统的未来具有决定性引导作用,对于一国经济发展具有重要的战略意义。因此,主导产业选择就成为非常关键的问题。通常主导产业选择遵循 4 个基准:产业关联度基准、收入弹性基准、生产率上升基准和环境无污染基准。政策手段一般包括产业环境协调、财政金融扶植、贸易保护、技术研发、科技创新、产业人才培养等,通过推动主导产业快速发展壮大,带动相关产业,诱发新兴产业,实现经济增长和产业结构优化升级。

10.3.4　产业布局政策的主要内容

1)产业布局的形成

产业布局是指产业在一定地理空间上的分布和组合。产业布局的形成通常有两种力量的推动:一是市场机制的调节力量。自然条件、地理区位、历史文化、社会经济、教育科技等各种资源要素,在市场机制的作用下自发地向不同地域空间、不同产业之间进行配置,产业自我发展而形成的地域空间分布与组合。二是政府产业政策的干预力量。一个国家的中央或地方政府根据产业的技术经济特征、各类地区的资源禀赋及区域经济社会发展状况,通过运用经济的或行政的政策手段,促进各种要素资源在不同地域空间、不同产业之间进行配置,引导和调整产业在地域空间的分布与组合,从而实现推动区域经济发展的目标。简而言之,产业布局政策是指政府旨在规划和引导产业区域空间分布与组合的政策总和。

2)产业布局政策的主要内容

产业布局政策的主要内容分为区域产业扶植政策和区域产业调整政策。

（1）区域产业扶植政策

区域产业扶植政策是指政府针对特定区域制定和实施各种优惠政策，完善投资和产业发展环境，或者运用直接投资、财政补贴、转移支付等手段，以重点扶植倾斜发展的思路，促进特定区域内某类产业或几类产业的发展，从而带动区域经济增长和社会发展。

通常有3类地区可能成为区域产业扶植政策的实施对象：第一类是经济发展水平相对落后的偏远贫困地区，这类地区不仅经济发展落后、收入水平低，同时，还存在基础设施、文化教育、医疗卫生等发展落后，需要政府重点扶植和政策性帮扶；第二类是区域拥有大规模发展某类产业的资源禀赋和比较优势，但缺乏资金或技术等关键要素，这就需要发挥产业布局政策的作用予以支持；第三类属于战略性区域，是从国家全局利益和长远战略出发，对国民经济总体发展、维护产业安全、培育新兴战略产业、优化产业结构升级、提高产业国际竞争力等进行科学规划，确定一些重点发展产业和产业发展的重点区域，通过产业布局政策的实施加以保障。

（2）区域产业调整政策

区域产业调整政策是指促进某类产业从劣势生产区域向优势生产区域转移，或者加速特定区域内衰退产业退出的政策。地区间资源禀赋的差异和区位优势的差异使每个地区对不同产业有不同的吸引力，而且每个地区的资源优势和产业要素是随着经济社会的发展而不断变化的，这就决定了每个地区适宜生存的优势产业也是不断变化的，从而出现了区域间产业转移现象。依靠市场机制调节区域间产业要素的转移，其自发转移的速度缓慢且存在要素流动壁垒，需要政府的区域间产业调整、产业转移政策发挥作用。

区域产业调整政策是对区域间产业转移市场机制自发作用的一种推动和补充。区域产业调整政策中还有一种情况，针对的是特定区域的资源依赖型产业。如采矿业，当矿产资源趋于枯竭时，政府应积极实施区域产业调整政策，加速经济资源从资源依赖型产业退出，并选择培育新兴成长性产业，形成新兴的区域产业布局与组合，实现区域产业结构调整。

10.3.5　产业技术政策的主要内容

技术是产业生存和发展的生命力所在，产业发展离不开产业技术进步，产业技术政策也因此成为产业政策的重要组成部分。产业技术政策是指国家对产业技术发展实施指导、促进与控制的政策总和。也就是说，产业技术政策就是政府引导和促进产业技术进步的政策，具体包括技术引进政策、技术研发政策、技术创新政策、技术应用推广政策等。

产业技术附着于具体的产业，而不同的产业，其技术经济特征、技术有机构成、技术发展水平都有很大差异。因此，产业技术政策具有明确的产业指向，如汽车产业技术政策、钢铁产业技术政策、装备制造业产业技术政策、信息技术产业技术政策等。产业技术政策并不等同于国家的科技政策，产业技术政策的对象领域是某一产业的产业技术，产业技术的核心是应用。因此，产业技术的第一研发主体应是企业，政府制定和实施产业技术政策的目的在于引导、促进和扶植产业的技术创新、新技术应用和推广。

10.4　旅游产业政策概述

10.4.1　旅游产业政策的含义

旅游产业政策是按照政策的对象领域而细分出来的产业政策之一,是以旅游业为对象,一个国家的中央或地方政府为了促进旅游业持续健康发展,打造具有竞争力和可持续性的旅游目的地而主动干预旅游产业活动的一系列法律、法规、政策、规章、规范的总和。

促进旅游业发展可以为旅游目的地国家或地区带来直接和间接的经济效益。开展旅游活动需要旅游目的地国家或地区的旅游企业和部门提供多样化的产品和服务,这些旅游企业和部门通过为旅游者提供产品和服务获得直接经济效益的同时,必将一部分收益以供求关系形式投入其他企业和产业,带动关联产业发展,创造间接经济效益,带动资金流、信息流、物质流、文化流的传递与交流,进而促进区域经济开放发展。

区域经济发展带来居民收入提高和产业发展条件改善,有利于激发居民旅游需求增长,提升旅游基础设施与公共服务水平,提供相关技术和产业支撑,塑造区域整体形象,为旅游业发展提供区域产业基础和市场消费环境,形成旅游业与区域经济相互促进协调发展作用机制。

旅游业发展应当遵循社会效益、经济效益和生态效益相统一的原则。制定旅游产业政策应致力于为建设具有竞争力的旅游目的地和可持续性的旅游目的地提供一个管理框架,既能够使旅游目的地为来访游客提供高质量的旅游体验,又能够确保旅游目的地的环境、社会和文化的完整性不被破坏。旅游目的地通过接待游客为其利益相关者提供广泛的经济和社会利益,促进就业,增加收入,扩大文化交流。同时,也要最大限度地减少旅游业发展带来的各种成本以及对环境的影响。

10.4.2　旅游产业政策的作用

1)旅游产业政策适应范围的识别

由于行政区划的存在和旅游资源空间分布的不可移动性特征,需要明确识别旅游产业政策所适应的地理空间范围。这里的地理空间范围,是指旅游目的地,即游客能够获得多种旅游体验的特定地理范围。

旅游目的地通常按照行政区域划分为以下类型:

①国家级旅游目的地。把一个国家作为旅游目的地。

②省域性旅游目的地。把一个国家中的某一个省区作为旅游目的地。

③区域性旅游目的地。把一个国家中的某个局部区域作为旅游目的地,如中国的珠三角地区、长三角地区、京津冀地区,以及西部地区、东北地区、东南沿海地区等。

④城市或城镇旅游目的地。把一个城市或城镇作为旅游目的地。

⑤景区旅游目的地。把能够吸引游客前往参观游览的某一独特的场所或景观作为旅游目的地,如某一地质公园、某一历史遗迹、某一博物馆、某一旅游景点等。

2)旅游产业政策的作用领域

一般来讲,旅游产业政策往往是针对某一旅游目的地而制定和实施的,因此,旅游产业政策是指某一特定旅游目的地的产业政策。从国家层面上看,旅游产业政策作用的领域主要包括以下 13 个方面:

①旅游业在旅游目的地整个社会经济发展中的地位。

②旅游资源的保护和合理利用。

③旅游业的技术进步和旅游产品开发。

④旅游者和旅游经营者合法权益的保障。

⑤旅游业的财政补贴和税收。

⑥旅游业的投融资环境和渠道。

⑦旅游公共服务和基础设施建设。

⑧旅游的可进入性和旅游交通。

⑨环境保护和限制措施。

⑩旅游目的地形象和好客精神。

⑪旅游目的地管理和营销。

⑫旅游教育和旅游人力资源开发。

⑬旅游业发展与相关部门及其他产业的综合协调等。

3)旅游产业政策的特征与目标

(1)旅游产业政策的特征

旅游业是一个综合性很强的产业,是多学科综合发展的产物,受经济、社会、地理、环境、历史、心理、技术、法律、政治等多种因素的影响。旅游产业政策除了具有多学科属性,还必然具有其他重要特征。

针对某一特定旅游目的地的旅游产业政策,必须是社会视角的政策,要从经济社会发展的视角来确定地区、国家,甚至国际层面上的旅游业发展方向,要具有长远的战略发展眼光。

旅游产业政策不是一个理论概念,它对旅游业的生产经营活动具有十分重要的现实意义。通过引导、协调、扶持等手段,鼓励和激励旅游产业开展组织化的创新活动,使重要且有限的旅游资源在变化的环境中得到最佳利用。

旅游产业政策应树立"超旅游产业"理念,打破旅游业的传统产业边界,把旅游业子系统的产业政策与其所在国家或地区的整个社会经济体系的政策体系有机融合起来,促进旅游业开放发展和协同发展,进而促进国民经济的协调发展。

旅游产业政策要服务于旅游目的地的建设与发展,有利于促进旅游目的地之间的竞争与合作,能够引导旅游目的地找到恰当的定位,提高经营管理水平,合理开发,科学发展。

(2)旅游产业政策的目标

旅游产业政策多种特征综合决定了旅游产业政策的目标在于促进旅游业持续健康发

展,打造具有竞争力和可持续性的旅游目的地。

　　旅游目的地的竞争力是指某一个特定旅游目的地与其他旅游目的地进行有效竞争的能力和在旅游市场上获取利润的能力。旅游目的地的可持续性是指某一个特定旅游目的地在激烈的市场竞争中维持当地自然、社会、文化、环境等资源质量的能力。可持续性可以被看成对目的地"自然资源投资"的鼓励,通过减少现阶段的资源消耗来保护环境,并恢复可再生自然资源,从而保证资源可供未来使用[①]。

　　旅游业持续健康发展取决于旅游目的地竞争力和可持续性的平衡。旅游目的地的竞争力取决于旅游目的地的经营管理能力,是旅游目的地有效进行资源开发和利用的能力。旅游目的地的可持续性取决于旅游目的地的环境管理能力,是指能够对旅游目的地资源环境进行有效监护的能力,包括确保能使空气、水、森林、耕地、野生动物等得到保护的知识和技能。

　　旅游目的地资源开发和资源环境保护构成旅游产业政策制定和施行的逻辑起点,打造具有竞争力和可持续性的旅游目的地成为旅游产业政策的核心目标,建设具有竞争力和可持续性的旅游目的地的产业政策构架(表 10.1)。

表 10.1　具有竞争力和可持续性的旅游目的地的产业政策构架

具有竞争力/可持续性的旅游目的地	
竞争力(资源开发) 经济/经营管理能力	可持续性(资源监护) 环境管理能力
市场营销 财务管理 经营管理 人力资源管理 信息管理 组织管理 战略管理 项目/开发管理	废弃物管理 水质管理 空气质量管理 野生动物管理 森林/耕地管理 游客管理 居民/社区管理 历史遗迹管理 回收再利用
旅游目的地信息管理系统——支持旅游产业政策制定	
旅游目的地监测	旅游目的地研究

10.4.3　我国现阶段的旅游产业政策

　　2013 年公布实施的《中华人民共和国旅游法》,是我国第一部旅游法,加快了我国依法治理旅游市场环境、依法促进旅游业发展的进程。我国建立了国务院旅游工作部际联席会议制度,国务院印发《关于加快发展旅游业的意见》《关于促进旅游业改革发展的若干意见》

---

　　① 查尔斯·R.格纳德,J.R.布伦特·里奇.旅游学[M].李天元,等译.12 版.北京:中国人民大学出版社,2014:322.

等文件,编制旅游业发展规划,出台《旅行社条例》《导游人员管理条例》《中国公民出国旅游管理办法》等法规,以及各地方政府实施的地方性旅游业发展支持政策,形成了以《中华人民共和国旅游法》为核心,政策法规、旅游规划、地方性政策等为支撑的旅游产业政策体系。

1) 旅游法律

我国第一部关于旅游的法律《中华人民共和国旅游法》于 2013 年 4 月 25 日由第十二届全国人民代表大会常务委员会第二次会议通过。2013 年 4 月 25 日由国家主席习近平签署中华人民共和国主席令第三号公布,自 2013 年 10 月 1 日起施行。

2016 年对《中华人民共和国旅游法》进行修订。于 2016 年 11 月 7 日由第十二届全国人民代表大会常务委员会第二十四次会议通过,2016 年 11 月 7 日由国家主席习近平签署中华人民共和国主席令第五十七号公布,自公布之日起施行的《全国人民代表大会常务委员会关于修改〈中华人民共和国对外贸易法〉等十二部法律的决定》修订。

2018 年对《中华人民共和国旅游法》进行第二次修订。于 2018 年 10 月 26 日由第十三届全国人民代表大会常务委员会第六次会议通过,2018 年 10 月 26 日由国家主席习近平签署中华人民共和国主席令第十六号公布,自公布之日起施行的《全国人民代表大会常务委员会关于修改〈中华人民共和国野生动物保护法〉等十五部法律的决定》修订。

《中华人民共和国旅游法》的颁布和实施,为旅游业发展提供了法律支持,为保障旅游者和旅游经营者的合法权益,规范旅游市场秩序,保护和合理利用旅游资源提供了法律依据,对促进旅游业持续健康发展意义重大。

2) 旅游行政法规

目前,我国由国务院颁布施行的旅游行政法规主要有《旅行社条例》《导游人员管理条例》和《中国公民出国旅游管理办法》。

《旅行社条例》由中华人民共和国国务院令第 550 号于 2009 年 2 月 20 日公布,自 2009 年 5 月 1 日起施行。根据 2016 年 2 月 6 日中华人民共和国国务院令第 666 号公布、自公布之日起施行的《国务院关于修改部分行政法规的决定》进行第一次修改;根据 2017 年 3 月 1 日中华人民共和国国务院令第 676 号公布、自公布之日起施行的《国务院关于修改和废止部分行政法规的决定》进行第二次修改;根据 2020 年 11 月 29 日中华人民共和国国务院令第 732 号公文公布、自公布之日起施行的《国务院关于修改和废止部分行政法规的决定》进行第三次修订。

旅行社是指从事招徕、组织、接待旅游者等活动,为旅游者提供相关旅游服务,开展国内旅游业务、入境旅游业务或者出境旅游业务的企业法人。随着旅游业的发展和旅游市场的不断变化,政府对《旅行社条例》不断进行修改完善,对规范我国境内旅行社的设立及经营活动,加强旅行社的管理,保障旅游者和旅行社的合法权益,维护旅游市场秩序,提供了法治管理手段。

3) 旅游业发展政策指导

旅游业是战略性产业,资源消耗低,带动系数大,创造就业多,综合效益好。改革开放以来,我国旅游业快速发展,产业规模不断扩大,产业体系日趋完善。随着我国工业化、城镇化进程的加快,日益增长的大众化、多样化消费需求为旅游业发展提供了新的机遇。同时,旅游业在促进经济增长、扩大市场需求、调整产业结构等方面发挥着重要作用。为加快旅游业发展,2009 年,国务院印发《关于加快发展旅游业的意见》(国发〔2009〕41 号),提出把旅游业培育成国民经济的战略性支柱产业和人民群众更加满意的现代服务业,力争到 2020 年我国旅游产业规模、质量、效益基本达到世界旅游强国的水平。

旅游业是现代服务业的重要组成部分,带动作用大。加快旅游业改革发展,是适应人民群众消费升级和产业结构调整的必然要求,对于扩就业、增收入,推动中西部发展和贫困地区脱贫致富,促进经济平稳增长和生态环境改善意义重大。为进一步促进旅游业改革发展,2014 年,国务院印发《关于促进旅游业改革发展的若干意见》,提出树立科学旅游观的发展理念:一是创新发展理念。坚持融合发展,推动旅游业发展与新型工业化、信息化、城镇化和农业现代化相结合,实现经济效益、社会效益和生态效益相统一;坚持以人为本,积极营造良好的旅游环境,让广大游客游得放心、游得舒心、游得开心,在旅游过程中发现美、享受美、传播美。二是加快转变发展方式。以转型升级、提质增效为主线,推动旅游产品向观光、休闲、度假并重转变,满足多样化、多层次的旅游消费需求;推动旅游开发向集约型转变,更加注重资源能源节约和生态环境保护,更加注重文化传承创新,实现可持续发展;推动旅游服务向优质服务转变,实现标准化和个性化服务的有机统一。提出增强旅游发展动力、拓展旅游发展空间、优化旅游发展环境、完善旅游发展政策的改革措施。

旅游是发展经济、增加就业和满足人民日益增长的美好生活需要的有效手段,旅游业是提高人民生活水平的重要产业。我国旅游经济快速增长,产业格局日趋完善,市场规模品质同步提升,旅游业已成为国民经济的战略性支柱产业。发展全域旅游,将一定区域作为完整旅游目的地,以旅游业为优势产业,统一规划布局、优化公共服务、推进产业融合、加强综合管理、实施系统营销,有利于不断提升旅游业现代化、集约化、品质化、国际化水平,更好满足旅游消费需求。2018 年,国务院办公厅印发《关于促进全域旅游发展的指导意见》,贯彻落实新发展理念,加快旅游供给侧结构性改革,着力推动旅游业从门票经济向产业经济转变,从粗放低效方式向精细高效方式转变,从封闭的旅游自循环向开放的“旅游+”转变,从企业单打独享向社会共建共享转变,从景区内部管理向全面依法治理转变,从部门行为向政府统筹推进转变,从单一景点景区建设向综合目的地服务转变,促进产业融合、产城融合,全面增强旅游发展新动能,使发展成果惠及各方,构建全域旅游共建共享新格局,实现旅游发展全域化、旅游供给品质化、旅游治理规范化、旅游效益最大化。

4)旅游业发展规划引领

2016 年 12 月,国务院印发《“十三五”旅游业发展规划》[①],确定了我国“十三五”时期旅游业发展的总体思路、基本目标、主要任务和保障措施,是未来一段时期我国旅游业发展的行动纲领和基本遵循。到“十三五”时期末,即 2020 年,我国将全面建成小康社会,对旅游业发展提出了更高的要求,也为旅游业发展提供了重大机遇。旅游业将呈现出消费大众化、需

---

① “十三五”是指我国国民经济和社会发展第十三个五年计划,计划期为 2016—2020 年。

求品质化、竞争国际化、发展全域化、产业现代化的发展趋势。旅游将成为人们日常生活的重要组成部分,对旅游服务设施和特色化旅游产品的要求越来越高,发展旅游业将成为参与国际分工和提高国际竞争力的重要手段,区域资源整合、产业融合、共建共享的全域旅游发展模式将成为主流,科学技术、文化创意、经营管理和高端人才对推动旅游业发展的作用日益增大,云计算、物联网、大数据等现代信息技术在旅游业中的应用将更加广泛。

2021 年 12 月,国务院印发《"十四五"旅游业发展规划》①。"十四五"时期,我国将全面进入大众旅游时代,旅游业仍处于高质量发展的战略机遇期,旅游业面临高质量发展的新要求。全面建成小康社会后,人民群众旅游消费需求将从低层次向高品质和多样化转变,由注重观光向兼顾观光与休闲度假转变。大众旅游出行和消费偏好发生深刻变化,线上线下旅游产品和服务加速融合。大众旅游时代,旅游业发展成果要为百姓共享,旅游业要充分发挥为民、富民、利民、乐民的积极作用,成为具有显著时代特征的幸福产业。构建新发展格局有利于旅游业发挥独特优势,需要充分利用旅游业涉及面广、带动力强、开放度高的优势,将其打造成为促进国民经济增长的重要引擎。实施创新驱动发展战略为旅游业赋予新动能,要充分运用数字化、网络化、智能化科技创新成果,升级传统旅游业态,创新产品和服务方式,推动旅游业从资源驱动向创新驱动转变。建设文化强国为旅游业明确了发展方向,要求坚持以文塑旅、以旅彰文,推进文化和旅游融合发展,充分发挥旅游业在传播中国文化、展示现代化建设成就、培育社会主义核心价值观方面的重要作用。坚持创新驱动发展,到 2025 年,旅游业发展水平不断提升,现代旅游业体系更加健全,旅游有效供给、优质供给、弹性供给更为丰富,大众旅游消费需求得到更好满足,旅游业在服务国家经济社会发展、满足人民文化需求、增强人民精神力量、促进社会文明程度提升等方面作用更加凸显。展望 2035 年,旅游需求多元化、供给品质化、区域协调化、成果共享化特征更加明显,优质旅游供给更加丰富,旅游业综合功能全面发挥,基本建成世界旅游强国,为建成文化强国贡献重要力量,为基本实现社会主义现代化作出积极贡献。

本章小结

- 产业政策是指一个国家或地区为实现其经济目标或社会利益而主动干预产业活动的各种政策的总和。任何有能力履行经济职能的国家都存在某种形态的产业政策。各国产业发展经验表明,产业政策的作用主要有 4 个方面:弥补市场失灵的缺陷、实现经济超常规发展、增强产业的国际竞争力和保障国家的经济安全。

- 各国实施产业政策的目标主要包括 3 个方面:一是实现经济发展与繁荣;二是促进产业结构优化升级;三是增强本国产业的国际竞争力。通常采用的产业政策实施手段分为 3 种类型:直接干预、间接诱导和法律规制。

- 可以从不同角度对产业政策进行不同的分类。根据政策的功能定位,产业政策分为产业组织政策、产业结构政策、产业布局政策和产业技术政策。

---

① "十四五"是指我国国民经济和社会发展第十四个五年计划,计划期为 2021—2025 年。

● 旅游产业政策是以旅游业为对象而细分出来的产业政策之一，是一个国家的中央或地方政府为了促进旅游业持续健康发展，打造具有竞争力和可持续性的旅游目的地而主动干预旅游产业活动的一系列法律、法规、政策、规章、规范的总和。

● 一般来讲，旅游产业政策往往是针对某一旅游目的地而制定和实施的，因此，旅游产业政策是指某一特定旅游目的地的产业政策。旅游目的地是有层次性的，旅游产业政策作用的领域也较为广泛。目前，我国现阶段的旅游产业政策是以《中华人民共和国旅游法》为核心，旅游政策法规、旅游规划、地方性政策等为支撑的旅游产业政策体系。

思考题

1. 什么是产业政策？如何理解产业政策的作用？

2. 产业政策的目标有哪些？产业政策通常运用的政策手段有哪些？

3. 政府制定和实施产业组织政策的主要目标是什么？产业组织政策包括哪些主要内容？

4. 结合数字经济快速发展和产业结构转型升级，分析实施产业结构政策的目标及意义。

5. 结合我国旅游产业发展历程，分析旅游产业政策的实施进展以及在促进旅游产业健康可持续发展上发挥的作用。

【案例分析】

在旅游中感悟中华文化释放消费潜力

旅游已成为小康社会人民美好生活的重要需求，推动文化和旅游深度融合，把历史文化与现代文明融入旅游业发展，让旅游成为人们感悟中华文化、提升生活品质的过程，在旅游中增强文化自信、释放消费潜力，实现旅游业社会效益和经济效益有机统一。

2022 年，中共中央、国务院印发《扩大内需战略规划纲要（2022—2035 年）》，提出坚定实施扩大内需战略、培育完整内需体系，是加快构建以国内大循环为主体、国内国际双循环相互促进的新发展格局的必然选择，是满足人民对美好生活向往的现实需要。提出积极发展服务消费、加快培养新型消费。扩大文化和旅游消费，完善现代文化产业体系和文化市场体系，推进优质文化资源开发，推动中华优秀传统文化创造性转化、创新性发展。大力发展度假休闲旅游，加快高品质、各具特色的旅游景区、度假区、休闲街区建设，拓展多样化、个性化、定制化旅游产品和服务。鼓励发展智慧旅游，加快培育海岛、邮轮、低空、沙漠等旅游业态。加大农村地区文化遗产保护力度，保护传统村落、民族村寨和乡村风貌，让居民望得见山、看得见水、记得住乡愁。丰富乡村经济形态,推动农村一二三产业融合发展,发展壮大休闲农业、乡村旅游、民宿经济、乡村文化等特色产业。提出完善促进消费的体制机制,持续释放服务消费潜力,加强消费者权益保护,强化宏观政策对实施扩大内需战略的统筹支持,加强财政、货币、就业、产业、投资、消费、环保、区域等政策的协同配合,推动形成扩大内需的政策合力。

2023 年,国务院办公厅印发《关于释放旅游消费潜力 推动旅游业高质量发展的若干措施》,从加大优质旅游产品和服务供给、激发旅游消费需求、加强入境旅游工作、提升行业综合能力、保障措施等五个方面,提出 30 条具体措施。在保障措施方面提出 6 条具体措施,强调跨部门联动和相关政策支持,具体为:

(1)健全旅游工作协调机制,及时开展工作调度和研究会商,加强跨部门统筹协调和综合监管。

(2)强化政策保障,用好各有关渠道财政资金,加强政策协调配合,支持旅游基础设施建设和提升旅游公共服务水平。

(3)拓宽融资渠道。引导金融机构结合自身业务和旅游企业生产经营特点,优化信贷管理,丰富信贷产品,支持旅游设施建设运营。探索在部分地区开展旅游项目收益权、旅游项目(景区)特许经营权入市交易、备案登记试点工作。

(4)加强用地、人才保障。优化旅游产业用地政策,依法依规保障旅游项目合理用地需求。鼓励地方结合城镇低效用地再开发,推动盘活存量土地支持旅游设施建设。研究做好旅游人才培养、使用、评价工作,落实好各项就业、社会保障政策。

(5)做好旅游安全监管。联合开展行业安全检查,督促经营主体落实安全生产、消防安全、特种设备安全、食品安全主体责任,抓好重点场所单位、重要时间时段的安全管理,提高旅游突发事件应急处置能力。

(6)完善旅游统计制度。优化旅游统计调查方法,拓展数据来源,加强工作力量,推动文化和旅游、统计、出入境等部门间数据互联互通。

讨论题:

1.结合案例,分析扩大旅游消费,推动旅游业高质量发展的意义和作用。

2.结合旅游产业的关联特性及其在国民经济中的地位和作用,分析推动旅游产业高质量发展需要哪些方面的政策支持? 如何做好旅游产业管理的部门协同联动和政策协调配合?

拓展阅读

1.中共中央 国务院印发《扩大内需战略规划纲要(2022—2035 年)》
2.国务院办公厅印发《关于释放旅游消费潜力推动旅游业高质量发展的若干措施》
3.文化和旅游部《关于释放旅游消费潜力 推动旅游业高质量发展的若干措施》政策解读

附 录

1. 国家旅游及相关产业统计分类(2015)

2. 国家旅游及相关产业统计分类(2018)

3.《中华人民共和国旅游法》

4.《旅行社条例》

5.《导游人员管理条例》

6.《中国公民出国旅游管理办法》

7.《国务院关于加快发展旅游业的意见》

8.《国民旅游休闲发展纲要(2022—2030 年)》

9.《国务院关于促进旅游业改革发展的若干意见》

10.《关于促进全域旅游发展的指导意见》

11.《"十三五"旅游业发展规划》

12.《"十四五"旅游业发展规划》

(编者注:以上内容可在中华人民共和国中央人民政府网站、中华人民共和国文化和旅游部网站、国家统计局等相关网站查阅,为节省篇幅,具体内容不再一一列出)

参考文献

［1］程瑞芳.旅游经济学［M］.石家庄:河北人民出版社,2014.

［2］田里.旅游经济学［M］.3 版.北京:高等教育出版社,2016.

［3］田里.旅游经济学［M］.北京:高等教育出版社,2006.

［4］林南枝,陶汉军.旅游经济学［M］.天津:南开大学出版社,2000.

［5］林南枝,陶汉军.旅游经济学［M］.3 版.天津:南开大学出版社,2009.

［6］宋海岩.旅游经济学［M］.北京:中国人民大学出版社,2010.

［7］布尔.旅游经济学［M］.龙江智,译.2 版.大连:东北财经大学出版社,2004.

［8］查尔斯·R.格纳德,J.R.布伦特·里奇.旅游学［M］.李天元,等译.12 版.北京:中国人民大学出版社,2014.

［9］吴必虎.旅游研究与旅游发展［M］.天津:南开大学出版社,2009.

［10］王大悟,魏小安.新编旅游经济学［M］.上海:上海人民出版社,1998.

［11］罗明义.旅游经济学［M］.天津:南开大学出版社,1998.

［12］罗明义.旅游经济学［M］.北京:北京师范大学出版社,2009.

［13］罗明义.旅游经济学［M］.昆明:云南大学出版社,2008.

［14］吕宛青,陈昕.旅游经济学［M］.天津:南开大学出版社,2013.

［15］张俐俐.旅游经济学原理与实务［M］.北京:清华大学出版社,2009.

［16］周振东.旅游经济学［M］.5 版.大连:东北财经大学出版社,2014.

［17］李炳义.旅游经济学［M］.北京:高等教育出版社,2011.

［18］冯丽萍.旅游经济学［M］.北京:北京大学出版社,2008.

［19］马勇,周娟.旅游管理学理论与方法［M］.北京:高等教育出版社,2004.

［20］粟娟.旅游消费经济学［M］.成都:西南交通大学出版社,2014.

［21］张红,席岳婷.旅游业管理［M］.北京:科学出版社,2006.

［22］《旅游辞典》编纂委员会.旅游辞典［M］.西安:陕西旅游出版社,1992.

［23］苏东水.产业经济学［M］.北京:高等教育出版社,2000.

［24］苏东水.产业经济学［M］.4 版.北京:高等教育出版社,2015.

［25］王俊豪.产业经济学［M］.3 版.北京:高等教育出版社,2016.

［26］王俊豪.产业经济学［M］.4 版.北京:高等教育出版社,2021.

［27］ 郭树言,欧新黔. 推动中国产业结构战略性调整与优化升级探索［M］. 北京:经济管理出版社,2008.

［28］ 中国生产力学会. 2011—2012 中国生产力发展研究报告［M］. 北京:中国统计出版社,2013.

［29］ 李品芳. 公司金融［M］. 上海:上海财经大学出版社,2015.

［30］ 陶婷芳. 旅游业可持续发展问题研究:基于新业态的增长方式研究［M］. 上海:上海财经大学出版社,2013.

［31］ 曲颖,李天元. 国外旅游目的地定位研究文献综述［J］. 旅游学刊,2011(2):41-48.

［32］ 曲颖,李天元. 国外近十年旅游目的地游客忠诚研究综述［J］. 旅游学刊,2010(1):86-94.

［33］ 毛端谦,刘春燕. 旅游目的地映象研究述评［J］. 旅游学刊,2006(8):40-44.

［34］ 李文兵. 旅游目的地游客忠诚研究进展［J］. 旅游学刊,2008(5):84-90.

［35］ 高静,肖江南,章勇刚. 国外旅游目的地营销研究综述［J］. 旅游学刊,2006(7):91-96.

［36］ 贾生华,邬爱其. 制度变迁与中国旅游产业的成长阶段和发展对策［J］. 旅游学刊,2002(4):19-22.

［37］ 李江帆,李冠霖,江波. 旅游业的产业关联和产业波及效应分析——以广东为例［J］. 旅游学刊,2001(3):19-25.

［38］ 崔峰,包娟. 浙江省旅游产业关联与产业波及效应分析［J］. 旅游学刊,2010(3):13-20.

［39］ 吴三忙. 产业关联与产业波及效应研究——以中国旅游业为例［J］. 产业经济研究,2012(1):78-86.

［40］ 杨颖. 产业融合:旅游业发展趋势的新视角［J］. 旅游科学,2008(4):6-10.

［41］ 杨振之. 旅游产业基金构建与运营模式研究［N］. 中国旅游报,2015-12-21.

［42］ 张文建. 当代旅游业态理论及创新问题探析［J］. 商业经济与管理,2010(4):91-96.

［43］ 杨玲玲,魏小安. 旅游新业态的"新"意探析［J］. 资源与产业,2009(6):135-138.

［44］ 王兆峰. 旅游产业集群的生态化研究［J］. 管理世界,2009(9):170-171.

［45］ 王兆峰. 旅游产业集群的生态位策略研究［J］. 人文地理,2009(1):12-15+118.

［46］ 杨勇. 中国旅游产业区域聚集程度变动趋势的实证研究［J］. 旅游学刊,2010(10):37-42.

［47］ 贾生华,邬爱其. 制度变迁与中国旅游产业的成长阶段和发展对策［J］. 旅游学刊,2002(4):19-22.

［48］ 高凌江,夏杰长. 中国旅游产业融合的动力机制、路径及政策选择［J］. 首都经济贸易大学学报,2012(2):52-57.

［49］ 马春野,田也壮,裴学亮. 旅游产业发展模式演变模型研究［J］. 哈尔滨工程大学学报,2011(2):228-234.

［50］ 徐文燕. 旅游服务创新与旅游产业转型分析［J］. 南京财经大学学报,2010(2):34-38.

［51］ 沈杰飞,吴志宏. 建立适合我国实际的旅游经济学科［J］. 社会科学,1980(6):57-59.

［52］ 魏小安,冯宗苏. 中国旅游业:产业政策与协调发展［M］. 北京:中国旅游出版社,1993.

［53］迟景才.改革开放 20 年旅游经济探索［M］.广州：广东旅游出版社,1998.

［54］李江帆,李美云.旅游产业与旅游增加值的测算［J］.旅游学刊,1999(5):16-19.

［55］吴必虎.区域旅游规划原理［M］.北京：中国旅游出版社,2001.

［56］杜江.旅行社管理［M］.天津：南开大学出版社,1997.

［57］周达人.论旅游商品［J］.旅游学刊,1988(1):49-53.

［58］王大悟,魏小安.新编旅游经济学［M］.上海：上海人民出版社,1998.

［59］罗明义.旅游经济学［M］.天津：南开大学出版社,1998.

［60］林南枝,陶汉军.旅游经济学［M］.天津：南开大学出版社,2000.

［61］贾生华,邬爱其.制度变迁与中国旅游产业的成长阶段和发展对策［J］.旅游学刊,2002(4):19-22.

［62］杨勇.中国旅游产业聚集水平的实证研究［J］.山西财经大学学报,2010(9):54-61.

［63］李江帆,李冠霖,江波.旅游业的产业关联和产业波及分析——以广东为例［J］.旅游学刊,2001(3):19-25.

［64］崔峰,包娟.浙江省旅游产业关联与产业波及效应分析［J］.旅游学刊,2010(3):13-20.

［65］吴三忙.产业关联与产业波及效应研究——以中国旅游业为例［J］.产业经济研究：双月刊,2012(1):78-86.

［66］程瑞芳,姚丽芬.文旅融合绿色发展研究报告(张家口篇)［M］.北京：中国社会科学出版社,2022.

［67］田里.旅游经济学［M］.2 版.北京：科学出版社,2021.

［68］李金铠.旅游经济学［M］.北京：高等教育出版社,2022.

［69］陈玉英,明忠庆.旅游经济学［M］.北京：经济管理出版社,2022.

［70］全国哲学社会科学工作办公室.从考古看中国［M］.北京：商务印书馆,2023.

［71］孙振杰.旅游共生体系统构建及协调演化研究［M］.石家庄：河北人民出版社,2021.